聚焦三农：农业与农村经济发展系列研究（典藏版）

中国肉类产品国际竞争力研究

朱再清　著

科学出版社

北京

内 容 简 介

本书在国际竞争力等理论框架下，在对世界及中国肉类生产与贸易格局进行分析的基础上，对中国肉类产品国际竞争力进行了多指标的测算及国际比较；首创性地运用贸易表现指数法（TPI）对中国在世界肉类贸易中的地位进行了测算排序；对中国肉类产品出口商品结构和目标市场空间结构进行了较深入的分析，并运用恒定市场份额模型（CMS）测算了出口品种结构、市场结构及竞争力水平对肉类出口额增长的影响；对中国肉类产品国际竞争力的影响因素从国际和国内两个层面进行了分析，并以日本为例对技术性贸易壁垒影响中国肉类的出口进行实证分析；以猪肉为例对我国肉类市场价格周期性波动成因及与通货膨胀的关系进行了实证分析；最后探讨了提升我国肉类产品国际竞争力的对策措施。

本书可供政府部门及其工作人员，农业经济管理及相关专业的研究人员、高等院校师生参考。

图书在版编目（CIP）数据

中国肉类产品国际竞争力研究／朱再清著. —北京：科学出版社，2010
（2017.3 重印）

（聚焦三农：农业与农村经济发展系列研究：典藏版）

ISBN 978-7-03-027391-8

Ⅰ. ①中… Ⅱ. ①朱… Ⅲ. ①肉制品－国际市场－市场竞争－研究－中国 Ⅳ. ①F752.658.2

中国版本图书馆 CIP 数据核字（2010）第 078230 号

责任编辑：林 剑／责任校对：李奕萱
责任印制：钱玉芬／封面设计：王 浩

科学出版社 出版
北京东黄城根北街 16 号
邮政编码：100717
http://www.sciencep.com

北京京华虎彩印刷有限公司 印刷
科学出版社发行 各地新华书店经销

*

2010 年 5 月第 一 版 开本：B5（720×1000）
2010 年 5 月第一次印刷 印张：13 1/2
2017 年 3 月印 刷 字数：270 000

定价：78.00 元
（如有印装质量问题，我社负责调换）

总　序

农业是国民经济中最重要的产业部门，其经济管理问题错综复杂。农业经济管理学科肩负着研究农业经济管理发展规律并寻求解决方略的责任和使命，在众多的学科中具有相对独立而特殊的作用和地位。

华中农业大学农业经济管理学科是国家重点学科，挂靠在华中农业大学经济管理学院和土地管理学院。长期以来，学科点坚持以学科建设为龙头，以人才培养为根本，以科学研究和服务于农业经济发展为己任，紧紧围绕农民、农业和农村发展中出现的重点、热点和难点问题开展理论与实践研究，21 世纪以来，先后承担完成国家自然科学基金项目 23 项，国家哲学社会科学基金项目 23 项，产出了一大批优秀的研究成果，获得省部级以上优秀科研成果奖励 35 项，丰富了我国农业经济理论，并为农业和农村经济发展作出了贡献。

近年来，学科点加大了资源整合力度，进一步凝练了学科方向，集中围绕"农业经济理论与政策"、"农产品贸易与营销"、"土地资源与经济"和"农业产业与农村发展"等研究领域开展了系统和深入的研究，尤其是将农业经济理论与农民、农业和农村实际紧密联系，开展跨学科交叉研究。依托挂靠在经济管理学院和土地管理学院的国家现代农业柑橘产业技术体系产业经济功能研究室、国家现代农业油菜产业技术体系产业经济功能研究室、国家现代农业大宗蔬菜产业技术体系产业经济功能研究室和国家现代农业食用菌产业技术体系产业经济功能研究室等四个国家现代农业产业技术体系产业经济功能研究室，形成了较为稳定的产业经济研究团队和研究特色。

为了更好地总结和展示我们在农业经济管理领域的研究成果，出版了这套农业经济管理国家重点学科《农业与农村经济发展系列研究》丛书。丛书当中既包含宏观经济政策分析的研究，也包含产业、企业、市场和区域等微观层面的研究。其中，一部分是国家自然科学基金和国家哲学社会科学基金项目的结题成果，一部分是区域经济或产业经济发展的研究报告，还有一部分是青年学者的理论探索，每一本著作都倾注了作者的心血。

本丛书的出版，一是希望能为本学科的发展奉献一份绵薄之力；二是希望求教于农业经济管理学科同行，以使本学科的研究更加规范；三是对作者辛勤工作的肯定，同时也是对关心和支持本学科发展的各级领导和同行的感谢。

李崇光

2010 年 4 月

目　录

总　序

第1章　导言 ·· 1

1.1　选题背景 ··· 1

1.1.1　肉类产业在我国农业中的地位日趋重要 ·············· 1

1.1.2　入世之后的中国肉类产业面临着更为激烈的国际市场竞争 ····· 1

1.1.3　全面提升肉类产业国际竞争力是我国农业现代化建设的重要任务
之一 ··· 1

1.2　研究内容及目标 ··· 2

1.3　国内外相关研究动态 ······································· 3

1.3.1　国外学者关于国际竞争力的研究 ···················· 3

1.3.2　国内学者有关国际竞争力的研究 ···················· 4

1.3.3　关于中国农产品出口贸易结构的研究 ················ 7

1.3.4　关于肉类市场价格波动的研究 ······················ 9

1.3.5　对已有研究成果的简要评述 ························· 12

第2章　基础理论及分析指标 ··································· 14

2.1　比较优势和竞争优势理论 ··································· 14

2.1.1　比较优势理论 ··································· 14

2.1.2　竞争优势理论 ··································· 15

2.1.3　比较优势与竞争优势的关系 ······················· 15

2.2　国际竞争力理论 ··· 16

2.2.1　竞争力与国际竞争力理论 ························· 16

2.2.2　产业国际竞争力理论 ····························· 18

2.2.3　迈克尔·波特的"钻石模型"理论················· 19

2.3 肉类产品国际竞争力评价指标 ············· 20

  2.3.1 指标类型 ············· 21

  2.3.2 肉类产品国际竞争力评价指标体系图 ············· 24

  2.3.3 测度范围及数据来源 ············· 24

第3章 世界及中国肉类生产与贸易发展概况 ············· 26

3.1 世界肉类生产发展概况 ············· 26

  3.1.1 世界肉类生产持续高速增长 ············· 26

  3.1.2 世界肉类生产主要集中在亚洲、欧洲、北美洲和南美洲 ············· 27

  3.1.3 世界肉类生产以猪肉、鸡肉、牛肉为主 ············· 28

3.2 世界肉类贸易格局 ············· 29

  3.2.1 世界肉类贸易格局特点 ············· 29

  3.2.2 世界肉类贸易商品结构 ············· 35

3.3 中国肉类生产与贸易发展概况 ············· 35

  3.3.1 中国肉类生产发展 ············· 35

  3.3.2 中国肉类出口贸易发展 ············· 38

  3.3.3 中国肉类进口贸易 ············· 41

3.4 中国肉类生产与贸易的国际地位 ············· 43

  3.4.1 中国肉类进出口贸易占世界市场份额较低 ············· 43

  3.4.2 中国肉类出口价格低于国际平均水平，具有出口价格优势 ············· 43

第4章 中国肉类产品国际竞争力的测算 ············· 44

4.1 显示性比较优势指数测算分析 ············· 44

  4.1.1 中国肉类总体已不具比较优势 ············· 44

  4.1.2 肉类制品及罐头具有比较优势 ············· 45

4.2 贸易专业化系数测算分析 ············· 46

  4.2.1 中国的家畜的可食用杂碎、家禽肉及可食用杂碎为净进口 ············· 46

  4.2.2 中国肉类占农产品总出口的比重下降 ············· 47

  4.2.3 肉类制品及罐头、鲜冷冻猪肉在肉类出口中的地位上升 ············· 47

4.3 显示性竞争优势指数测算分析 ············· 48

  4.3.1 中国肉类总体缺乏竞争优势 ············· 48

  4.3.2 肉类制品及罐头的竞争优势明显增强 ············· 48

4.4 净出口指数测算结果及分析 ············· 49

  4.4.1 中国肉类总体为净出口 ············· 49

4.4.2 中国肉类贸易顺差不断缩小 ·· 49

4.5 国际市场占有率分析 ··· 50

    4.5.1 中国肉类总体的国际市场占有率较低 ························· 50

    4.5.2 中国肉类占国际市场份额呈下降趋势 ························· 51

    4.5.3 深度加工肉类的国际市场占有率上升较快 ··············· 51

    4.5.4 初级加工肉类的国际市场占有率下降 ····················· 52

第5章 中国肉类产品国际竞争力的比较 ································· 53

5.1 比较对象的确定 ··· 53

    5.1.1 主要出口国 ··· 53

    5.1.2 主要市场的竞争对手 ··· 53

    5.1.3 比较的产品范围 ··· 54

5.2 显示性比较优势指数的国际比较 ································· 54

    5.2.1 中国肉类总体的比较优势远弱于发达国家 ··············· 54

    5.2.2 中国在深度加工的肉类产品上的比较优势强于发达国家 ······· 54

5.3 贸易竞争系数的国际比较 ··· 56

    5.3.1 中国肉类总体竞争力水平居中 ······························ 57

    5.3.2 巴西、澳大利亚及泰国是中国出口肉类的主要竞争对手 ······· 57

5.4 国际市场占有率的比较 ··· 57

    5.4.1 主要国家肉类产品的国际市场占有率比较 ··············· 57

    5.4.2 中国肉类产品在主要市场的份额比较 ····················· 58

第6章 中国肉类产品的贸易表现评价——TPI 评价 ················· 63

6.1 比较对象的选择 ··· 63

6.2 评价指标的含义及计算方法 ·· 65

    6.2.1 总体描述性指标 ··· 65

    6.2.2 2005 年贸易表现指标 ··· 66

    6.2.3 2001～2005 年贸易表现变化指标 ··························· 67

    6.2.4 关于排序的说明 ··· 68

6.3 TPI 指标计算结果分析 ··· 68

    6.3.1 总体描述性指标 ··· 68

    6.3.2 2005 年贸易表现指标 ··· 71

    6.3.3 2001～2005 年贸易表现变化指标 ··························· 73

    6.3.4 TPI 排序结果 ··· 76

目

录

v

第7章　中国肉类产品出口贸易结构 ································ 78

7.1　出口贸易结构的概念 ···································· 78

7.2　出口结构评价指标 ······································ 78

　　7.2.1　数据来源与变量说明 ···························· 78

　　7.2.2　出口贸易结构的评价指标 ························ 79

7.3　中国肉类出口贸易商品结构分析 ···················· 81

　　7.3.1　中国肉类出口商品及其构成 ···················· 82

　　7.3.2　中国肉类出口贸易商品结构的指标分析 ·········· 84

　　7.3.3　中国肉类出口贸易商品结构的主要特点 ·········· 86

　　7.3.4　出口贸易商品结构分析小结 ···················· 90

7.4　中国肉类产品出口目标市场空间结构分析 ············ 90

　　7.4.1　中国内地肉类产品出口的目标市场构成 ·········· 90

　　7.4.2　中国内地肉类产品出口目标市场空间结构的指标分析 ··· 92

　　7.4.3　中国内地肉类产品出口市场空间结构的主要特点 ··· 94

7.5　中国肉类对主要目标市场出口的商品结构分析 ········ 95

　　7.5.1　中国肉类对日本出口的商品结构 ················ 96

　　7.5.2　中国肉类对俄罗斯出口的商品结构 ············· 102

　　7.5.3　中国肉类对韩国出口的商品结构 ··············· 107

第8章　中国肉类产品国际竞争力与出口结构的恒定市场份额模型评价 ··· 114

8.1　CMS模型的基本假设及分析类型 ··················· 114

　　8.1.1　基本假设 ···································· 114

　　8.1.2　分析类型 ···································· 115

8.2　中国肉类产品出口竞争力与市场结构 ·············· 117

　　8.2.1　分析范围与数据选取 ·························· 117

　　8.2.2　基础数据分析 ································ 118

　　8.2.3　模型模拟结果及分析 ·························· 120

8.3　中国肉类产品出口竞争力与品种结构 ·············· 121

　　8.3.1　基础数据分析 ································ 121

　　8.3.2　模型分解结果 ································ 123

8.4　中国肉类产品国际竞争力与出口结构综合模型分析 ··· 123

　　8.4.1　模型的分析目标 ······························ 123

　　8.4.2　模型测算结果分析 ···························· 124

8.5　中国对日本出口变动的 CMS 模型测算及分析 ················· 126

　　8.5.1　模型的选取 ·············· 126

　　8.5.2　模型的意义 ·············· 127

　　8.5.3　第一层次分解的结果及分析 ·············· 129

　　8.5.4　第二层次分解的结果及分析 ·············· 129

　　8.5.5　结论 ·············· 130

8.6　中国肉类产品出口结构的调整 ················· 131

　　8.6.1　CMS 模型主要结论 ·············· 131

　　8.6.2　出口结构调整的对策 ·············· 131

　　8.6.3　出口市场结构调整的方法 ·············· 132

第 9 章　中国肉类产品国际竞争力的影响因素分析 ················· 134

9.1　中国肉类产业发展现状概述 ················· 134

　　9.1.1　肉类产业特征 ·············· 134

　　9.1.2　肉类产业的价值链 ·············· 135

　　9.1.3　中国和发达国家的肉类产业链比较 ·············· 136

　　9.1.4　驱动肉类行业发展的宏观因素 ·············· 137

9.2　影响中国肉类产品国际竞争力的国际因素 ················· 137

　　9.2.1　有关农产品国际贸易协议及其影响 ·············· 137

　　9.2.2　主要目标市场的技术性贸易壁垒及影响 ·············· 138

　　9.2.3　技术性贸易壁垒影响中国肉类出口的实证分析——以中国对日本
　　　　　　出口为例 ·············· 142

9.3　影响我国肉类产品国际竞争力的国内因素 ················· 147

　　9.3.1　肉类生产结构 ·············· 148

　　9.3.2　生产技术水平 ·············· 149

　　9.3.3　国内需求因素 ·············· 149

　　9.3.4　肉类相关产业状况 ·············· 152

　　9.3.5　企业规模 ·············· 153

第 10 章　中国肉类市场价格波动及成因分析——以猪肉为例 ················· 155

10.1　中国猪肉价格周期及波动趋势 ················· 155

　　10.1.1　中国猪肉价格周期 ·············· 155

　　10.1.2　2006 年以来生猪生产形势及价格波动 ·············· 157

　　10.1.3　我国新一轮猪肉价格波动的特点 ·············· 159

    10.1.4 以"蛛网理论"解释的我国猪肉价格波动趋势 ············· 161

  10.2 猪肉价格周期性波动的形成机理 ································· 165

    10.2.1 内部传导机制下的波动成因分析 ····················· 166

    10.2.2 外部冲击机制下的波动成因分析 ····················· 169

  10.3 基于岭回归的猪肉价格波动原因分析 ························· 171

    10.3.1 数据来源及分析方法 ······························· 171

    10.3.2 岭回归结果及讨论 ································· 173

  10.4 猪肉价格与通货膨胀关系的实证分析 ······················· 174

    10.4.1 农产品价格与通货膨胀的关系 ······················· 174

    10.4.2 误差修正模型原理 ································· 177

    10.4.3 数据处理与分析 ··································· 178

    10.4.4 结论 ··· 181

第 11 章 提升肉类产品国际竞争力及稳定价格的对策 ··········· 182

  11.1 主要研究结论与讨论 ····································· 182

    11.1.1 主要结论 ··· 182

    11.1.2 讨论 ··· 184

  11.2 提升中国肉类产品国际竞争力的对策 ······················· 184

    11.2.1 调整优化肉类生产结构 ······························· 184

    11.2.2 着力提高肉类产品质量 ······························· 185

    11.2.3 建立现代化的饲料产业体系 ························· 185

    11.2.4 充分发挥行业协会和产业化组织的作用 ··············· 186

    11.2.5 扩大养殖业和加工业规模 ··························· 186

    11.2.6 健全现代化的品种繁育及推广体系 ··················· 186

    11.2.7 积极开拓新的出口市场 ····························· 187

    11.2.8 合理利用 WTO 规则，政府加强对畜禽养殖业的生产补贴 ··· 187

  11.3 稳定猪肉市场价格的对策及建议 ··························· 188

    11.3.1 深入把握生猪周期演变规律，指导生猪产业发展 ··········· 188

    11.3.2 建立现代养猪业发展新机制，增强养猪业应对市场风险的
         能力 ··· 188

    11.3.3 引导和推进生猪保险工作，防范风险 ················· 189

    11.3.4 加强生猪产品市场信息服务体系建设 ················· 189

    11.3.5 适时推出生猪期货 ································· 190

    11.3.6 研发优质本土猪种，重塑公共防疫体系 ··············· 190

11.3.7　培养大户规模经营，增加补贴激励散户 ……………… 190

11.3.8　平抑物价权宜之策，保障养殖利润空间 ……………… 190

11.3.9　提高"三补一保"标准 …………………………………… 191

11.3.10　建立供求预警机制，克服"蛛网"市场局限 ………… 191

参考文献 ……………………………………………………………… 192

附录 ……………………………………………………………………… 200

致谢 ……………………………………………………………………… 203

第 1 章
导　言

1.1　选题背景

1.1.1　肉类产业在我国农业中的地位日趋重要

改革开放 30 多年来，我国经济快速增长，农业占国内生产总值的份额总体呈下降的趋势，从 1980 年的 30.1% 下降到 2003 年的 14.8%。农业各部门发展情况也不尽相同，就产值而言，畜牧业的增长速度高于种植业，从而使种植业在农业中所占份额在下降。根据发达国家的经验，农业越是发达，畜牧业占农业的比重越大，发达国家平均占到 50% 以上，如德国为 61%，芬兰为 70%，加拿大为 50%。中国 2003 年为 32%，与发达国家的差距较大，畜牧业的发展空间还很大。随着我国农业现代化的发展，肉类产业在我国农业中的地位将日益重要。

1.1.2　入世之后的中国肉类产业面临着更为激烈的国际市场竞争

中国已成为世界贸易组织（WTO）成员，一方面，中国可以利用其他成员国下调对中国农产品的关税等贸易自由化的有利政策，充分利用国内、国际两个市场，根据比较优势原理配置资源，最大限度地发挥农业资源的效益；另一方面，中国也必须向其他成员国开放市场，中国农产品包括畜产品也面临着来自国外同类产品的竞争。在这样的背景下，增强我国肉类产品的国际竞争力显得十分重要，提升我国肉类产品国际竞争力已成为我国肉类产业发展的紧迫任务。

1.1.3　全面提升肉类产业国际竞争力是我国农业现代化建设的重要任务之一

随着全球经济一体化步伐加快，我国农业面临着更为激烈的国际竞争，必须以提高经济效益为中心进行战略性产业结构调整，进一步发展外向型经济，着力提高国际竞争力。肉类产业是我国畜牧业的最重要产业，对出口创汇、农业发展、提高农民收入、改善人民膳食结构、增强国民体质等具有十分重要的意义。我国肉类产业经过近 30 年的高速增长，已具备相当的生产能力，2003 年猪、牛、羊肉三种主要肉类产量达 5506.7 万吨。1992～2002 年，中国年均肉类产量达 5345.9 万吨，年均消费肉类 5371.8 万吨，是世界上第一大肉类生产国和消费国。并且，由于劳动生产率的不断提高，中国肉类产业越来越显现出比较效益优势。自 1995 年以来，畜牧业中饲养肉鸡、规模养猪的劳动生产率均高于粮食、油料种植，且与粮食、油料生产相比，畜牧业的劳动生产率总体呈上升之势，明显高于种植业劳动生产率的上升幅度。我国的耕地资源有限，人均占有耕地面积低于世界平均水平，土地密集型农产品的发展空间有限，不具有国际比较优势。我国农业发展及国际竞争力提高的希望在于畜牧业的发展。畜牧业包括肉类产业国际竞争力的提高将会极大地推进我国农业整体竞争力的提升。全面提升肉类产业的国际竞争力是我国农业现代化建设的重要任务之一。

1.2　研究内容及目标

1）对国际竞争力尤其是农业国际竞争力的相关理论进行梳理，构建中国肉类产品国际竞争力理论分析框架，为同类研究提供有价值的参考。近年来，国内学者对产业国际竞争力的研究十分重视，有关农产品国际竞争力的研究成果颇多。但对肉类产品国际竞争力的研究成果相对较少，且已有研究的后续研究较少。本书拟对国内外关于国际竞争力的理论成果进行梳理，并结合应用研究，尝试构建中国肉类产品国际竞争力的理论分析框架，为同类问题的研究提供有价值的参考。

2）揭示中国肉类产品国际竞争力的现状及变动趋势，明确中国肉类产品在国际市场竞争中所处的地位。本书在产业国际竞争力理论的指导下，对中国肉类产品的国际竞争力进行实证研究，测算中国肉类产品国际竞争力的现状及变动趋势，并进行国际比较，对中国肉类产业综合竞争力进行评价测算和国际排序，以明确中国肉类产业在国际市场竞争中的地位及与肉类出口大国的差距及原因。

3）运用数学模型对中国肉类出口增长进行分解，分析相关因素对中国肉类出口增长的贡献率。运用恒定市场份额（constant market share，CMS）模型定量测算竞争力因素、出口结构因素及贸易增长因素对中国肉类出口增长的贡献率，从而为提出优化出口结构及提升出口竞争力的对策提供依据。

4）分析中国肉类产品国际竞争力的影响因素，提出提升中国肉类产品国际竞争力的对策建议。

本书从国际影响及国内影响两个方面进行分析，揭示影响中国肉类产品国际竞争力的因素，并提出提升中国肉类产品国际竞争力的对策及建议，为决策部门提供参考。

1.3 国内外相关研究动态

1.3.1 国外学者关于国际竞争力的研究

关于国际竞争力的思想最早可以追溯到古典政治经济学派的比较优势理论。然而早期有关国际竞争力的思想并没有明确提出国际竞争力这一概念。近年来，一些研究者大量使用比较优势的指标来衡量产业或产品的国际竞争力水平，可以认为这些研究者是将比较优势等同于竞争优势来看待的。

美国是较早关注国际竞争力问题的国家。20 世纪 70 年代末期由于日本制造业崛起给美国带来竞争压力，美国政府开始从国家层面研究国际竞争力问题。1978 年，美国技术评价局开始研究美国的竞争力；1983 年，美国政府成立了"关于工业竞争力的总统委员会"，该委员会由 30 名专家组成并专门研究美国的国际竞争力问题。此后，美国国内其他的学术机构和商业机构也纷纷组织有关竞争力的研究，如美国工程研究院和纽约证券交易所分别进行了题为"国际竞争能力的技术发展"和"美国高技术产业竞争能力之评价"的研究。

真正提出国际竞争力这一概念是在 20 世纪 80 年代初。20 世纪 80 年代中期，英国、日本、德国以及一些国际经济组织也开始对国际竞争力进行研究。1986 年世界经济论坛（World Economic Forum，WEF）发表了《关于国际竞争力的报告》，对世界上主要工业化国家的国际竞争力进行统计、分析和评价，并初步形成了包括国际竞争力研究的理论、原则、评估方法和指标等在内的相对完整的体系。瑞士洛桑国际管理开发学院（International Institute for Management Development，IMD）则着眼于国家整体实力与发展水平，从国家竞争力与企业竞争力的关系出发，建立了国际竞争力评价模型。1990 年以来，IMD 和 WEF 作为国际竞争力的权威研究机构，每年合作出版一本《关于竞争力的研究报告》，发布各年的主要国家国际竞争力报告。1995 年，该报告首次展示了全球 44 个国家和地区的竞争力，中国也于当年被正式纳入竞争力的世界评价体系。IMD 和 WEF 的国际竞争力评价体系的内容主要包括经济实力、国际化程度、政府作用、金融环境、基础设施、管理制度、科学技术和国民素质 8 个方面的内容。

最早对国际竞争力进行较全面系统研究的学者是美国哈佛大学教授迈克尔·波特，他出版的著名的竞争力三部曲——《竞争战略》、《竞争优势》和《国家竞争优势》——分别从微观、中观和宏观角度论述了竞争力问题，成为有广泛影响的国家竞争优势理论。迈克尔·波特认为，要着重研究产业竞争力，并构建了企业竞争力的"钻石模型"，从生产要素、国内需求、相关和支持产业、企业的战略结构和决策、机遇与政府6个方面分析国际竞争力成因。

虽然迈克尔·波特的"钻石模型"引起不少质疑，有学者认为"他所提出的模型既没有用规范的经济学语言来表述，也没有用规范的数学推导来证明，根本不能称其为理论"（Greenway，1993），"迈克尔·波特所提出的竞争力决定因素绝不是什么新东西，可以说是比较优势理论各种观点的旧调新弹，因为他没有注明其模型中各个观点的出处，所以很难说他的模型和解释是其原创作品"（Rugman and Cruz，1993；Dunning，1993），但这些评价并未影响迈克尔·波特的理论受到推崇，不少学者对迈克尔·波特的"钻石模型"进行了修改和改进，如鲁格曼等将跨国企业纳入分析，构建了双重"钻石模型"来解释加拿大国际竞争力来源（Rugman and Cruz，1993）；美国学者Dunning（1993）将"跨国经营"作为第三个辅助因素纳入迈克尔·波特"钻石模型"进行分析。"钻石模型"主要在进行竞争力实证研究时作为设计影响因子的依据，近年来国内已有研究者采用"钻石模型"的框架考察某具体产业或产品的竞争力。

针对发展中国家或地区的经济发展，韩国学者乔东逊（Cho，1994）构建了竞争力九要素模型。其中八要素包括资源禀赋、商业环境、相关和支持产业、国内需求、工人、政治家和官僚、企业家、职业经理人和工程师，前四要素是物质要素，后四要素是人力要素，是国际竞争力的决定性因素，他们创造、激发和控制4个物质要素。此外，机遇作为一个外部要素与以上八要素共同构成产业国际竞争力的九要素模型。

1.3.2　国内学者有关国际竞争力的研究

国内学术界对国际竞争力的研究始于20世纪90年代初。到目前为止，国际竞争力理论已经被应用于各个产业经济领域，论文著作成果颇丰。这些成果主要集中在对国际竞争力的内涵、评价指标体系等方面的探索和思考。

原中国国家经济体制改革委员会经济体制改革研究院、综合开发研究院和中国人民大学竞争力与评价研究中心于1996年成立联合研究组，着手对国际竞争力问题进行研究，每年出版一本《中国国际竞争力发展报告》。

1.3.2.1　关于国际竞争力的概念及评价指标体系的研究

金碚（1997，2003，2006）研究了中国工业国际竞争力的性质、中国工业品的国际竞争力；任若恩（1996，1998）研究、评价了中国制造业的国际竞争力；裴长洪和王镭（2002）研究了外资利用和产业竞争力问题，并对竞争力的概念和评价指标体系进行了梳理和总结；邹薇（1999，2002）应用显示性比较优势指标分别分析了九大类产业和产品的国际竞争力；张金昌（2001a，2001b）对国际竞争力的理论和方法进行了研究；赵洪斌（2004）将产业竞争力分为三个层次，即产业绝对竞争力、产业相对竞争力、产业差别竞争力；黄祖辉等（2003）将产业竞争力的评价分为静态竞争力评价、竞争力潜在变动趋势分析以及竞争力影响因素对竞争力变动的贡献分析三个方面。这些研究者都从不同角度对国际竞争力进行了定义，设计了国际竞争力的评价指标体系并用于具体产业的国际竞争力的实证研究。

1.3.2.2 关于农业和农产品国际竞争力的研究

《中国国际竞争力发展报告（1996）》在研究中国农业发展的国际竞争力时指出：农业国际竞争力是一个国家或地区农业的综合生产能力。该定义强调竞争力是综合能力和生产能力。柯炳生、陈卫平、刘成玉、翁鸣等都对农业竞争力的定义作了描述，虽然表述方式不同，但都包含这样的意思：农业或农产品竞争力主要取决于价格和质量这两个直接因素；农产品竞争力具体表现为市场拓展能力和抗国外产品冲压能力；农产品竞争力的实质是持续的赢利能力。

相当多的研究者对中国农业及农产品的国际竞争力进行了较深入的研究。王秀清（1998，2001）研究了中国生猪生产和中国粮食国际竞争力；乔娟（2001）研究了主要家畜肉类和新鲜水果的国际竞争力及变动；余鸣（2002）研究了中国畜牧业国际竞争力；乔娟和康敏（2002）研究了中国大豆国际竞争力及影响因素；许咏梅（2005）采用定量分析的方法对中国制茶业国际竞争力的影响因素进行了定量分析；钟甫宁和羊文辉（2000）研究了中国与欧盟主要农产品的比较优势；刘雪（2002）、赵海燕（2003）研究了中国蔬菜产业的国际竞争力；李崇光和于爱芝（2005）对中国农产品的比较优势进行了研究；刘汉成等（2002）研究了中国苹果产业的比较优势和国际竞争力；王春玲（2005）对中国果林产品国际竞争力进行了研究；张玫（2006）研究了中国水产业的国际竞争力；林珏（2006）对中国产品国际竞争力进行了测算；陈武（1997）、厉为民（1999）用显示比较优势指数法对中国农业及农业各部门的比较优势进行了研究并作了国际比较；程国强（2001）所著的《WTO农业规则与中国农业发展》采用国内资源成本系数法、社会净收益和有效保护率方法对中国主要农产品的比较优势与国际竞争力进行了研究。

陈卫平（2003，2005）将"钻石模型"作为理论参照系，对该模型做一些调整后运用于农业国际竞争力的分析，提出一个农业国际竞争力影响因素的分析范式，即在"钻石模型"基础上增加食品安全因素和制度因素，基于可获得的统计数据，设计了包括业绩评价、实力评价和潜力评价的测度指标体系，该竞争力综合评价体系包括七大要素和38项指标，从不同侧面综合反映农业竞争力的水平和态势，这种综合测定竞争力的指标及方法具可操作性，尤其适用于进行竞争力的横向（国际、省际）比较研究；赵美玲和王述英（2005）研究农业国际竞争力的评价指标体系和模型，设计了显示竞争力、产品竞争力、要素竞争力和环境竞争力4个方面共40个指标；帅传敏等（2003）用CMS模型研究了中国农产品整体国际竞争力的长期变化趋势。余鸣（2003）构建了比较优势与综合指标互动式测定评价模型，不仅从总体角度，还结合部门、行业、区域、相关产业，通过加权、分解等，全面测定、评价中国畜牧业竞争力。

林毅夫和李永军（2003）研究了比较优势与竞争优势的联系，认为将比较优势与竞争优势两个范畴对立起来或者干脆使用竞争优势理论来否定比较优势理论是错误的，竞争优势的建立离不开比较优势；庄丽娟（2004）认为竞争优势是对比较优势的扩展，二者有天然的联系，结合农业产业的特殊性，把比较优势和竞争优势结合起来建立了一个拓展的农业国际竞争力分析框架，即在不完全竞争条件下，价格竞争优势决定比较优势，非价格竞争优势决定竞争优势，在政府的推动下，竞争优势和比较优势有机结合共同决定农业的国际竞争力水平。

1.3.2.3 关于我国肉类产品国际竞争力的研究

迄今为止，国内专门、系统地研究我国肉类产业国际竞争力的文献尚不算多。而已有的成果主要围绕以下几个方面展开。

（1）入世对我国畜牧业发展影响的研究

余鸣（2002）研究了WTO框架下我国畜牧业的比较优势与国际竞争力，认为畜牧业尤其是肉类生产是WTO框架下我国农业具有比较优势和竞争力的行业。

张存根（2000）采用直接比较法和水平比较法研究了加入WTO对中国畜牧业的影响，在《WTO与中国畜牧业》一文中得出研究结论：中国入世后农业总体上是弊大于利，其中种植业尤其是粮、棉、油、糖等产业受影响最大。而畜牧业则是受益最大的部门，原因是我国畜产品生产具有很大的比较优势，猪肉、羊肉价格比国际市场低50%，牛肉甚至低80%左右，畜产品出口具有很强的竞争优势。并预测了加入WTO对我国畜牧业中养猪业、肉鸡业、肉牛业、奶业、羊毛业的可能影响，提出了调整和优化我国畜牧业结构的对策建议。

李建平等（2000）在《加入世贸组织对我国养猪业的影响及对策》中分析了我国猪肉进出口品种结构，猪肉的出口以活猪为主，鲜、冷、冻猪肉次之，再次为猪肉制品和猪杂碎；同时鲜、冷、冻猪肉及制品又是主要的进口产品。中国猪肉比较优势呈下降趋势，应从卫生质量、劳动或资本集约、政府基础设施投入、区域产业化等方面入手提升养猪业竞争力。

潘文卿（2000）、林祥金（2000）、顾国达和张磊（2001）、余鸣（2002）等对我国畜牧业比较优势或竞争力进行了研究。顾国达和张磊（2001）在《我国畜产品出口的比较优势分析》中采用显示比较优势法对活畜、肉类、奶类、蛋类、天然蜂蜜、羊毛 6 类畜产品的比较优势进行了测定，用时间序列数据计算了各类产品比较优势的变化，并采用贸易指数法对中国畜产品进出口贸易优势进行分析，将进口因素纳入竞争力范畴。

余鸣（2002）在《WTO 框架下我国畜牧业的比较优势与国际竞争力》一文中采用显示比较优势法结合净出口指数法对中国活畜、畜产品、畜牧相关产品等各种畜产品的比较优势进行了全面测算，并用综合指数法对影响中国畜牧业国际竞争力的 7 种因素进行了定性分析，从政策、法规标准、产业组织、产业联系、产业结构等方面提出发挥中国畜牧业比较优势及提高国际竞争力的对策选择。余鸣（2003）在其博士学位论文《中国畜牧业国际竞争力研究》中对中国畜牧业总体竞争力、部门竞争力、产品竞争力、区域竞争力、后向产业竞争力等进行了研究，建立了竞争力定量测算模型并进行了国际比较分析。

（2）中国肉类产品国际竞争力的研究

乔娟和康敏（2002）针对中国畜牧业中的主要肉类产品——猪肉、牛肉、禽肉进行了国际竞争力状况及其决定和影响因素的系统研究，其研究结论被较多地引用。邓蓉（2003）在其博士学位论文《中国肉禽产业发展研究》中对中国肉禽产品结构、进出口状况和比较优势及产业化经营等问题进行了研究。刘芳（2006）在其博士论文《中国肉羊产业国际竞争力研究》中对肉羊业总体竞争力、产品竞争力、区域竞争力及影响肉羊产业竞争力的因素进行了研究。李晓红在博士论文《中高档猪肉产业链组织模式研究》中以中高档猪肉产业链组织模式为主要研究对象，为提高中国肉类产品国际竞争力及保障国家食品安全提供思路。董银果（2006）则研究了植物检疫措施对猪肉贸易的影响。

1.3.3 关于中国农产品出口贸易结构的研究

1.3.3.1 中国农产品出口贸易结构特征及其影响因素的研究

程国强（2004）系统评估了中国农产品出口的商品结构、地区分布、出口企业以及出口目的地市场结构特征与变化，研究表明，中国主要出口农产品是具有竞争优势的劳动密集型农产品，农产品出口结构充分体现中国农业的资源禀赋和比较优势特征。另外，农产品加工品出口已经成为出口主导产品；李先德（2006）分析了中国农产品出口贸易的特点，认为农产品贸易结构的变化与中国具有劳动密集型产品生产优势相符；屈小博和胡求光（2006）从农产品出口贸易的商品结构、地区结构、市场结构以及出口经营主体结构等方面实证分析入世后我国农产品出口贸易结构变动趋势及特征；赵一夫等（2005）从实证的角度，利用有序样本最优分类方法，对中国自 1985 年以来农产品对外贸易的总体规模和产品结构变化特征进行了分析；栾敬东和李靖（2004）认为，影响我国出口结构变化的主要因素是国际市场结构和国内生产结构；程广娟（2006）利用2000~2005年的我国农产品贸易数据来分析农产品贸易结构的变化特征、不合理趋势变动因素，发现农产品贸易结构不合理趋势变动的成因有比较优势战略的衰弱、农产品对外贸易竞争力下降、农业"二元结构"的超稳定性。

1.3.3.2 贸易结构对中国农产品出口波动影响的研究

孙林和赵慧娥（2004）运用CMS模型方法，针对中国对东盟农产品出口额波动的问题，分析了其主要影响因素及其变化情况。通过分析发现中国对东盟的农产品出口额的波动主要受需求因素的影响，而结构因素只起次要的作用；赵一夫等（2005）为考察不同因素对我国农产品出口规模的影响程度，针对近10年我国农产品出口规模的变动特征，采用CMS模型对我国农产品出口规模变动的影响因素进行了实证分析；帅传敏等（2003）运用CMS模型对中国农产品整体国际竞争力的长期变化趋势进行了研究，研究表明出口农产品结构不优、市场结构单一是制约中国农产品国际竞争力提高的主要因素；李常君（2006）采用CMS模型分析方法对十几年来中国向日本出口蔬菜的数据进行实证分析，发现结构效应由对出口的阻碍作用逐渐转变为促进作用，但是作用很小；李艾宇等（2004）运用CMS模型，定量分析了1992~2002年我国内地农产品出口台湾地区的竞争效应、商品构成效应和市场规模效应；李海鹏等（2007）运用CMS模型，对我国蔬菜出口贸易变动进行阶段分析，实证结果发现进口国的需求扩大是我国蔬菜出口持续增长的主要影响因素，商品结构效应对出口的阻碍作用逐渐减小。

1.3.3.3 中国农产品出口结构与伙伴国之间的互补性与竞争性研究

杨春艳和綦建红（2006）通过产业内贸易指数、显性比较优势指数、出口产品相似度指数和出口产品分散度指数，对中国和美国农产品贸易结构进行了实证分析，认为中美两国的农产品贸易以互补性为主，竞争性为辅；朱允卫（2005）认为中国和泰国农产品贸易结构的互补性主要是在两国资源禀赋差异的基础上产生的，泰国的土地密集型产品具有很强的比较优势，而中国具有比较优势的主要是劳动力密集型产品；金鸿荣（2006）的研究表明，中国与泰国农产品出口结构相似度较高，产品的相似度集中在劳动力密集型产品；陈晓艳和朱晶（2006）利用出口相似性指数，分别从产品和市场两个角度衡量了中国和印度农产品出口竞争关系的大小，研究表明，中国和印度的农产品出口在产品结构和市场结构两个方面具有相似性，存在着一定程度的竞争关系；孙笑丹（2003）的研究表明中国与东盟三国（泰国、马来西亚和印度尼西亚）在农产品出口结构上存在着竞争关系，且这种竞争性越来越强；史智宇（2003）认为中国与东盟三国的农产品出口结构和农产品出口市场分布相当接近，而且表现出很高的趋同速度；黄书权和尹希果（2005）利用灰色系统预测方法分析发现，中国与东盟国家农产品出口贸易具有越来越强的互补性，尤其是水产品和园艺产品；孙林（2005）利用出口相似性指数分别从产品和市场两个角度分析了中国与东盟国家农产品贸易竞争关系的强弱及其变化趋势，农产品出口产品结构的差异决定了中国与东盟国家的农产品贸易关系不是以竞争为主；胡铁华和肖海峰（2006）分析了中国与东盟国家农产品贸易的产品结构特征以及地区特征，发现1998年以来中国对东盟国家出口的农产品的集中度降低，开始向多样化发展，出口结构逐步优化；李秀梅（2005）运用多项指标系统描述了1995～2003年中国－欧盟农产品贸易结构的特征，分析结果显示贸易互补性在波动中增强，出口相似性指数表明双方在出口结构上存在较大的差异，贸易强度指数显示中国与原欧盟以及扩大后的欧盟在农产品贸易方面有很大的发展潜力。

1.3.3.4 中国大宗农产品出口贸易结构的研究

张玫等（2006）分析了1996～2005年中国水产品出口贸易的品种结构和市场结构，提出了优化产品结构和目标市场结构、建立多元化国际销售市场的对策；陈云和顾海英（2004）运用出口商品结构、地理流向和出口来源等结构分析指标分别对我国蔬菜出口贸易进行了分析；王永刚等（2006）运用贸易竞争指数、国际市场占有率和出口市场集中度等指标，对1994～2003年中国花生国际贸易结构进行实证分析，并与世界主要花生出口国家进行比较；孔媛（2006）以世界番茄贸易的格局为研究对象，对近年番茄贸易的情况进行分析，陈小静和乔娟（2005）对中国鲜苹果的出口现状，在其主要进口国家或地区的分布变化、进口市场占有率，以及这些国家或地区的鲜苹果进口来源地进行了分析；庞守林和田志宏（2004）从苹果产品与国际市场相对应的角度，通过产品品种和出口市场的细化，定量比较分析了中国苹果国际贸易的产品结构、规模结构和市场结构，并对优化苹果产品出口的产品结构和市场结构提出建议。

1.3.4 关于肉类市场价格波动的研究

国内学者主要围绕农产品价格波动进行研究，但对肉类价格波动的系统性分析较少，目前关于农产品及肉类价格波动的研究主要有以下几个方面。

1.3.4.1 关于农产品价格上涨原因的研究

柯炳生和唐仁健（1995）将1993年底以来的农产品价格上涨的原因归纳为

两个层次：长期因素和短期因素。长期因素主要是：农产品供求关系的长期发展趋势是短缺的；农业生产的成本是不断增加的。短期因素为：消费基金膨胀的拉动；进出口政策与国内市场政策的不协调；国内市场调控措施不健全，运用不力，尤其是粮食的专储体系未能充分地发挥出应用的作用；粮食购销政策的变动，也是对价格短期上涨产生了一定影响的因素之一；供求结构矛盾；此外，农产品价格上涨还是长期通货膨胀因素的累积拉动结果。

吴宗源（1996）的研究认为，农产品价格上涨，首先是市场化前提下的价值回归。其次是通货膨胀条件下对价格高位运行的追逐，主要是生产成本的推动，消费扩张的拉动和比较效益的攀比，使得农产品价格的上涨赶不上通货膨胀的速度。最后是宏观调控乏力情况下暴利因素的影响，主要是由中间商的逐利行为导致的。

以上基本代表了20世纪90年代对于农产品价格上涨原因的主要看法。综合来说，农产品价格上涨的原因，主要有生产供给因素、流通因素、国家调控因素和通货膨胀因素。

1）生产供给因素，即认为我国农产品生产长时间处于供不应求的状况，由此推动价格上涨。这一观点，在现在看来并不是完全正确。我国农产品的生产虽然在一些时段内供不应求，但是我国农产品生产也多次出现了供大于求的情况。可见，我国农产品并非一直处于供不应求的状态。

2）流通因素，认为我国农产品市场结构不合理。这一问题，随着我国改革的不断进行，主要的农产品中间机构已从过去的国家机构独霸天下，逐渐过渡到市场机构众多的局面，这一问题会逐渐好转。然而国家收购价格和相关收购机构的存在，始终会对市场结构造成影响。

3）国家调控因素，则是国家直接政策对于价格的影响。在计划经济时期，这一影响是最为严重的，到了价格逐渐放开的时期，国家政策逐渐退居次要地位。

4）通货膨胀因素，其主要观点是通货膨胀引起了农业生产成本的上升，从而导致农产品价格上涨。

20世纪90年代后期以后，对于农产品价格的波动原因又有了新的看法。

杨波（2004）认为，在我国工业化进程中，农业基础地位在产业结构中的退化以及农业劳动生产率的低下所造成的农业产品总量不足是农产品价格上涨的深层次原因之一。首先，国家通过强制性抽取农业剩余用于工业扩张的资本积累，从而使农业发展受到资本严重不足的制约，税收、农产品价格"剪刀差"和农民储蓄是三种主要的方式；其次，在工业化进程中，农业部门的劳动力比重也不断下降。

而彭光凤（2005）指出，农产品价格上涨，主要原因有：第一，农产品需求缺乏弹性，损伤了农民的生产积极性，即谷贱伤农，打击了农民的信心；第二，生产力落后，制约了农业生产的发展；第三，国家产业政策的调整（主要是指2003年以后）；第四，自然灾害的影响，导致农业减产；第五，国际农产品价格上涨的大环境（指2003年以后）。

可以看出，经过10多年的发展，我国农业生产的状况发生了一定的变化，影响农产品价格变化的因素也发生了一定的改变。其中，国家的强制积累，是一直存在的问题，应当不是造成农产品价格波动的主要原因。而农业部门劳动力比重的下降，是一个明显的事实，但是劳动比重下降只是一个表面现象，更深层次原因是农业收入的下降。

谷贱伤农，是理论上的事实，但是造成这一事实的是价格上涨得太高、太快而引起的农产品供大于求。不过，2003年以来的国家政策调整，使国家政策重新走向前台，对农产品价格产生了直接的影响。

对于农产品价格上涨的原因，除了前面这些综合的看法以外，还有对于农产品价格与通货膨胀关系的专门讨论。

当前，在看待我国通货膨胀形势上，大致有两种观点，第一种观点认为已经发生通货膨胀；第二种观点认为正在孕育通货膨胀。在分析通货膨胀原因时，一种观点把通货膨胀与农产品价格上涨直接挂钩，认为我国当前出现的通货膨胀是农产品价格上涨诱发的；另一种观点把通货膨胀与粮食价格上涨脱钩，认为我国时下的通货膨胀是较长时间孕育、多种因素密集的结果，具有新特点。

1.3.4.2 农产品价格的波动与通货膨胀的关系的研究

改革开放后我国的经济发展曾经历了3次比较严重的通货膨胀：1980年前后，由于投资膨胀和消费需求膨胀所导致的总需求过度膨胀和物价指数上扬；1985～1989年，由于经济过热、货币发行量失控所导致的高通货膨胀；1993～1995年，由于固定投资过猛、金融秩序极度混乱所导致的改革开放以来最严重的一次通货膨胀。如果加上最近一年5%的通货膨胀，则改革开放后总共有4次比较严重的通货膨胀。

国内关于农产品价格的波动与通货膨胀二者关系的研究很多，但是，国内主要进行的是一般大宗商品价格波动与通货膨胀预期的关系研究，而农产品是大宗商品的一个极其重要的组成部分，二者价格的波动在某种程度上具有一致性。

关于农产品价格波动（大宗商品的价格）与通货膨胀关系的讨论，经济学界有着两种不尽相同的解释。部分学者认为农产品价格上涨会引发通货膨胀。农产品是大宗商品一个极其重要的组成部分，就一般大宗商品价格而言，Garner认为，大宗商品价格是通货膨胀的先行指标，因为期货市场的存在使得大宗商品交易效率提高，其价格的变动能够灵活地反映经济的变化。西北工业大学"1992～

1995 年价格总水平上涨研究"课题组研究人员认为，农产品价格上涨引起相对价格体系的变化，导致非农产品价格的上涨，而非农产品价格的上涨会反过来促进农产品价格进一步上涨，如此相互作用，产生市场推动型价格总水平的上涨。经济学家易纲认为，通货膨胀的根本原因仍在于货币的超量发行，农产品价格上涨只是通货膨胀的传导机制的最后一个环节。卢锋和彭凯翔（2002）利用均衡修正模型对中国 1987~1999 年粮食价格变动与通货膨胀关系进行协整分析，发现 20 世纪 90 年代名义粮食价格的剧烈波动是由于通货膨胀预期导致的社会大规模存粮造成的，而不是粮食价格上涨导致了通货膨胀。王秀清和钱小平（2004）利用投入产出模型测算了 1981~2000 年中国农产品价格上涨对全国物价总水平上涨的影响程度，结果发现，全国物价总水平对农产品价格的依赖程度是逐渐降低的，所以，不能把整体物价水平的上涨归因于农产品价格的上涨。李敬辉和范志勇（2005）通过一个世代交叠的随机动态一般均衡模型研究发现，货币供给、利率通过存货渠道导致大宗商品价格变化的幅度超过通货膨胀。就粮食这一代表性的农产品而言，通货膨胀的波动会导致粮食价格的波动，而且中国粮食价格的波动幅度往往要超过通货膨胀的波动幅度。

而王秀清和钱小平（2004）指出，"农产品价格上涨对全国物价总水平的影响程度呈现明显的下降趋势。1% 的农产品价格上涨，在 1981 年将会导致全国物价总水平上涨 0.4%，而在 2000 年，这一影响程度下降到 0.195%"。"可以预见随着农业关联产业技术的不断进步，随着农业占国家经济比重的不断下降，农产品价格上涨对各个产业乃至全国整体物价水平的影响程度将会继续不断地降低。"

从现有的关于农产品价格上涨与通货膨胀关系的分析中可以看出，对于这一问题，还远远没有形成统一的看法。

1.3.5 对已有研究成果的简要评述

已有研究成果具有如下特点：一是比较偏重于成本分析和出口数量分析，以市场占有率作为竞争力的主要指标；二是对产品国际竞争力的研究主要针对静态竞争力，而对竞争力的变动及其原因以及竞争力对出口增长的贡献等方面的研究尚较少涉及；三是研究的方法仍有改进的空间，现有的研究未能建立起一套科学、完整的评价农产品国际贸易地位的指标体系和方法；四是对中国肉类产品出口结构效应的研究尚较少涉及。

对我国肉类（以猪肉为主）价格波动的研究主要集中于猪肉价格波动的影响因素和猪肉价格波动尤其是猪肉价格上涨产生的相关影响两个方面。关于引起猪肉价格波动的影响因素主要存在两个方面的争论：一方面是对引起我国猪肉价格大幅上涨具体原因的争论；另一方面是猪肉价格与 CPI（consumer price index）

之间波动的因果关系的争论。

　　进入 21 世纪后的近几年，疯牛病的发生对欧美国家的肉类贸易影响深远，禽流感的发生对中国及其他国家肉类进、出口（尤其是禽肉出口）的影响颇大。这一方面说明畜产品安全、卫生等非生产性因素对竞争力的影响不可忽视；另一方面说明几起大范围的疫病的发生对世界肉类产品贸易格局产生的影响已显现，中国及主要畜产品出口国肉类竞争力指标的国际排位必定会发生变化，而已有的研究多采用 2000 年以前的数据。本研究采用最新的数据资料对中国肉类产品国际竞争力及变化、中国肉类贸易的国际地位进行定量测算和分析，对中国肉类产品出口结构及效应进行定量的实证分析，并提出调整中国肉类出口结构及提升中国肉类产业国际竞争力的对策。

第2章
基础理论及分析指标

　　本章回顾比较优势理论、竞争优势理论、国际竞争力理论的基本思想，梳理国内外理论界对于产业竞争力研究的成果，作为全书的理论基础；并借鉴国内外关于竞争力研究的评价指标和方法，确定肉类产品国际竞争力的评价指标体系。

2.1　比较优势和竞争优势理论

2.1.1　比较优势理论

　　比较优势理论的提出源于人们对国际分工和贸易的关注。理论界一般将大卫·李嘉图对国际贸易模式的研究看作比较优势理论的起点。大卫·李嘉图的比较优势原理指出：在各国其他条件大致相同的情况下，由于国家间技术水平相对差异而产生的各国生产同一商品的比较成本的差异，构成国际贸易的原因，并且决定着国际贸易的模式；按照这种贸易模式进行的自由贸易和国际分工促进世界范围内资源配置的改善，并为各贸易国带来国内福利水平的增加。按照大卫·李嘉图的理论，一国即使在所有的产品生产上都具绝对优势（或劣势），但只要针对所有产品的优势（或劣势）存在程度不同，则仍能进行贸易，并从贸易中获利。大卫·李嘉图解释国际贸易发生的原因为技术水平的差异，其比较优势理论仅仅考虑生产技术差别的影响。

　　大卫·李嘉图之后，詹姆斯·穆勒、马歇尔和埃奇沃思等都对完善大卫·李嘉图的比较优势理论作出了重要贡献。他们的研究主要集中于贸易条件问题和一些比较静态分析，因而对比较优势成因的解释并没有超出大卫·李嘉图所说的技术水平的相对差异。

　　瑞典经济学家赫克歇尔和俄林对大卫·李嘉图的比较优势理论进行了补充，指出国家之间要素禀赋的差异决定着贸易的流动方向。赫克歇尔和俄林认为，各国之间生产要素相对稀缺性的差异是产生比较成本差异的必要条件，因而也是国际贸易的必要条件。因为赫克歇尔和俄林用要素禀赋的差异解释了比较优势，因此又称为要素禀赋理论。应该指出，从其现实意义看，要素禀赋理论在很大程度上是对大卫·李嘉图基于国际技术差异的比较优势理论的补充而不是替代。

对于比较优势的来源有多种解释，由此产生了熟练劳动及人力资本说、自然资源产业说、技术差距理论、产品生命周期理论、偏好相似理论等国际贸易理论。

2.1.2 竞争优势理论

随着科学技术的日益发展及其在经济生活中的作用日益显著，比较优势理论遇到了挑战。例如，比较优势理论不能回答不利的生产要素如何能够造就新的经济增长点。又如，按照比较优势原理，大量的国际贸易应当发生在具有资源差异的国家，然而随着科学技术的迅速发展，全球绝大多数贸易恰恰发生在资源条件相当的发达国家。

针对一系列比较优势理论所不能解释的现象，迈克尔·波特提出了国家竞争优势的概念。迈克尔·波特指出，必须采用竞争优势理论来解释产业竞争力问题。竞争优势有别于比较优势，它是指各国或各地区相同产业在同一国际竞争环境下所表现出来的不同的市场竞争能力。迈克尔·波特认为，比较优势原理之所以能在 18～19 世纪风行，是因为当时产业粗糙，是劳动密集型的，比较优势原理在今天之所以遇到了挑战，是因为产业的提升和科技的进步。

竞争优势主要是讨论各国间的同一产业在世界市场上发展的现实态势。

2.1.3 比较优势与竞争优势的关系

尽管比较优势和竞争优势是存在区别的一组概念，但二者都是产业竞争力形成的基础。二者的区别是：比较优势强调同一国家不同产业间的比较关系，研究不同产业间的国家（地区）合理分工问题，其直接依据是该国（地区）的资源禀赋或产业发展条件，强调的是在国家或地区间产业分工上的优势或产业互补的关系，具体到某一产业来讲，就是研究该产业的资源状况是否有利于该产业的发展等问题。而竞争优势强调不同国家同一产业间的比较关系。竞争优势强调的是不同国家（地区）间发展同一产业时某一（些）国家（地区）较其他国家（地区）所存在的现实优势，研究不同国家（地区）间的产业冲突和替代的因果关系，强调企业的策略行为和创新能力（厉无畏和王秀治，2001）。比较优势强调各国产业发展的潜在可能性，竞争优势则强调各国产业发展的现实态势。比较优势是产业国际分工的基础，也是竞争优势形成的基础，但比较优势原理却不能直接用来解释产业竞争力水平的高低，而竞争优势原理作为一种研究思路和分析方法可直接用于解释产业竞争力的形成机理。

与区别相比，比较优势与竞争优势的联系更为重要。第一，一国一旦发生对外经济关系，比较优势与竞争优势会同时发生作用。竞争优势不能完全消除比较优势，即使是经济最发达的国家也不可能在一切产业中都具有国际竞争优势，仍然需要按比较优势配置资源，这便是最好的例证。第二，一国具有比较优势的产业往往易于形成较强的国际竞争优势。比较优势可以成为竞争优势的内在因素，促进特定产业国际竞争力的提高，二者可以相互转化。因此，比较优势是产业竞争力的基础性决定因素，而竞争优势是直接作用因素。第三，一国产业的比较优势要通过竞争优势才能体现。即使是具有比较优势的产业，往往也较难形成和保持国际竞争优势。这说明，在各国产业发展中，比较优势和竞争优势常常是相互依存的。第四，比较优势和竞争优势的本质都是生产力的国际比较，不同的是，比较优势强调各国不同产业之间生产率的比较，而竞争优势强调的则是各国相同产业生产率的比较。

2.2　国际竞争力理论

2.2.1　竞争力与国际竞争力理论

2.2.1.1　竞争力

竞争是社会经济发展的永恒主题，存在于任何一种经济体制、社会制度的国家中。"竞争"以文字形式最早出现在希腊文中。最早对"竞争"的含义作出解释的是哲学家亚里士多德，他在《政治学》一书中围绕"竞争"与"垄断"这一对概念进行解释："垄断"是由于没有人"去同他竞争"。进化论者达尔文的《物种起源》（1859）出版后，竞争的概念被越来越多的人所认识和研究。达尔文还提出了关于自然竞争的以自然选择为基础的进化学说——"物竞天择，适者生存"。竞争对于社会进步、经济发展有着极其重要的作用。德国经济学者艾哈德·路德维希在《来自竞争的繁荣》一书中写道："一种竞争的经济制度是所有经济制度中最经济、同时又是最民主的制度。竞争是获得繁荣和保证繁荣的最有效手段。凡是没有竞争的地方，就没有进步。"恩格斯认为："竞争是经济学家的主要范畴，是他最宠爱的女儿，他始终爱抚着她。"诺贝尔经济学奖获得者、竞争理论大师乔治·斯蒂格勒在《新帕尔格雷夫经济学大辞典》中写道："竞争系个人（集团或国家）间角逐；凡两方或多方力图取得并非各方均能获得的某些东西时，就会有竞争"（厉无畏等，2001），该定义突出了竞争与资源配置的关系。

竞争力是竞争主体在竞争过程中表现出来的能力。在以实物产品生产为主的经济发展阶段，市场竞争主要是产品竞争。在《贸易政策术语词典》中，竞争力指"某一企业或者某一部门甚至整个国家在经济效益上不被其他企业、部门或者国家所击败的能力"。经济合作与发展组织（经合组织，OECD）提出的竞争力定义是："面对国际竞争，支持企业、地区、国家或超国家区域在可持续发展的基础上进行相对较高的要素收入生产和较高要素利用水平的能力。"亚当·斯密、大卫·李嘉图的古典经济学理论认为产品成本是竞争占优的决定性因素，竞争力的强弱取决于因资源禀赋或企业和生产要素集聚而建立的成本优势；在资源禀赋在竞争中的重要性逐渐下降情况下，体制性竞争力优势理论认为，竞争力指以更加具有吸引力的价格和质量来进行设计、生产和销售产品及劳务的能力，而这种能力取决于国际化、政府管理、金融体制、公共设施、企业管理等体制性因素。

以熊彼特理论为基础的技术创新理论认为，竞争力优势主要是技术及组织的不断创新；以迈克尔·波特为代表的系统性竞争优势理论认为，竞争力优势在于经济资源和要素分工协作的体系化；以诺斯为代表的制度创新竞争力优势理论认为，竞争力优势在于通过制度创新营造促进技术进步和经济潜能发挥的环境（陈晓声，2001）。

以上各种关于竞争力的定义及竞争力优势理论，具有明显的社会经济发展变迁的印记，反映了对竞争力理论不断探索的过程，也为开展关于竞争力的实证分析提供了理论基础。

2.2.1.2 国际竞争力

竞争力是一个比较的概念，在国家或地区间比较的竞争力称为国际竞争力。国际竞争力因比较的范围或内容不同，又可以分为国家国际竞争力、产业国际竞争力、企业国际竞争力和产品国际竞争力。

由于人们对国际竞争力理解的角度不同，对国际竞争力的定义也有多种。最权威的国际竞争力研究机构 WEF 和 IMD 均从国家层面定义竞争力。

WEF 1986 年对国际竞争力的定义是：国际竞争力是一国能够实现以人均GNP 增长率表示的经济持续增长的能力。WEF 在《1994 年世界竞争力报告》中对国际竞争力的定义是："指一国或一公司在世界市场上均衡地生产出比其他竞争对手更多财富的能力。" WEF 发布的《1997 年世界竞争力报告》关于竞争力的定义是："一国通过管理资产和经济过程、吸引力和扩张力、全球性和就近性以及通过把这些关系整合到经济和社会模型中去创造增加值及由此增加国民财富的能力。"由此可见，WEF 在不同时期对国际竞争力的定义虽有所不同，但均强调衡量国际竞争力的标准要以经济增长率的提高及国民财富的增加为依据，1997年的定义比 1994 年的定义更为具体。

1989 年 IMD 对国际竞争力的定义是："一国创造增加值从而积累国民财富的能力，国家可以通过协调下列 4 对关系而实现其国际竞争力，这 4 对关系是：资产及其形成过程、吸收引进能力和输出扩张能力、全球经济活动和国内经济、经济发展和社会全面进步。"这一定义强调实现创造增加值和国民财富的积累能力。

美国《关于工业竞争能力的总统委员会报告》给国际竞争力下的定义是："在自由、良好的市场条件下，能够在国际市场上提供好的产品、好的服务的同时又能提高本国人民生活水平的能力。"

经合组织对国家层面上的国际竞争力的描述是："一国在自由和公平的市场条件下，能够生产出满足国际市场需求的产品和劳务，同时又能维持和扩大本国人民长期的实际收入水平的程度。"

联合国贸易和发展会议（UNCTAD）把竞争力定义为"获得盈利以及在国内市场和出口市场上保持市场份额的持续性能力"。

中国国家体改委经济体制改革研究院、中国人民大学和深圳综合开发研究院联合研究组撰写的《中国国际竞争力发展报告（1996、1997、1998）》认为，国际竞争力是"以市场经济理论为依据，运用系统科学的统计指标体系，从经济运行事后结果和未来发展的潜能，包括决定经济运行的各种客观因素和体制、管理、政策及价值观念等主观因素，对一国经济运行和经济发展的综合竞争能力做出全面的反映和评价"。国内的学者对一国（地区）国际竞争力的一般看法是：在自由和公平的市场条件下，能够生产适应国际市场检验的、同时又能扩大其国民实际收入的商品和服务的能力和程度。

综合上述关于国际竞争力的多种定义，国家层面的国际竞争力的含义主要应包括以下几个方面：①国家竞争力通过提供产品或服务来实现，是一国的企业或产业提供产品或服务的能力；②竞争力是产品或服务在市场上盈利的能力，竞争力提高意味着国民财富的增加和实际国民收入的提高；③国际竞争力强调的是一国如何平衡处理保护与开放、财富创造与社会内聚力之间的动态关系。

2.2.2 产业国际竞争力理论

2.2.2.1 产业国际竞争力内涵

从上述关于国际竞争力的定义可看出，国际竞争力是通过产业或产品实现的。

迈克尔·波特（2002）是第一位从产业角度研究竞争力的学者，他首先改变了传统产业的定义方法。他将产业定义为生产直接相互竞争的产品或服务的企业集合。这样定义产业就可以把企业、产业和国家结合起来分析。迈克尔·波特把产业国际竞争力定义为：一国在某一产业的国际竞争力，为一个国家能否创造一个良好的商业环境，使该国企业获得竞争优势的能力。我国学者金碚等在《竞争力经济学》中指出，当研究产业竞争力时，总是关系到一国某一产业同其他国家的同一产业之间的比较，而对一国的各个不同产业进行竞争力的比较是没有意义的，因此研究产业竞争力就是研究产业国际竞争力。

许多研究者认为，产品是国际竞争力研究的终端层次，不论是国家、产业或企业，其国际竞争力最终都要通过产品在市场上的销售来实现其价值。樊纲（1998）将竞争力定义为"一国的商品在国际市场上所处的地位"，"最终可以理解为成本的概念，即如何能以较低的成本提供质量更高的产品"。

为了便于进行国际产业竞争力比较，我们从竞争力实现的角度将产业的概念界定为"同类产品或服务的集合"；而从竞争力主体的角度，将产业定义为"生产或经营同类产品或服务的企业的集合"。因而，产业是"生产同类产品或服务的企业与所有同类产品或服务的总体"。产业竞争力通过产品表现出来。

借鉴上述关于竞争力及产业国际竞争力的定义，我们将产业竞争力定义为：在 WTO 有关协议约束下，某国或某一地区的某个特定产业相对于他国或地区同一产业在生产效率、满足市场需求、持续获利等方面所体现的竞争能力。产业竞争力的实质是产业的比较生产力，是指企业或产业能够以比其他竞争对手更有效的方式持续生产出消费者愿意接受的产品，并由此获得满意的经济收益的综合能力。

2.2.2.2 产业国际竞争力的研究范围

各国各产业在国际经济体系中的地位以及参与国际竞争的结果是由多种因素决定的，从国际分工的角度看比较优势对产业国际地位起决定性的作用，从竞争实效看竞争优势又起着决定性的作用。而在现实中比较优势和竞争优势共同决定着各国各产业的国际地位及其变化趋势。

产业国际竞争力研究，是在承认各国各产业间存在着比较优势，而且比较优势对产业国际分工格局具有决定性影响的前提下，重点研究和分析各国特定产业的国际竞争态势，以及影响各国特定产业国际竞争力的主要因素。

2.2.3 迈克尔·波特的"钻石模型"理论

迈克尔·波特用他的著名的"钻石模型"（图 2-1）来解释产业竞争力的来源。迈克尔·波特对多个国家、多个产业的竞争力进行深入研究后认为，产业竞争力是由生产要素，国内市场需求，相关的支持性产业，企业战略、企业结构和同业竞争4个主要因素，以及政府行为、机遇两个辅助因素共同作用而形成的。其中，前4个因素是产业竞争力的主要影响因素，构成"钻石模型"的主体框架，4个因素彼此相互影响，形成一个整体，共同决定产业竞争力水平的高低。此外还有机遇和政府行为两个因素。"钻石模型"构筑了全新的竞争力研究体系，提出的竞争优势理论包含了比较优势原理，并大大超出了后者的解释范围。

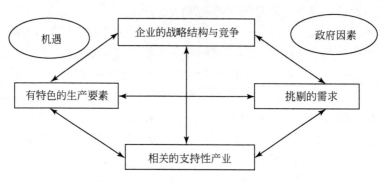

图 2-1　迈克尔·波特的"钻石模型"

迈克尔·波特认为：传统产业竞争力理论，如比较优势理论、规模经济理论都不能说明产业竞争力的来源，因为"在产业竞争中生产要素非但不再扮演决定性的角色，其价值也在快速消退中"，"规模经济理论有它的重要性，但该理论并没有回答我们关心的竞争优势问题"。

迈克尔·波特认为高级生产要素是可以培养的，在高级生产要素的培养中政府起着关键作用。他指出，政府的传统也是最重要的角色就是创造和提升生产要素，其中包括拥有熟练技术能力的人力资源、基础科学、经济信息和基础设施等。迈克尔·波特的理论表明：竞争力的提升不仅要注重传统的生产要素，而且应当着眼于未来，注重高级生产要素；优势永远是比较而言的，因而只有合适的经济结构才是有效的经济结构。

尽管国内外产业竞争力理论发展还远未达到成熟，但产业竞争力理论框架已初步形成，主要由两个方面的内容组成：一个是以迈克尔·波特的"钻石模型"为代表的产业竞争力成因理论，该理论以定性分析为主要分析方法；一个是产业竞争力计量分析理论，国内外学者已在该领域作出了不小的贡献。产业竞争力理论体系的初步形成，是我们进行肉类产业竞争力研究的理论基础。

2.3　肉类产品国际竞争力评价指标

我国学者进行国际竞争力定量分析的一般方法是：首先，合理选择评价指标，并对各指标科学分配权重，构建求和模型；其次，按各指标采集数据，经标准化处理后代入求和公式，得到竞争力量化评估水平。产业竞争力计量分析需解决两个关键问题：一个是评价指标的选取和指标体系的建立；另一个是对各指标科学地赋予权重。其中，在指标赋权方面，可以直接借用统计学中的赋权理论，既可以采用传统赋权方法，也可以采用主成分分析法等现代数学计量方法。国内有学者（乔娟等，2002；赵海燕，2003）将产业竞争力评价指标分为两类：一类是显示性指标，主要反映市场占有率和利润率；另一类是分析性指标，又进一步分为直接原因指标和间接原因指标，直接原因指标主要反映生产率和企业营销管理效率等，间接原因指标大体相当于迈克尔·波特的"国家竞争优势四要素"。

　　本书借鉴国内学者及国际机构进行国际竞争力研究的测度指标和方法，既采用国内外学者进行竞争力研究时常用的单项指标，也设计综合评价指标来对中国肉类产品的国际竞争力进行测度。

2.3.1　指标类型

2.3.1.1　显示性比较优势指数

　　显示性比较优势指数（revealed comparative advantages，RCA），表示一国某产品的出口占该国总出口的比重与全世界该产品出口占总出口的比重的比率，计算公式为

$$\text{RCA}_{ij} = (X_{ij}/X_{it})/(X_{wj}/X_{wt})$$

式中，X_{ij} 为 i 国 j 种产品的出口；X_{it} 为 i 国在 t 时期内的总出口；X_{wj} 为世界市场上的 j 产品的总出口；X_{wt} 为世界市场在 t 时期的总出口，我们采用出口额来计算。由于世界各国工业化程度的差异，各国总出口额差异很大，X_{it} 及 X_{wt} 分别指 i 国及世界农产品总出口额。一般认为，RCA ＞ 1，表示产品具有比较优势；RCA ＜ 1，表示比较优势低于国际平均水平；RCA ＝ 1，表示处于国际平均水平。进一步，若 RCA ＞ 2.5，表示比较优势极强；若 RCA 为 1.25～2.5，表示比较优势较强；若 RCA 为 0.8～1.25，表示具有中度比较优势（竞争力）；RCA ＜ 0.8，表示比较优势（竞争力）较弱。

　　显示性比较优势指数有三个意义：首先是对国家进行划分，显示出国家在特定商品上的优势、劣势；其次是定量分析某国（地区）在某类产品上的比较优势程度；最后是可对同类产品进行比较优势的国家间比较或对一国之内不同产品的比较优势进行比较优势的排序。显示性比较优势指数也有其局限性：在将其用于评价各国农产品比较优势时，容易低估工业化程度高的国家的农产品比较优势，而高估工业化程度低的国家的农产品比较优势，因而影响评价的准确性。因此，本书测算 RCA 时，公式中的各国及世界总出口数据用农产品总出口数据代替。另外，还采用贸易专业化系数作为比较优势的辅助指标。

2.3.1.2　贸易专业化系数

贸易专业化系数（trade specialization index，TSI），在国内学者的研究中尚较少采用，主要见于联合国国际贸易中心（ITC）用来进行一国之内不同产品比较优势的比较测算。该指数的目的是确定各国有着最高专业化程度的那些部门，而不是比较国家。在贸易分析中，TSI 的目的在于衡量专业化程度，该指数被用来衡量产品（产业）对净贸易平衡的贡献，或衡量各个贸易部门对总贸易平衡的贡献，TSI 指标具有结构性特点。TSI 指标的基本原理是假定任何产品（产业）的理论专业化水平均应当从诸如真实汇率对贸易变动的影响等与效应相关联的贸易循环中分离出来，因而 TSI 计算的是实际的净贸易平衡与理论净平衡的差，理论净平衡相当于在全球均衡发生时所分析的部门在国家贸易中所创造的净贸易值，是用总贸易对各部门贸易进行标准化得来，本章仍用农产品总贸易代替商品总贸易，因而考察的是肉类总体及各品目产品在贸易平衡时对农产品总贸易的贡献率。

本章借鉴 ITC 的计算方法，得出 TSI 指数计算公式：

$$\text{TSI}_{ij} = 1000 \times \left[(X_{ij} - M_{ij}) - (X_i - M_i) \times (X_{ij} + M_{ij})/(X_i + M_i) \right]/(X_i + M_i)$$

式中，X_i、M_i 分别为中国农产品总出口、总进口；X_{ij}、M_{ij} 分别为中国肉类出口、进口；$(X_{ij} - M_{ij})$ 为观察到的肉类不平衡（净出口）；$(X_{ij} + M_{ij})/(X_i + M_i)$ 为肉类产品在中国农产品出口中的比重；$(X_i - M_i) \times (X_{ij} + M_{ij})/(X_i + M_i)$ 为中国肉类产品理论不平衡（净出口）。

由于 TSI 指标剔除了农产品贸易不平衡对肉类贸易的影响，因此该指标比 RCA 指标更加真实地反映产品的出口优势。由于在公式中将扣除了总贸易不平衡后的肉类净出口对总贸易的贡献率扩大了 1000 倍，因此计算结果表示在农产品贸易平衡条件下，肉类净出口占农产品总贸易额的千分比。TSI 值越大，表示该类产品净出口对总贸易的贡献越大，贸易专业化程度越高，比较优势越强；反之则相反。若 TSI 值为正，表示在贸易平衡发生时，肉类为净出口，有出口优势；若 TSI 值为负，则表示在贸易平衡发生时，肉类为净进口，肉类出口在农产品出口中处于比较劣势。

2.3.1.3　显示性竞争优势指数

显示性竞争优势指数（competitive advantages，CA）是显示性比较优势指数的修正和改进指标，计算公式：

$$\text{CA} = (X_{ij}/X_{it})/(X_{wj}/X_{wt}) - (M_{ij}/M_{it})/(M_{wj}/M_{wt})$$
$$= \text{RCA} - (M_{ij}/M_{it})/M_{wj}/M_{wt}),$$

式中，X 为出口；M 为进口；i 为国家；j 为产品；w 为世界；t 为 t 时期农产品总进口额。

显示性竞争优势指数与显示性比较优势指数相比较，后者仅采用出口数据衡量在出口市场的出口优势和竞争力，而前者则综合进出口数据，衡量产品（产业）在国内外市场的比较优势和竞争优势。由于中国肉类产品国内市场需求巨大，而中国肉类产品的自给率相对较高，肉类进口占农产品总进口比例不大，因而在测算中国肉类产品总体及各品目的竞争力时，显示性竞争优势指数可以弥补显示性比较优势指数忽略进口的不足，是一个较好的指标。对于同是进口大国的出口国，用显示性竞争优势指标测算出的竞争力更真实。

2.3.1.4 净出口指数

净出口指数（net export ratio，NER）又称贸易竞争系数（trade competition index，TC）。该指数是指一国某产品的净出口额占进出口总额的比重。计算公式为 $NER = (X_{it} - M_{it})/(X_{it} + M_{it})$，$X_{it}$、$M_{it}$ 分别为一国 t 时期内 i 产品的总出口和总进口。$NER > 0$，表示被考察产品为净出口，说明这种产品具较强的国际竞争力；NER 值越大，国际竞争力越强。相反，$NER < 0$，表示被考察产品为净进口，不具有国际竞争力，NER 绝对值越大，越缺乏国际竞争力。

2.3.1.5 国际市场占有率

市场占有率是反映国际竞争力结果的最直接和最简单的实现指标，可以表明其在国际和国内市场竞争中所具有的竞争实力（乔娟等，2002）。在自由、良好的市场条件下（WTO 规则），本国市场和国际市场一样都对外开放，因此本国国内市场占有率、进口国市场占有率和国际市场占有率，均能反映竞争力的强弱，市场占有率高，国际竞争力就强；反之则弱。而且，市场竞争力指标也可用来分析国际竞争力强弱的动态变化，如果在一定时期内市场占有率有所提高，则说明国际竞争力在增强；反之，则说明国际竞争力呈下降趋势。本书采用国际市场占有率（WMS）指标反映中国肉类产品在国际市场的竞争力。在忽略外商投资企业创造的出口额的条件下可用如下简单公式计算：

$$WMS_{ij} = X_{ij}/X_w$$

式中，WMS_{ij} 为国际市场占有率；X_{ij} 为 i 国 j 产品的出口；X_w 为 j 产品的世界总出口。

2.3.1.6 贸易表现指数

本书借鉴 ITC 进行国家国际竞争力测度的指标体系及方法，设计贸易表现指数（trade performance index，TPI）来进行中国肉类产品总体贸易表现的国际比较评价（指标及含义见第 6 章）。

2.3.2 肉类产品国际竞争力评价指标体系图

本书对中国肉类产品国际竞争力的评价主要有三类指标：单项指标、综合指标、计量模型指标（图2-2）。

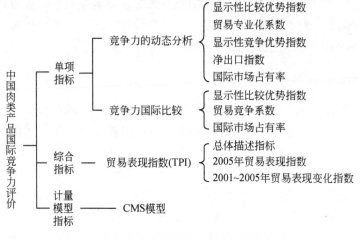

图2-2 中国肉类产品国际竞争力评价指标体系

2.3.3 测度范围及数据来源

2.3.3.1 测度范围

本研究主要从产品角度研究中国肉类产品国际竞争力，研究的肉类产品包括鲜、冷、冻的猪肉、牛肉、羊肉、家禽肉及野鸟肉、马肉、驴肉、骡肉、骆驼肉以及上述肉类与血的制品及罐头，不包括活畜及活禽肉，也不包括鱼肉及爬行动物肉。研究中涉及与肉类产业相关的产业包括畜牧业中的畜禽养殖业、饲料产业、肉类加工业、肉类机械装备业等行业。

2.3.3.2 数据来源

本书中使用的肉类及农产品产量数据来源于联合国粮食及农业组织（FAO）统计数据库；肉类贸易数据主要来源于联合国商品贸易数据库，即 UN COMTRADE。根据 UN COMTRADE 中 HS1996 的分类方法，肉类包括该分类方法中的第 2 章 10个品目以及第 16 章中 1601 和 1602 两个品目共 12 个类产品，分别是 0201（鲜、冷牛肉）、0202（冷、冻牛肉）、0203（鲜、冷、冻猪肉）、0204（鲜、冷、冻的绵羊肉或山羊肉）、0205（鲜、冷、冻的马肉、驴肉、骡肉）、0206（家畜的可食用杂碎）、0207（家禽肉及可食用杂碎）、0208（其他肉类及可食用杂碎）、0209（未炼制的猪脂肪及家禽脂肪）、0210（腌、干、熏肉及可食用杂碎、肉粉）、1601（香肠类产品）、1602（肉类制品及罐头）。HS1996 的分类方法中肉类的范围基本可对应于国际标准分类 SITC 方法的 01 类产品，两种分类方法的肉类均包括猪、牛、羊、家禽和其他（野鸟及野生动物）肉类及可食用杂碎，不包括鱼类及软体、甲壳动物及其制品。在下文的分析中，若无特别注明，均使用以上分类方法的相关数据。

第3章
世界及中国肉类生产
与贸易发展概况

随着全球经济一体化步伐加快及国际贸易规模的不断扩大，世界肉类贸易日益兴旺。肉类产品的国际贸易不仅能充分合理地利用不同国家和地区的自然资源与社会经济资源，使资源得到合理配置，而且对于在不同国家和地区间调剂余缺、提高国民营养水平、促进各国各地区的经济发展都具有十分重要的意义。对中国肉类①产业国际竞争力进行分析之前，有必要对世界与中国肉类生产和贸易发展状况以及中国在世界肉类生产与贸易中的地位作一概括描述。作为全书的研究背景，本章将在介绍世界肉类产品生产与贸易发展格局和中国肉类生产与贸易发展格局的基础上，总结中国肉类产品的生产与贸易格局及特点，为竞争力评价提供研究基础。

3.1 世界肉类生产发展概况

自 20 世纪 80 年代以来，世界肉类生产快速发展，产量持续增长，呈现出如下特点。

3.1.1 世界肉类生产持续高速增长

20 世纪 80 年代以来，世界肉类产量持续增长。1979～1981 年世界肉类产量为 13 622 万吨，1989～1991 年增长到 17 965 万吨，1999～2001 年进一步增长到 23 467万吨，第一个 10 年增长了 32%，第二个 10 年再增长 31%。进入 21 世纪后世界肉类产量继续保持增长态势，2003 年达到 25 369 万吨，2004 年为25 750.4万吨，2004 年世界肉类产量比 1979～1981 年翻了将近一番。

虽然世界各大洲肉类产量呈上升趋势，但发展并不平衡，增长速度差异较大。自 20 世纪 90 年代以来，南美洲增长速度最快，其次是亚洲（图3-1）。各国

---

① 本书中中国肉类相关数据均不包含中国香港、澳门、台湾地区。

的增长速度也存在差异，1995～2005 年的 11 年间世界肉类产量年均增长
2.18%，巴西增长最快，年均增长速度达到6.41%；印度、墨西哥、加拿大和中
国年均增长速度分别为4.03%、3.73%、3.72%、3.58%。俄罗斯和法国是肉类
产量下降的国家，11 年间年均下降率分别是3.04%和0.36%。美国、德国、阿
根廷肉类产量年均增长率均为1%~2%。

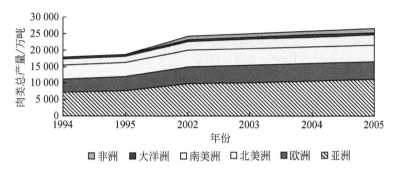

图 3-1　1994～2005 年各大洲肉类总产量的变化趋势

3.1.2　世界肉类生产主要集中在亚洲、欧洲、北美洲和南美洲

2005 年，世界肉类产量达到 26 524 万吨，比 2004 年的 25 750.4 万吨净增加
3%。从肉类生产的地域分布来看，亚洲、欧洲、北美洲是主要产区，亚洲肉类
产量最大，欧洲次之，其后是北美洲，三大洲肉类产量共占世界肉类产量的
80.75%，非洲、南美洲及大洋洲合计约占20%。

1）亚洲肉类产量 2005 年达 11 198 万吨，占世界总产量的42.22%。中国、
印度是亚洲主要的肉类生产国，2005 年中国、印度肉类产量分别是 7743 万吨、
630 万吨，占世界的比例分别是29.19%、2.38%，分别居世界排位的第1 位和
第5 位（表3-1）。

表 3-1　世界主要生产国的肉类生产情况

国家（地区）	2005 年产量/万吨	占世界的份额/%	1995～2005 年年均增速/%
世　　界	26 524	100	2.18
中　　国	7 743	29.19	3.58
美　　国	3 956	14.91	1.38
巴　　西	1 992	7.51	6.41
德　　国	688	2.59	1.50
印　　度	630	2.38	4.03
法　　国	618	2.33	-0.36
墨西哥	504	1.90	3.73

国家（地区）	2005 年产量/万吨	占世界的份额/%	1995～2005 年年均增速/%
俄罗斯	489	1.84	-3.04
加拿大	468	1.76	3.72
阿根廷	417	1.57	1.42

资料来源：世界及各国肉类产量数据来自 FAO 数据库，中国数据来自《中国统计年鉴 2006》

2）欧洲 2005 年生产肉类 5292 万吨，占世界的 19.95%。德国、法国和俄罗斯是欧洲的肉类生产大国，产量分别是 688 万吨、618 万吨、489 万吨，占世界总产量的比例分别是 2.59%、2.33%、1.84%，世界排位分别是第 4 位、第 6 位和第 8 位。

3）北美洲 2005 年的肉类产量是 5132 万吨，占世界的 19.35%。北美洲的美国、加拿大、墨西哥肉类产量均进入世界前 10 位。美国是北美洲最大的肉类生产国，产量达 3956 万吨，占北美洲产量的 77.08%，占世界总产量的 14.91%，居世界第 2 位。墨西哥、加拿大肉类产量分别是 504 万吨、468 万吨，分别占世界总产量的 1.90%、1.76%，分别排世界第 7 位、第 9 位。

4）巴西、阿根廷是南美洲主要的肉类生产国，产量分别达 1992 万吨、417 万吨，占世界的比例分别是 7.51%、1.57%，世界排位分别是第 3 位和第 10 位。排名居前 10 位的生产大国肉类产量共计 17 505 万吨，占世界总产量的 66%。

3.1.3 世界肉类生产以猪肉、鸡肉、牛肉为主

2004 年，世界肉类总产量中，猪肉所占比重最大，达 38.6%；鸡肉和牛肉所占比重比较接近，均在 25% 左右；羊肉所占比重较小，仅在 5% 左右。其他肉类主要是骡肉、马肉、驴肉、骆驼肉、鸭肉、鹅肉、野鸟肉、兔肉等，合计占肉类总产量的 6%（表 3-2，图 3-2）。

表 3-2 2004 年世界肉类生产结构

牛 肉		羊 肉		猪 肉		鸡 肉		其他肉类	
产量/万吨	所占比重/%	产量/万吨	所占比重/%	产量/万吨	所占比重/%	产量/万吨	所占比重/%	产量/万吨	所占比重/%
6 282.3	24.2	1 257	4.8	10 048.3	38.6	6 844.9	26.3	1 577.3	6.1

注：牛肉包括小牛肉和水牛肉；羊肉包括羔羊肉和山羊肉
资料来源：FAO 数据库

从变化趋势看，2005 年与 1994 年相比，猪肉占肉类总产量的比重下降 1 个

百分点，牛肉所占比重下降4%，羊肉所占比重变化不大，而以禽肉为主的其他肉类所占比重则上升5%（图3-3）。

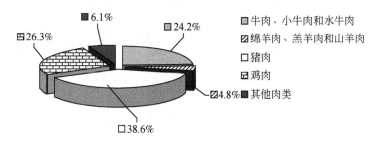

图 3-2　2004 年世界肉类生产结构

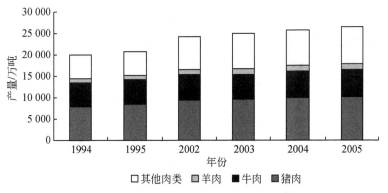

图 3-3　1994～2005 年世界肉类生产结构变化
资料来源：根据 FAO 数据整理

3.2　世界肉类贸易格局

3.2.1　世界肉类贸易格局特点

自进入 21 世纪以来，世界肉类贸易格局呈现出以下特点。

3.2.1.1　世界肉类贸易流向

肉类贸易主要发生在亚洲、欧洲、北美洲、南美洲，从贸易流向看，肉类主要从北美洲、南美洲、大洋洲流向亚洲、中美洲和欧洲（表3-3）。

表3-3　2000～2004年各洲肉类进口量及所占份额

地　区	2000年进口量/万吨	2001年进口量/万吨	2002年进口量/万吨	2003年进口量/万吨	2004年进口量/万吨	2000～2004年合计/万吨	所占比例/%
世　界	17 142	17 661	18 847	19 534	18 524	91 708	100
北美洲	2 321	2 435	2 545	2 442	2 585	12 328	13.44
中美洲	1 475	1 565	1 717	1 736	1 683	8 176	8.92
亚　洲	7 689	7 326	7 495	7 880	7 131	37 521	40.91
欧　洲	2 077	2 409	2 610	2 852	2 159	12 107	13.20
四洲合计	13 562	13 735	14 367	14 910	13 558	70 132	76.47
其　他	3 580	3 926	4 480	4 624	4 966	21 576	23.53

资料来源：FAO数据库

　　2000～2004年，亚洲、北美洲、欧洲、中美洲累计进口肉类70 132万吨，占世界总进口量的76.47%。其中，亚洲进口量最大，累计达37 521万吨，占世界的40.91%；北美洲、欧洲、中美洲累计进口量分别是12 328万吨、12 107万吨、8176万吨，占世界的比例分别是13.44%、13.20%、8.92%（图3-4，表3-4）。

　　2000～2004年，北美洲、南美洲、大洋洲累计出口肉类60 921万吨，占全世界肉类总出口量的66.24%。其中，北美洲出口量最大，累计出口肉类29 238万吨，占世界的31.79%；南美洲次之，累计出口19 345万吨，占世界的21.03%；欧洲、亚洲、大洋洲累计出口量分别是15 778万吨、12 697万吨、12 338万吨，占世界的比例分别是17.16%、13.81%、13.42%。大洋洲的出口量及所占比例虽然低于欧洲和亚洲，但其进口量很少，属于肉类净出口（图3-5）。

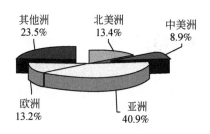

图3-4　各洲肉类进口占世界份额

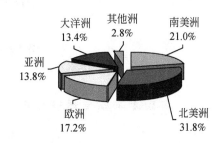

图3-5　各洲肉类出口占世界份额

表3-4　2000～2004年各洲肉类出口量及份额

地　区	2000年出口量/万吨	2001年出口量/万吨	2002年出口量/万吨	2003年出口量/万吨	2004年出口量/万吨	2000～2004年合计/万吨	所占比例/%
世　界	17 322	17 710	18 542	19 418	18 978	91 970	100.00
南美洲	2 253	2 810	3 747	4 557	5 978	19 345	21.03

地 区	2000 年出口量/万吨	2001 年出口量/万吨	2002 年出口量/万吨	2003 年出口量/万吨	2004 年出口量/万吨	2000~2004 年合计/万吨	所占比例/%
北美洲	5 883	6 170	5 917	5 987	5 281	29 238	31.79
欧 洲	3 637	3 082	3 239	3 150	2 670	15 778	17.16
亚 洲	2 573	2 670	2 671	2 772	2 011	12 697	13.81
大洋洲	2 457	2 493	2 447	2 387	2 554	12 338	13.42
五洲合计	16 803	17 225	18 021	18 853	18 494	89 396	97.20
其 他	519	485	521	565	484	2 574	2.80

资料来源：FAO 数据库

3.2.1.2 肉类进出口贸易均集中发生在发达国家和地区

肉类进口以发达国家为主，日本、欧盟、美国等发达国家（地区）是主要的肉类进口国（地区）。2004 年，全世界肉类进口额达到 611.67 亿美元，进口额超过 10 亿美元的有 15 个国家（地区），按 2001~2005 年平均进口额从高到低排序依次是：日本、英国、美国、德国、意大利、法国、俄罗斯、墨西哥、荷兰、中国香港。前十大进口国（地区）合计进口额达 440.64 亿美元，占全世界的 72%。进口量和进口额均列世界前 10 位的十大进口国（地区）除墨西哥外均为发达国家或经济发展程度达到发达国家水平的地区（表 3-5）。

表 3-5 2001~2005 年十大进口国（地区）的肉类进口情况

国家（地区）	年均进口量/万吨	占世界的份额/%	年均进口额/亿美元	占世界份额/%	2005 年进口单价[①]/(美元/吨)
日 本	231.88	9.07	87.475	15.61	4625.29
英 国	182.16	7.12	54.181	9.67	3569.22
美 国	172.66	6.75	50.559	9.02	3531.30
德 国	181.87	7.11	45.955	8.20	3700.27
意大利	138.76	5.43	38.235	6.82	3831.50
法 国	116.98	4.58	33.802	6.03	3748.50
俄罗斯	277.69	10.86	23.689	4.23	1116.45
墨西哥	159.90	6.25	21.313	3.80	2307.95
荷 兰	89.27	3.49	20.075	3.58	3157.82
中国香港	137.70	5.39	15.244	2.72	1631.02
欧盟五大进口国	709.04	27.73	192.248	34.30	—
前五大进口国	907.33	35.48	276.405	49.32	—
前十大进口国(地区)	1688.88	66.05	390.527	69.68	—

注：①为进口单价为加权平均单价

资料来源：根据 UN COMTRADE 数据（2007-3-19）整理

从十大进口国（地区）2001～2005 年年均进口情况看，日本年均进口量和进口额分别是 231.88 万吨、87.48 亿美元，分别列世界的第 2 位和第 1 位。美国年均进口量和进口额分别是 172.66 万吨、50.56 亿美元，分别居世界的第 4 位、第 3 位。欧洲的六大进口国中除俄罗斯外均为欧盟成员国，英国、德国、意大利、法国、荷兰 5 个欧盟国家共计年均进口量和进口额分别是 709.04 万吨、192.25 亿美元，分别占世界的 27.73% 和 34.30%（图 3-6）。

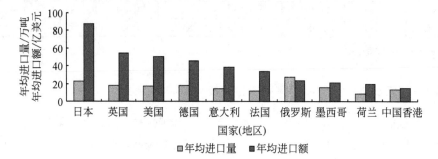

图 3-6　十大进口国（地区）2001～2005 年年均进口情况

肉类出口也以发达国家为主，出口量、出口额均列世界前 10 位的肉类出口大国是：美国、荷兰、巴西、丹麦、德国、澳大利亚、法国、加拿大、比利时、新西兰。2005 年，巴西出口肉类 80.73 亿美元，占世界的 11.05%，出口额居世界第一；美国的肉类出口量居世界的第 1 位，出口肉类 447.2 万吨，占世界肉类出口市场 16.36% 的份额，出口额仅次于巴西居第 2 位，为 66.92 亿美元，占世界的份额为 9.16%；荷兰的出口量和出口额占世界的份额均超过 8%，分别为 8.31% 和 8.28%，是第三大出口国。前九大出口国各自的出口量和出口额占世界的比例均大于 5%。前十大出口国的出口量、出口额合计分别占世界的 64.68%、70.40%（表 3-6）。

表 3-6　2005 年十大出口国的肉类国际市场占有率及价格比较

国家（地区）	出口量/万吨	占世界份额/%	出口额/亿美元	占世界份额/%	出口单价[①]/(美元/吨)
世　界	2 733.05	100	730.28	100	—
美　国	447.2	16.36	66.92	9.16	2 038.57
荷　兰	227.1	8.31	60.47	8.28	3 415.05
巴　西	—	—	80.73	11.05	—
丹　麦	181.2	6.63	47.11	6.45	2 896.73
德　国	210.8	7.71	54.43	7.45	3 301.33

国家（地区）	出口量 /万吨	占世界份额 /%	出口额 /亿美元	占世界份额 /%	出口单价① /（美元/吨）
澳大利亚	152.3	5.57	52.35	7.17	3 818.37
法 国	157.1	5.75	40.84	5.59	3 219.20
加拿大	162.9	5.96	41.38	5.67	2 824.35
比利时	138.0	5.05	36.58	5.01	2 927.51
新西兰	91.2	3.34	33.37	4.57	3 873.24
欧盟五大出口国	914.2	33.45	239.43	32.78	—
前五大出口国	1 066.3	39.02	309.66	42.39	—
前十大出口国	1 767.8	64.68	514.18	70.40	—

注：①出口单价的计算同表 3-5，为加权平均单价。巴西部分品种出口量数据未获得，不能计算单价

资料来源：根据 UN COMTRADE 数据（2007-3-19）整理

3.2.1.3 各国肉类贸易价格差异显著

进口方面，世界排位靠前的进口大国（地区）的进口单价较高。第一大进口国日本的进口单价最高，为 4625.29 美元/吨；进口额分别居世界第 10 位、第 7 位、第 8 位的中国香港、俄罗斯、墨西哥的进口单价较低，分别为 1631.02 美元/吨、1116.45 美元/吨、2307.95 美元/吨，其余各国进口单价均为 3000 ~ 4000 美元/吨（表 3-5）。

出口方面，新西兰、澳大利亚的出口价格最高，均达到或超过 3800 美元/吨；荷兰、德国、法国的出口价格也高于 3000 美元/吨；比利时、丹麦、加拿大、美国的出口价格为 2000 ~ 3000 美元/吨，其中美国的出口价格最低，为 2038.57 美元/吨（表 3-6）。进出口价格的差异反映发达国家的肉类贸易主要是进行品种间的调剂，例如，美国进口较高价格的高品质肉类，而出口相对廉价的肉类。而购买力相对较弱的俄罗斯则主要进口价格较低的肉类。中国香港的肉类进口价格也较低，主要因为香港肉类贸易中转口的比重较大。

3.2.1.4 欧美国家的区域内部贸易所占比重较大

美国肉类的前三大出口市场是墨西哥、日本和加拿大。按出口量计算，2005 年美国分别对墨西哥、日本、加拿大出口肉类 97 万吨、40.9 万吨、32.9 万吨，分别占美国肉类出口的 21.7%、9.14%、7.35%，分别占墨西哥、日本、加拿大肉类总进口的 81.67%、16.21%、73.63%；按出口额计算，2005 年美国分别对墨西哥、日本和加拿大出口肉类 16.4 亿美元、11.9 亿美元、9.6 亿美元，分别

占美国肉类总出口的 24.85%、17.84%、14.36%，分别占三个进口国肉类总进口的 79.56%、17.29%、72.13%（表 3-7）。美国占有加拿大、墨西哥两国肉类进口超过 70% 的份额，而且从动态看，美国对两国的出口呈不断增长的态势，美国对日本的出口却不断下降，表明美国利用北美自由贸易区（NAFTA）区域内部贸易的各种优惠和便利，成功占领了同属北美自由贸易区成员的墨西哥和加拿大的肉类市场，降低了对区域外市场的出口而不断增加区域内贸易的比重。

表 3-7　2005 年中国及三大出口国肉类出口市场情况

出口国	进口国（地区）	出口额				出口量			
		出口额/万美元	占出口比例/%	2001~2005年均增长/%	占进口国进口比例/%	出口量/千吨	占出口比例/%	年均增长/%	占进口国进口比例/%
美　国	墨西哥	164 455	24.58	6.67	79.56	970	21.70	5.72	81.67
	日本	119 373	17.84	-18.06	17.29	409	9.14	-17.35	16.21
	加拿大	96 113	14.36	5.58	72.13	329	7.35	1.93	73.63
荷　兰	英国	143 276	23.69	10.60	21.41	425	18.70	4.34	21.10
	德国	108 300	17.91	3.15	18.34	496	21.85	-6.29	23.05
	意大利	94 860	15.69	12.35	19.64	276	12.14	1.76	18.74
巴　西	俄罗斯	166 746	20.65	56.37	38.90	657	39.58	26.65	31.03
	日本	71 620	8.87	42.88	8.24	8	0.48	-50.70	16.15
	荷兰	57 338	7.10	20.26	17.28	65	3.92	-15.18	15.00
中　国	日本	93 397	48.58	3.21	9.55	294	32.94	-5.13	11.28
	中国香港	42 412	22.06	16.44	27.43	264	29.59	12.36	22.44
	俄罗斯	7 276	3.78	12.72	0.25	48	5.37	4.41	0.21

资料来源：根据 UN COMTRADE 数据（2007-3-26）计算整理

荷兰的肉类贸易也表现出区域内部贸易的特征，其出口市场主要集中在欧盟内部，前三大出口市场是英国、德国、意大利，荷兰对三大市场的肉类出口额均接近或超过 10 亿美元，分别达到 14.3 亿美元、10.8 亿美元、9.5 亿美元；占荷兰肉类总出口的比重分别是 23.69%、17.91%、15.69%。荷兰对英国、德国、意大利肉类出口量分别是 42.5 万吨、49.6 万吨、27.6 万吨，占三国肉类进口的 21.1%、23.05%、18.74%，荷兰的其他出口市场也主要是欧盟成员国。经考察，同为出口大国的其他欧盟成员国丹麦、德国、法国、比利时的肉类出口市场也主要集中在欧盟内部。由此可见，北美洲、欧盟国家的肉类区域内部贸易特征十分明显。究其原因，则主要因为欧美发达国家利用其科技领先的优势，制定了各种苛刻的食品安全法规和标准，为来自区域外的肉类设置了较高的障碍，从而有力地占有区域内部市场，尽享贸易利益。

3.2.1.5 欧美发达国家的肉类产业内贸易十分活跃

2005 年，美国进口肉类 180 万吨，而出口肉类 447 万吨，出口额、进口额则分别为 66.92 亿美元、59.53 亿美元，进口额、出口额非常接近，按价值计算的产业内贸易指数高达 0.94，美国肉类的进口、出口价格分别为 0.353 万美元/吨、0.204 万美元/吨，说明美国是利用其低成本优势大量出口低价肉类占领国际市场，在国际市场上具有较强的竞争力，而进口较高价的高品质肉类满足国内需求，美国的肉类产业内贸易特征显著。德国、法国的肉类贸易也具有同样的特征。按价值计算的 2005 年肉类产业内贸易指数，德国接近 1.00，法国为 0.97，荷兰为 0.6，加拿大为 0.48，丹麦为 0.37，反映出欧美发达国家肉类产业内贸易特征显著。

3.2.2 世界肉类贸易商品结构

2005 年，世界出口的肉类产品中，占比重最大的品种是牛肉，包括 0201（鲜、冷牛肉）占 17.38%，0202（冷、冻牛肉）占 11.28%，0203（鲜、冷、冻猪肉），占 24.56%，其次是 0207（家禽肉及可食用杂碎），占有 17.55% 的比重，1602（肉类制品及罐头）占 10.9%（表 3-8）。

表 3-8 2005 年世界肉类出口品种结构　　　　　　单位:%

0201	0202	0203	0204	0205	0206	0207	0208	0209	0210	1601	1602	肉类总体
17.38	11.28	24.56	5.55	0.61	3.77	17.55	0.98	0.70	3.46	3.26	10.90	100.00

资料来源：根据 UN COMTRADE 数据整理

3.3 中国肉类生产与贸易发展概况

3.3.1 中国肉类生产发展

新中国成立以来我国肉类生产快速发展，肉类生产呈现以下特点。

3.3.1.1 肉类生产规模不断扩大，产量大幅增长

20 世纪 50 年代以来，中国肉类产品的产量总体呈增长态势，80 年代以前增长速度缓慢，其中 1962 年曾略有下降，80 年代至今增长速度较快。1952 年中国

肉类产量为339万吨，1980年增长到1205万吨，是1952年的3.6倍，2005年进一步增长到7743万吨，是1980年的6.4倍，是1952年的22.8倍。中国自1990年起成为世界肉类生产第一大国，1996～2005年肉类产量年均增长3.58%，高于同期世界肉类产量年均2.18%的增长率（图3-7）。

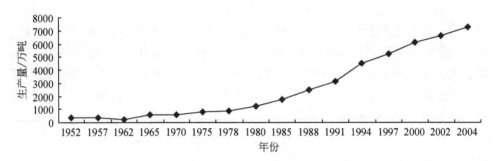

图 3-7　1952～2004 年中国肉类生产量

资料来源：1952～1985 年数据来自《中国金融年鉴 1996》，肉类包括猪肉、牛肉、羊肉；1988～2004 年
数据来自《中国农业发展报告 2005》，肉类包括猪肉、牛肉、羊肉、禽肉

3.3.1.2　肉类生产结构

2005年国内人均肉类占有量达到58千克，高于世界40千克的水平。中国肉类生产中猪肉一直占有最重要的地位，根据FAO的统计数据，2005年中国猪肉产量为5009.5万吨，占总产量的64.5%；禽肉产量为1468.9万吨，占总产量的18.9%；牛肉产量为737.1万吨，占总产量的9.5%；羊肉产量为430.3万吨，占总产量的5.5%；其他肉类产量为124.9万吨，占总产量的1.6%（表3-9）。

表 3-9　2005 年中国肉类生产结构

牛　肉		羊　肉		猪　肉		禽　肉		其他肉类	
产量/万吨	比例/%	产量/万吨	比例/%	产量/万吨	比例/%	产量/万吨	比例/%	产量/万吨	比例/%
737.1	9.5	430.3	5.5	5 009.5	64.5	1 468.9	18.9	124.9	1.6

资料来源：FAO 数据库

从生产结构变动趋势看，1995年以来，猪肉在总产量中的比重略有下降，从1995年的69.2%下降到2005年的64.5%；牛肉、羊肉、禽肉比重均有所上升，牛肉从1995年的7.5%上升到2005年的9.5%，上升了2个百分点，羊肉从3.6%上升到5.5%，禽肉从18.0%上升到18.9%（图3-8）。

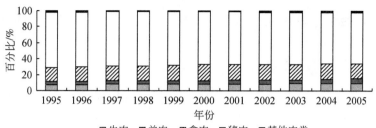

图 3-8　1995～2005 年中国肉类生产结构

资料来源：根据 FAO 数据库数据整理

在畜牧业肉类产品中，中国的畜种结构与世界畜种结构基本一致，按照比重从高到低排序都是猪肉、禽肉、牛肉、羊肉。但是，中国肉类总产量中猪肉产量占有 65% 以上的比重，远高于其他国家。世界草食家畜牛和羊产量的比重接近30%，而中国的比重仅为 13%（2002 年）（表 3-10，图 3-9）。

表 3-10　1995～2005 年中国各种肉类产量构成　　　单位:%

年份 项目	1995	1996	1997	1998	1999	2000	2001	2002	2003	2004	2005
猪肉占比	69.23	68.72	67.92	67.49	66.47	65.52	65.85	65.47	64.98	64.76	64.47
牛肉占比	7.46	7.46	8.10	8.16	8.46	8.47	8.44	8.66	8.89	9.12	9.49
羊肉占比	3.62	3.78	3.90	3.97	4.19	4.34	4.49	4.68	5.02	5.38	5.54
禽肉占比	17.98	18.30	18.68	18.98	19.49	20.37	19.71	19.57	19.49	19.09	18.90

资料来源：根据 FAO 数据库数据整理

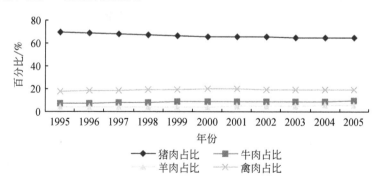

图 3-9　1995～2005 年中国各种肉类产量构成变化图

资料来源：根据 FAO 数据库数据整理

3.3.2 中国肉类出口贸易发展

3.3.2.1 出口贸易规模变化

1996～2005 年，中国肉类出口总额先降后升，但总体呈上升趋势（表 3-11）。1996 年中国肉类出口额为 14.23 亿美元，此后几年连续下降，到 1999 年下降到 10.53 亿美元，下降了 26%，年均下降率为 7.25%。自 2000 年起，肉类出口额开始恢复增长，1999～2005 年，中国肉类出口总额从 1999 年的 10.53 亿美元增加到 2005 年的 19.22 亿美元，增长了 82.53%，年均增长率达 8.98%。1996～2005 年，中国肉类贸易总体规模扩大，出口额由 1996 年的 14.23 亿美元上升到 2005 年的 19.22 亿美元，比 1996 年增长 35.07%。与此同时，出口量也由 1996 年的 67.68 万吨上升到 2005 年的 89.16 万吨，比 1996 年增长 31.74%。

表 3-11 1996～2005 年中国肉类出口额变化趋势   单位：亿美元

年　份	1996	1997	1998	1999	2000	2001	2002	2003	2004	2005
出口额	14.23	13.03	11.39	10.53	12.43	14.57	13.60	13.97	15.97	19.22

资料来源：根据 UN COMTRADE 数据整理

3.3.2.2 出口品种结构变化

2005 年，中国出口肉类品种主要有 5 大类，分别为："肉、杂碎及血的其他制品"、"鲜、冷、冻猪肉"、"鲜、冷、冻家禽肉及其食用杂碎"、"肉、杂碎和血的香肠类制品"、"鲜、冷、冻绵羊肉或山羊肉"。出口额居第一位的是"肉、杂碎及血的其他制品"，达到 11.09 亿美元，占到总出口额的 57.71%；其次是"鲜、冷、冻猪肉"，出口额达到 4.06 亿美元，所占比重为 21.13%；出口额居第三位的是"鲜、冷、冻家禽肉及其食用杂碎"，出口额为 1.94 亿美元，所占比重为 10.11%；居第四位的是"肉、杂碎和血的香肠类制品"，出口额为 0.7 亿美元，占总出口额的比重是 3.65%。其他 8 类产品出口额之和只占总出口额的 7%（图 3-10）。本研究根据加工程度将 HS1996 分类方法的 12 个肉类种类分为初级加工品和深度加工品，其中初级加工品包括第 02 类 0201～0210 的 10 个品目的肉类产品，主要是新鲜、冷藏、冷冻、干制、腌制及熏制加工的肉类产品；深度加工品包括 1601 和 1602 两个品目所代表的产品，主要是肉类香肠和以罐头及其他方法加工保存的肉制品。

从表 3-12 可看出，1996 年出口肉类产品中居第一位的是 0207（家禽肉及可食用杂碎），占出口总额的 48.58%，居第二位的是深度加工品 1602（肉类制品及罐头），占出口总额的 22.35%。1999 年出口 0207（家禽肉及可食用杂碎）占

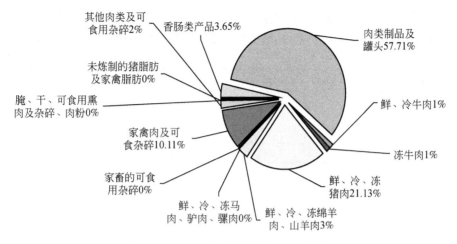

图 3-10　2005 年中国肉类种类出口额结构

资料来源：根据 UN COMTRADE 数据整理

总出口的比重进一步上升，达到 51.13%。2002 年出口 0207（家禽肉及可食用杂碎）占总出口的比重大幅回落，仅占 29.47%，2005 年进一步下降为仅占 10.11%，而深度加工品 1602（肉类制品）占总出口的比重大幅上升，2002 年占总比重的 10.11%，成为最主要的出口品种，2005 年进一步上升，占总出口的 57.71%。

表 3-12　1996～2005 年中国出口肉类产品种类出口额结构

排序	1996 年		1999 年		2002 年		2005 年	
	商品	比重/%	商品	比重/%	商品	比重/%	商品	比重/%
1	0207	48.58	0207	51.13	1602	10.11	1602	57.71
2	1602	22.35	1602	32.49	0207	29.47	0203	21.13
3	0203	15.10	0203	6.40	0203	15.40	0207	10.11
4	0208	7.01	0208	3.63	1601	2.16	1601	3.65
5	0202	3.60	0202	2.43	0208	1.28	0204	2.95
6	1601	1.32	1601	1.90	0202	1.25	0208	1.76
7	0210	1.10	0210	1.27	0210	0.62	0202	1.16
8	0206	0.42	0204	0.42	0204	0.57	0201	1.00
9	0205	0.36	0205	0.18	0201	0.15	0210	0.33
10	0204	0.15	0206	0.14	0206	0.09	0205	0.16
11	0201	0.01	0201	0.01	0205	0.02	0206	0.02
12	0209	0.00	0209	0.00	0209	0.01	0209	0.02

资料来源：根据 UN COMTRADE 数据整理

　　1996～2005 年，中国出口肉类产品的加工程度不断提高，初级加工肉类（HS1996 分类方法的 02 章除 0210 外的全部商品）的出口比重从 1996 年占总出口的 75.22% 下降到 2005 年的只占 38.30%；而深度加工肉类（HS1996 分类方法的 0210 及 1601、1602 商品）的比重从 24.78% 上升到 61.70%（表 3-13）。

表 3-13 1996～2005 年中国出口肉类加工结构变化 单位:%

项 目 \ 年 份	1996	1997	1998	1999	2000	2001	2002	2003	2004	2005
初级加工占比	75.22	73.12	72.03	64.34	59.48	57.02	48.24	45.73	43.87	38.30
深度加工占比	24.78	26.88	27.97	35.66	40.52	42.98	51.76	54.27	56.13	61.70

资料来源：根据 UN COMTRADE 数据整理

3.3.2.3 出口地理方向

2005 年中国内地肉类主要输往日本、中国香港和朝鲜，其中对日本的出口额达 9.34 亿美元，占肉类总出口额的 48.58%，其次为中国香港，对其出口额达 4.24 亿美元，所占比重为 22.06%，对朝鲜的出口额也超过 1 亿美元，所占比重为 5.47%。此外，对其出口额较大的国家还有：俄罗斯、韩国、新加坡、美国、摩尔多瓦、约旦、马来西亚（表 3-14）。

表 3-14 2005 年中国内地肉类主要出口市场

国家(地区)	出口额/亿美元	占出口总额的比重/%	国家(地区)	出口额/亿美元	占出口总额的比重/%
世 界	19.22	100	新加坡	0.39	2.05
日 本	9.34	48.58	美 国	0.34	1.78
中国香港	4.24	22.06	摩尔多瓦	0.32	1.68
朝 鲜	1.05	5.47	约 旦	0.30	1.57
俄罗斯	0.73	3.78	马来西亚	0.20	1.02
韩 国	0.56	2.89	十国(地区)合计	17.47	90.89

资料来源：根据 UN COMTRADE 数据整理

中国内地肉类出口市场集中度较高，1996～2005 年对日本、中国香港、俄罗斯三大目标市场的出口市场集中度都在 74% 以上（表 3-15）。

表 3-15 1996～2005 年中国内地肉类主要出口市场结构的变化

年 份	日 本		中国香港		俄罗斯		合 计
	出口额/亿美元	CI/%	出口额/亿美元	CI/%	出口额/亿美元	CI/%	CI/%
1996	6.16	43.32	2.12	14.93	2.58	18.16	76.41
1997	5.71	43.82	2.64	20.26	1.88	14.43	78.51
1998	5.70	50.01	2.19	19.20	1.73	15.21	84.42

年 份	日 本		中国香港		俄罗斯		合 计
	出口额/亿美元	CI/%	出口额/亿美元	CI/%	出口额/亿美元	CI/%	CI/%
1999	6.43	61.10	1.90	18.10	0.23	2.22	81.42
2000	7.79	62.67	2.07	16.65	0.06	0.48	79.80
2001	8.23	56.49	2.31	15.85	0.45	3.09	75.43
2002	7.41	54.52	2.39	17.60	1.30	9.54	81.66
2003	7.03	50.32	2.84	20.33	1.13	8.09	78.74
2004	7.23	45.27	3.56	22.29	1.15	7.20	74.76
2005	9.34	48.58	4.24	22.06	0.73	3.78	74.42

注：CI 为对各国（地区）肉类出口额占中国肉类出口总额的比重

资料来源：根据 UN COMTRADE 数据整理

出口市场集中度 = ［中国内地对某国（地区）的肉类出口量/中国肉类出口总量］×100%，表示出口到某国（地区）的肉类占中国内地肉类总出口的比重。最近几年中国内地肉类出口市场集中度趋于降低，对三大出口市场（日本、中国香港、俄罗斯）的总出口额却在不断上升，这说明中国内地肉类出口总额增长的同时，开拓了新市场，出口目标市场有所分散，市场结构有所优化。

从单个市场来看，对日本市场的出口额及出口市场集中度在三大市场中处于最高，其中出口额呈波动上升趋势，2005 年相对于 1996 年，出口额增加了 3.18 亿美元，增加 51.62%，但对日本出口的市场集中度仅上升了 5 个百分点；对中国香港的出口额增加了 2.12 亿美元，增加 100%，但出口市场集中度仅增加 7 个百分点；对俄罗斯的出口额降低幅度较大，从 1996 年的 2.58 亿美元降低到 2005 年的 0.73 亿美元，对俄罗斯的出口市场集中度也从 1996 年的 18.16% 降低到 2005 年的仅有 3.78%，俄罗斯作为中国内地肉类第三大出口市场的地位自 2004 年起被朝鲜取代，在 1998 年、1999 年、2000 年中国内地对新加坡、荷兰等国的肉类出口也超过对俄罗斯的出口。

3.3.3　中国肉类进口贸易

3.3.3.1　进口规模

自 20 世纪 90 年代以来，我国肉类进口贸易规模不断扩大，进口总额由 1996 年的 1.60 亿美元上升到 2005 年的 5.9 亿美元，比 1996 年增长 268.75%。进口量也由 1996 年的 33.10 万吨上升到 2005 年的 63.46 万吨，增长 91.72%。

3.3.3.2 进口肉类品种结构

从进口额来看，中国主要进口肉类产品有四大类：0207（家禽肉类及可食用杂碎）、0206（家畜的可食用杂碎）、0204（鲜、冷、冻绵羊肉或山羊肉）、0203（鲜、冷、冻猪肉）。2005 年进口额居第一位的是 0207（家禽肉类及可食用杂碎），达 3.34 亿美元，占中国肉类进口总额的 60%；居第二位的是 0206（家畜的可食用杂碎），进口额为 1.60 亿美元，占总进口额的 28%；0204（鲜、冷、冻绵羊肉或山羊肉）进口额为 0.55 亿美元，占总进口额的 7%；0203（鲜、冷、冷冻猪肉）进口额为 0.29 亿美元，占总进口额的 5%。其他肉类产品所占比例不到 1%（图 3-11）。

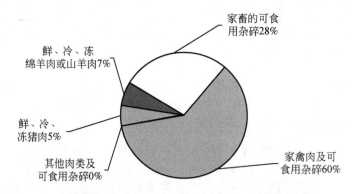

图 3-11 2005 年中国肉类种类进口额结构

资料来源：根据 UN COMTRADE 数据整理

3.3.3.3 进口地理方向

中国肉类进口来源地有美国、巴西、加拿大、丹麦、新西兰、澳大利亚、法国。2005 年，中国从美国进口肉类金额达 2.49 亿美元，占进口总额的 42.20%；从巴西进口肉类 1.33 亿美元，占进口总额的 22.60%。我国从加拿大、丹麦、新西兰、澳大利亚、法国各国进口肉类金额均超过 2000 万美元（表 3-16）。

表 3-16 2005 年中国肉类进口来源国

项　目　　＼　国家(地区)	美　国	巴　西	加拿大	丹　麦	新西兰	澳大利亚	法　国	小　计
进口额/亿美元	2.488 5	1.332 6	0.468 5	0.417 7	0.376 9	0.323 8	0.225 8	5.633 8
占进口总额的比重/%	42.20	22.60	7.94	7.08	6.39	5.49	3.83	95.53

资料来源：根据 UN COMTRADE 数据整理

3.4 中国肉类生产与贸易的国际地位

中国肉类出口占世界市场的份额从 1996 年的 3.29% 降低至 2005 年的 2.63%，自 1998 年起肉类出口占世界的份额小于 3%。

3.4.1 中国肉类进出口贸易占世界市场份额较低

中国肉类出口占世界肉类总出口的比例低，且呈现出下降的趋势。1996 年中国肉类出口占国际市场份额为 3.29%，至 2005 年降低至 2.63%，自 1998 年起各年份额均小于 3%。中国肉类出口贸易与作为世界第一大生产国的地位相差很大。2005 年中国内地出口肉类产品金额达 19.22 亿美元，主要出口市场是日本、中国香港、朝鲜、俄罗斯及韩国，向五大市场的出口占肉类总出口额的份额分别为 48.58%、22.06%、5.52%、3.83%、2.89%，共计占 82.88%。日本是中国肉类第一大出口市场，中国向其出口肉类 29.4 万吨，出口额 9.34 亿美元，占中国肉类出口量的 32.94%，但仅占日本进口量的 11.28%，对日本的肉类出口额占日本进口额的 9.55%。中国对日本出口的肉类中肉类制品及罐头（HS1602）为 8.78 亿美元，占 94%；向韩国出口肉类的 82% 为肉类罐头及制品；中国内地向香港地区、朝鲜、俄罗斯出口的肉类中均以加工程度较低的鲜、冷、冻肉及可食用杂碎为主，比例分别为 75%、98%、98%。

我国肉类进口占世界肉类总进口的比重更低。2005 年我国进口肉类 5.9 亿美元，占世界总进口的 0.86%。主要进口价格低的鲜、冷、冻肉及可食用杂碎，占 99.5%。其中 42% 的进口来自美国，23% 来自巴西，8% 来自加拿大，7% 来自丹麦，6.4% 来自新西兰，5.5% 来自澳大利亚，从六国的进口占中国总进口的 92%。

3.4.2 中国肉类出口价格低于国际平均水平，具有出口价格优势

2005 年中国肉类平均出口单价为 2379.67 美元/吨，与十大出口国相比仅略高于美国。中国肉类低价格主要源于较低的劳动力成本，同时也意味着中国出口肉类的加工程度较低以及较低的质量。

第 4 章
中国肉类产品国际竞争力的测算

本章分析中国肉类总体及 12 个四位数分类品目的肉类的国际竞争力水平及动态变化。肉类总体指 HS1996 分类方法的第 2 章的全部产品及第 16 章的 1601、1602 两个品目共计 12 个四位数分类品目的产品；计算相关指标所涉及的农产品指 SITC Rev. 03 分类的第 0、1、2、4 类不包括 27、28 类的全部产品。资料来源于联合国商品贸易数据库（UN COMTRADE database）2007 年 1 月发布的数据。测度的时间范围：1996～2005 年。本章采用的测算方法及指标主要是竞争力研究常用的评价指标，即显示性比较优势指数、贸易专业化系数、显示性竞争优势指数、净出口指数及国际市场占有率 5 个单项指标。

4.1　显示性比较优势指数测算分析

4.1.1　中国肉类总体已不具比较优势

2005 年，中国肉类总体的显示性比较优势（RCA）指数为 0.72，表明肉类总体已不具有比较优势。1602（肉类制品及罐头）及 0208（其他肉类及可食用杂碎）仍具有比较优势，RCA 指数分别是 3.83 和 1.29（表 4-1）。

表 4-1　1996～2005 年中国肉类产品（HS1996 四位数编码）的 RCA 指数

年份 肉类	1996	1997	1998	1999	2000	2001	2002	2003	2004	2005
鲜、冷牛肉	0.00	0.00	0.00	0.00	0.00	0.01	0.01	0.00	0.02	0.04
冷、冻牛肉	0.44	0.38	0.58	0.18	0.13	0.19	0.09	0.06	0.10	0.07
鲜、冷、冻猪肉	0.80	0.90	0.77	0.28	0.23	0.39	0.59	0.65	0.89	0.62
鲜、冷、冻绵羊肉或山羊肉	0.03	0.04	0.08	0.09	0.06	0.05	0.10	0.20	0.37	0.38
鲜、冷、冻马肉、驴肉、骡肉	0.50	0.31	0.22	0.21	0.19	0.07	0.02	0.03	0.06	0.19
家畜的可食用杂碎	0.13	0.13	0.05	0.03	0.02	0.02	0.02	0.02	0.00	0.00
家禽肉及可食用杂碎	3.28	2.57	2.37	2.40	2.26	2.00	1.37	0.94	0.41	0.42

年　份 肉　类	1996	1997	1998	1999	2000	2001	2002	2003	2004	2005
其他肉类及可食用杂碎	6.35	4.89	2.71	2.80	3.18	2.80	0.89	0.67	0.89	1.29
未炼制的猪脂肪及家禽脂肪	0.01	0.00	0.00	0.00	0.01	0.00	0.01	0.06	0.19	0.02
腌、干、熏肉及可食用杂碎、肉粉	0.31	0.45	0.45	0.31	0.27	0.17	0.13	0.09	0.07	0.07
香肠类产品	0.45	0.46	0.49	0.60	0.48	0.56	0.61	0.71	0.80	0.81
肉类制品及罐头	3.17	3.09	2.64	3.10	3.60	4.12	4.01	3.66	3.77	3.83
肉类总体	1.26	1.15	1.02	0.90	0.90	1.00	0.87	0.75	0.77	0.72

注：农产品数据为SITC第0、1、2、4类（不含第27、28类）

从变化趋势看，中国肉类总体的RCA指数从1996年的1.26降低至2005年的0.72，表明肉类总体从1996年的具中度比较优势到2005年的不具有比较优势，比较优势不断下降。1996年、1997年、1998年三年的RCA指数虽然大于1，但呈下降趋势；1999年、2000年RCA指数则均降至0.9的水平；2001年，RCA指数等于1，表明肉类出口占总出口的比重与世界平均水平相当。2002～2005年，RCA指数均小于1，表明中国肉类出口占农产品总出口的比重低于世界平均水平，而且中国肉类总体RCA指数从2001～2005年呈下降趋势。

4.1.2　肉类制品及罐头具有比较优势

按四位数编码的肉类品种进行RCA指数的比较，可看出1996～2005年，1602（肉类制品及罐头）的显示性比较优势指数均大于2.5，表明中国该类产品具有很强的稳定的比较优势。

0207（家禽肉及可食用杂碎）的RCA指数从1996年的3.28降至1998年的2.37和1999年的2.40，此后一直处于下降趋势，2005年RCA指数仅为0.42，可清晰地看出中国家禽肉类竞争力从极强到较强、中度、较弱的变化过程。0208（鲜、冷、冻的其他肉类及可食用杂碎）的RCA指数变化幅度更大，从1996年的6.35降至2003年的0.67，此后两年略有回升，至2005年也仅为1.29，表明中国0208（其他肉类及可食用杂碎）比较优势从很强直至逐渐失去比较优势。

计算表明，中国0201（鲜、冷牛肉），0202（冷、冻牛肉），0203（鲜、冷、冻猪肉），0204（鲜、冷、冻绵羊肉或山羊肉），0205（鲜、冷、冻马肉、驴肉、骡肉），0206（家畜的可食用杂碎），0209（未炼制的猪脂肪及家禽脂肪），0210（盐腌、干、熏肉及可食用杂碎、肉粉），1601（香肠类产品）9个品目的各年份RCA指数均小于1，表明这9个品目产品的比较优势均较弱。其中，0202（冷、冻牛肉），0205（鲜、冷、冻马肉、驴肉、骡肉），0206（家畜的可食用杂碎），0210（腌、干、熏肉及可食用杂碎、肉粉）4个品目的RCA指数呈总体下降趋势；1601（香肠类产品），0204（鲜、冷、冻绵羊肉或山羊肉）的RCA指数在1996~2005年处于上升趋势，表明这两个品目的产品虽然仍不具比较优势，但有可能将来会具有比较优势；0203（鲜、冷、冻猪肉）RCA指数从1996年的0.80降至2005年的0.62，但2004年仍达到0.89，而且自2002年以来一直稳定在0.6之上。

1996~2005年，中国肉类总体的RCA指数不断下降，从1996年的1.26降低到了2005年的0.72，表明中国肉类比较优势正在逐渐消失。

4.2 贸易专业化系数测算分析

作为比较优势指标的补充，贸易专业化系数的测算结果印证了显示性比较优势指数的测算结果，另外还反映出如下特征。

4.2.1 中国的家畜的可食用杂碎、家禽肉及可食用杂碎为净进口

2005年，中国肉类总体的贸易专业化系数（TSI）为25.61（表4-2），表明在农产品总贸易平衡条件下，肉类总体对农产品出口的贡献份额为25.61‰。总体肉类中，1602（肉类制品及罐头）的TSI为18.34，其次是0203（鲜、冷、冻猪肉）达6.42，1601（肉类香肠及香肠类产品）的TSI为1.15。其余各品目的肉类TSI均小于1，表明对农产品总出口的贡献份额小于1‰，而0206（家畜的可食用杂碎）和0207（家禽肉类及可食用杂碎）的TSI为负值，表明在农产品总贸易平衡条件下，两品目的肉类对农产品总贸易的贡献率为负值，即表现为净进口。

表4-2　1996~2005年中国肉类TSI

年份 肉类	1996	1997	1998	1999	2000	2001	2002	2003	2004	2005
鲜、冷牛肉	-0.01	0.00	-0.01	-0.02	-0.01	0.03	0.04	0.01	0.11	0.29
冷、冻牛肉	1.59	1.60	2.33	0.69	0.54	0.80	0.18	0.13	0.36	0.31
鲜、冷、冻猪肉	7.15	6.12	6.02	1.49	0.59	3.02	3.68	4.47	8.22	6.42
鲜、冷、冻绵羊肉或山羊肉	0.02	0.00	-0.05	-0.14	-0.18	-0.35	-0.41	-0.16	0.33	0.36
鲜、冷、冻马肉、驴肉、骡肉	0.17	0.10	0.07	0.07	0.06	0.03	0.01	0.01	0.01	0.05
家畜的可食用杂碎	-0.09	-0.20	-0.58	-1.67	-1.87	-2.07	-1.75	-2.44	-2.35	-1.67
家禽肉及可食用杂碎	18.55	15.08	13.92	4.14	5.58	6.85	0.90	-0.36	1.10	-0.30
其他肉类及可食用杂碎	3.31	2.44	1.21	1.29	1.51	1.74	0.45	0.28	0.39	0.56
未炼制的猪脂肪及家禽脂肪	0.00	0.00	-0.01	-0.02	0.00	0.00	0.00	0.01	0.06	0.01

年 份 肉 类	1996	1997	1998	1999	2000	2001	2002	2003	2004	2005
腌、干、熏肉及可食杂碎、肉粉	0.48	0.54	0.65	0.45	0.42	0.29	0.21	0.15	0.12	0.10
香肠类产品	0.63	0.66	0.74	0.68	0.52	0.66	0.74	0.87	1.00	1.15
肉类制品及罐头	10.54	9.81	9.62	11.91	14.13	17.54	17.45	15.54	16.05	18.34
肉类总体	42.35	36.14	33.92	18.88	21.29	28.53	21.50	18.51	25.39	25.61

注：表中数据计算时农产品数据为 SITC 第 0、1、2、4 类（不含第 27、28 类）

4.2.2 中国肉类占农产品总出口的比重下降

从 TSI 的变化趋势看，1996 ~ 2005 年，中国肉类总体的 TSI 从 1996 年的 42.35 降至 2005 年的 25.61，呈下降趋势，2004 年、2005 年稳定在 25 以上的水平。这表明在农产品贸易平衡条件下，肉类净出口对农产品贸易的贡献率不断下降，仅达到 25‰的水平。

4.2.3 肉类制品及罐头、鲜冷冻猪肉在肉类出口中的地位上升

从四位数编码的分类看，1996 ~ 2005 年，1602（肉类制品及罐头）的净出口占农产品总贸易的比重最大，该品目产品各年份 TSI 均接近或超过 10，2005 年达到 18.34，并且表现出 1996 ~ 2005 年逐渐上升的趋势。其次是 0203（鲜、冷、冻猪肉）的 TSI 较大，除 1999 年为 1.49、2000 年为 0.59，其余年份均大于 3，2004 年达 8.22，2005 年稳定在 6.42，表明中国猪肉专业化程度近年在稳定提高，猪肉净出口优势比较稳定。

TSI 呈下降趋势的有 0202（冷、冻牛肉），0205（鲜、冷、冻马肉、驴肉、骡肉），0206（家畜的可食用杂碎），0207（家禽肉类及可食用杂碎），0208（其他肉类及可食用杂碎），0210（腌、干、熏肉及可食用杂碎、肉粉）5 个品目的产品，表明这 5 个品目产品的净出口占农产品总贸易的份额呈下降之势，在中国农产品出口中的比较优势不断下降。其中，0207（家禽肉类及可食用杂碎）的 TSI 下降幅度最大，从 1996 年的 18.55 降至 2005 年的 - 0.3；0208（其他肉类及可食用杂碎）的从 1996 年的 3.31 降至 2005 年的 0.56；0202（冷、冻牛肉）TSI 从 1996 年的 1.59 降至 2005 年的 0.31。

4.3 显示性竞争优势指数测算分析

对 1996～2005 年中国肉类产品显示性竞争优势指数（CA）的测算结果见表 4-3。从表 4-3 中可看出以下特征。

4.3.1 中国肉类总体缺乏竞争优势

2005 年，中国肉类总体的 CA 为 0.57，表明将进口因素列入考虑时，中国肉类出口占农产品总出口的比重低于世界平均水平，或者说，中国肉类出口是不具有竞争优势的。各品种肉类中，1602（肉类制品及罐头）的 CA 最高，为 3.82；其次是 0208（其他肉类及可食用杂碎），为 1.29；其他各品种肉类的 CA 均小于 1，表明缺乏竞争优势。

4.3.2 肉类制品及罐头的竞争优势明显增强

从 CA 的变化趋势来看（表 4-3），1996～2005 年，中国肉类总体 CA 从 1.11 下降到 0.57，表明中国肉类在国际、国内两个市场的竞争力呈下降趋势。CA 呈下降趋势的有：0208（其他肉类及可食用杂碎）从 6.30 下降到 1.29，下降幅度最大；0207（家禽肉类及可食用杂碎）从 2.44 下降至 −0.13，表明该种肉类从具有竞争优势变为具竞争劣势；0203（鲜、冷、冻猪肉）的 CA 也略有下降，从 1996 年的 0.79 降至 2005 年的 0.59；0205（鲜、冷、冻马肉、驴肉、骡肉）从 0.50 下降至 0.19；家畜的可食用杂碎从 −0.09 下降至 −1.16。CA 上升趋势明显的是 1602（肉类制品及罐头），从 1996 年的 3.14 上升到 2005 年的 3.82。其余各肉类品种的显示性竞争优势指数较小，变动幅度也较小。

表 4-3　1996～2005 年中国肉类显示性竞争优势指数

年份 肉类	1996	1997	1998	1999	2000	2001	2002	2003	2004	2005
鲜、冷牛肉	0.00	0.00	0.00	0.00	0.00	0.00	0.00	0.00	0.02	0.04
冷、冻牛肉	0.40	0.35	0.53	0.13	0.10	0.16	0.03	0.02	0.08	0.06
鲜、冷、冻猪肉	0.79	0.89	0.74	0.17	0.06	0.29	0.41	0.50	0.83	0.59
鲜、冷、冻绵羊肉或山羊肉	0.00	0.00	−0.03	−0.07	−0.10	−0.18	−0.19	−0.08	0.14	0.13
鲜、冷、冻马肉、驴肉、骡肉	0.50	0.31	0.21	0.21	0.19	0.07	0.02	0.03	0.06	0.19
家畜的可食用杂碎	−0.09	−0.15	−0.40	−1.10	−1.00	−1.18	−1.24	−1.61	−1.90	−1.16

年 份 肉 类	1996	1997	1998	1999	2000	2001	2002	2003	2004	2005
家禽肉及可食用杂碎	2.44	1.86	1.68	0.14	0.41	0.50	−0.09	−0.20	0.12	−0.13
其他肉类及可食用杂碎	6.30	4.87	2.65	2.70	3.11	2.77	0.87	0.66	0.89	1.29
未炼制的猪脂肪及家禽脂肪	0.01	−0.01	−0.04	−0.18	−0.02	−0.01	0.01	0.06	0.19	0.02
腌、干、熏肉及可食用杂碎、肉粉	0.28	0.44	0.43	0.29	0.26	0.17	0.13	0.08	0.07	0.07
香肠类产品	0.45	0.46	0.48	0.58	0.44	0.52	0.58	0.69	0.79	0.80
肉类制品及罐头	3.14	3.06	2.62	3.07	3.57	4.08	3.97	3.63	3.77	3.82
肉类总体	1.11	1.00	0.86	0.42	0.48	0.63	0.50	0.44	0.62	0.57

注：农产品数据为 SITC Rev. 03 的第 0、1、2、4 类（不含第 27、28 类）

4.4　净出口指数测算结果及分析

对中国肉类总体及各品种净出口指数（NER）的测算结果见表4-4。

4.4.1　中国肉类总体为净出口

2005 年，中国肉类总体的 NER 为 0.53，表明肉类总体为净出口，并具有一定出口竞争力。各品种 1602（肉类制品及罐头），0209（未炼制的猪脂肪及家禽脂肪），0205（鲜、冷、冻马肉、驴肉、骡肉）3 个品目的 NER 均接近 1，其他肉类及可食用杂碎（0208）的 NER 为 0.99，表明这 4 个品种肉类具有较强的竞争力；NER 大于 1 的品种有 0201（鲜、冷牛肉），0202（冷、冻牛肉），0203（鲜、冷、冻猪肉），0210（腌、干、熏肉及可食用杂碎、肉粉），表明这几个品种肉类具有极强的竞争力。0204（鲜、冷、冻绵羊肉或山羊肉）的 NER 为 0.02，表明不具有竞争力。NER 小于 0 的有：0206（家畜的可食用杂碎），为 −0.99；0207（家禽肉及可食用杂碎）为 −0.26，表明这两类产品出口竞争力极弱，为净进口。

4.4.2　中国肉类贸易顺差不断缩小

从 NER 变动趋势看，中国肉类总体的净出口指数在 1996～2005 年均大于 0，但呈不断下降的趋势（表4-4）。1996 年 NER 为 0.80，此后一直下降至 2003 年仅为 0.29，最近两年回升至 0.5 以上，表明中国肉类一直是贸易顺差，但是净出口占总贸易的比重不断下降，肉类总竞争力从很强变为弱，2004年、2005年两年又回升到强的水平。

表4-4　1996～2005年中国肉类净出口指数

肉　类 ＼ 年　份	1996	1997	1998	1999	2000	2001	2002	2003	2004	2005
鲜、冷牛肉	-0.57	0.13	-0.82	-0.58	-0.37	0.37	0.46	0.09	0.45	0.72
冷、冻牛肉	0.87	0.89	0.87	0.63	0.57	0.71	0.17	0.11	0.52	0.59
鲜、冷、冻猪肉	0.99	0.98	0.93	0.47	0.08	0.53	0.44	0.50	0.79	0.87
鲜、冷、冻绵羊肉或山羊肉	0.13	0.06	-0.09	-0.29	-0.42	-0.63	-0.55	-0.30	-0.01	0.02
鲜、冷、冻马肉、驴肉、骡肉	0.99	1.00	0.93	1.00	1.00	1.00	1.00	1.00	1.00	1.00
家畜的可食用杂碎	-0.20	-0.32	-0.74	-0.94	-0.97	-0.97	-0.97	-0.99	-1.00	-0.99
家禽肉及可食用杂碎	0.66	0.65	0.66	0.14	0.10	0.15	-0.03	-0.18	-0.03	-0.26
其他肉类及可食用杂碎	0.98	0.99	0.96	0.93	0.95	0.97	0.94	0.97	0.99	0.99
未炼制的猪脂肪及家禽脂肪	1.00	-0.73	-0.80	-0.98	-0.58	-0.91	0.37	1.00	1.00	1.00
腌、干、熏肉及可食用杂碎、肉粉	0.85	0.96	0.93	0.91	0.94	0.97	0.89	0.98	0.96	0.92
香肠类产品	0.99	0.98	0.98	0.93	0.84	0.86	0.89	0.94	0.98	0.98
肉类制品及罐头	0.98	0.98	0.99	0.98	0.98	0.98	0.98	0.98	1.00	1.00
肉类总体	0.80	0.79	0.77	0.35	0.32	0.41	0.36	0.29	0.54	0.53

资料来源：根据UN COMTRADE数据整理

　　1996～2005年NER变动较大的肉类品种有：鲜、冷牛肉从-0.57上升到0.72，家畜的可食用杂碎从-0.20下降到-0.99。其他各品种的NER有所波动，但波动幅度不大。

4.5　国际市场占有率分析

4.5.1　中国肉类总体的国际市场占有率较低

　　2005年，中国肉类总体的国际市场占有率为2.63%。各肉类品种中，国际市场占有率最高的是1602（肉类制品及罐头），达13.93%；其次是0208（其他肉类及可食用杂碎），为4.71%；1601（香肠类产品）为2.95%；0207（家禽肉及可食用杂碎）为1.52%；鲜、冷、冻绵羊肉或山羊肉占1.40%。其余各品种肉类出口的国际市场占有率较小，均不足1%。

4.5.2 中国肉类占国际市场份额呈下降趋势

从国际市场占有率变动趋势可看出，1996～2005 年，中国肉类产品整体国际市场占有率在 2.4%～3.3% 小幅波动，但总体呈下降趋势。1996 年肉类总体的国际市场占有率为 3.29%，1997～1999 年持续下降，至 1999 年为 2.44%，2000 年、2001 年又持续回升，2001 年回升至 3.11%，然后又回到为期 3 年的下降周期，2004 年仅为 2.45%，2005 年又进入回升周期，达到 2.63%（表 4-5）。

表 4-5　1996～2005 年中国肉类产品国际市场占有率　　　　单位:%

肉　类＼年　份	1996	1997	1998	1999	2000	2001	2002	2003	2004	2005
鲜、冷牛肉	0.00	0.00	0.00	0.00	0.00	0.02	0.02	0.01	0.07	0.15
冷、冻牛肉	1.13	1.04	1.53	0.49	0.42	0.59	0.30	0.21	0.31	0.27
鲜、冷、冻猪肉	2.07	2.46	2.03	0.75	0.71	1.22	1.96	2.19	2.85	2.26
鲜、冷、冻绵羊肉或山羊肉	0.09	0.11	0.20	0.21	0.27	0.20	0.32	0.68	1.17	1.40
鲜、冷、冻马肉、驴肉、骡肉	1.31	0.85	0.59	0.57	0.60	0.21	0.07	0.10	0.18	0.67
家畜的可食用杂碎	0.34	0.36	0.14	0.09	0.07	0.08	0.07	0.05	0.01	0.02
家禽肉及可食用杂碎	8.53	7.06	6.27	6.49	7.03	6.19	4.54	3.15	1.32	1.52
其他肉类及可食用杂碎	16.52	13.42	7.15	7.55	9.88	8.68	2.95	2.25	2.85	4.71
未炼制的猪脂肪及家禽脂肪	0.03	0.00	0.01	0.01	0.02	0.00	0.04	0.21	0.60	0.07
腌、干、熏肉及可食用杂碎、肉粉	0.81	1.23	1.20	0.83	0.85	0.52	0.44	0.29	0.23	0.25
香肠类产品	1.17	1.27	1.29	1.62	1.49	1.73	2.02	2.38	2.55	2.95
肉类制品及罐头	8.26	8.49	6.96	8.37	11.20	12.76	13.24	12.25	12.08	13.93
肉类总体	3.29	3.15	2.68	2.44	2.80	3.11	2.87	2.53	2.45	2.63

资料来源：根据 UN COMTRADE 数据整理

4.5.3 深度加工肉类的国际市场占有率上升较快

就不同肉类品种而言，肉类制品及罐头、香肠类产品、鲜、冷、冻绵羊肉或山羊肉以及鲜、冷牛肉的国际市场占有率呈增长趋势（图 4-1）。其中，肉类制品及罐头的国际市场占有率增长最快，1996 年为 8.26%，2005 年增长到 13.93%。1998 年以后，肉类制品及罐头的国际市场占有率超过"其他肉及可食用杂碎"

和"家禽肉及可食用杂碎",在各肉类品种中最高。1996～2005年,香肠类产品从占国际市场的1.17%上升到2.95%;鲜、冷、冻绵羊肉或山羊肉的国际市场占有率从0.09%上升到1.40%;鲜、冷牛肉的国际市场占有率从0.00%上升到0.15%。

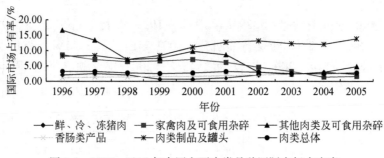

图 4-1　1996～2005 年中国主要肉类品种国际市场占有率
资料来源:根据 UN COMTRADE 数据整理

4.5.4　初级加工肉类的国际市场占有率下降

1996～2005年国际市场占有率呈下降趋势的肉类品种有:其他肉类及可食用杂碎,家禽肉及可食用杂碎,冷、冻牛肉,鲜、冷、冻马肉、驴肉、骡肉、家畜的可食用杂碎,腌、干和熏肉及可食用杂碎。其中,其他肉类及可食用杂碎的国际市场占有率下降幅度最大,从1996年的16.52%下降到2005年的4.71%;家禽肉及可食用杂碎次之,国际市场占有率从1996年的8.53%下降到2005年的1.52%;其他几个品种的国际市场占有率都有不同程度的下降。

第5章
中国肉类产品国际竞争力的比较

本章在第4章对中国肉类产品国际竞争力进行动态分析的基础上，运用显示性比较优势指数、贸易竞争系数及在主要目标市场的占有率三个单项指标，对中国肉类产品国际竞争力进行对比分析，以明确中国肉类产品国际竞争力与主要出口国的差距，并分析其原因。

5.1 比较对象的确定

5.1.1 主要出口国

中国肉类产品国际竞争力的比较对象选择肉类产品主要出口国。确定比较对象的方法是根据2001～2005年平均肉类出口额进行排序，选取前八大出口国以及位居第16位的泰国与中国（居第13位）共10个国家进行比较分析。10个样本国是：巴西、荷兰、美国、德国、澳大利亚、丹麦、法国、加拿大、泰国、中国。前8个样本国家是肉类出口额居世界前八位的八大出口国，选取泰国作为比较对象是因为泰国是亚洲仅次于中国内地的肉类出口国，世界排名第16位，比同样进入世界排名前30的第三个亚洲国家印度位次居前（印度列第23位），并且泰国出口的部分肉类品种（肉类制品及罐头类）在日本、中国香港市场与中国内地构成竞争。10个样本国2005年肉类总出口占全世界肉类出口额的65.6%。10个样本国家中，发达国家7个，发展中国家3个。

5.1.2 主要市场的竞争对手

中国肉类市场份额的比较对象是，目标市场的主要竞争对手。确定方法是根据目标市场进口值，选取占目标市场份额居前8位的国家作为比较对象，具体比较时若前4或5个国家合计占目标市场份额较大，达70%以上，则只选取4或5个比较对象国，而将其他国家所占市场份额合并计入其他国家中。

5.1.3 比较的产品范围

与主要出口大国的比较是对肉类总体及 12 个四位数的 HS1996 分类品目均进行比较分析；对中国肉类在主要目标市场的竞争力的比较则选取中国出口的主要品种，即鲜、冷、冻猪肉（0203）、家禽肉类及可食用杂碎（0207）、其他肉类及可食用杂碎（0208）、肉类香肠及香肠类产品（1601）和肉类制品及罐头（1602）以及肉类总体（02 + 1601 + 1602）进行比较。

5.2 显示性比较优势指数的国际比较

5.2.1 中国肉类总体的比较优势远弱于发达国家

2005 年，中国肉类总体的 RCA 为 0.72，在 10 个国家中仅高于泰国的 0.12，略低于美国和法国的 0.87，肉类总体 RCA 大于 1 的国家有丹麦（3.06）、澳大利亚（2.67）、巴西（2.49）、德国（1.21）、荷兰（1.20）、加拿大（1.09）。

与其他出口大国相比，中国比较优势明显的肉类品种是 1602（肉类制品及罐头），RCA 为 3.83，在十国中最大。中国 0208（其他肉类及可食用杂碎）的 RCA 为 1.29，表明具有较强比较优势，在十国中仅低于澳大利亚（2.01）和法国（1.32）；中国 1601（香肠类产品）的 RCA 为 0.81，低于德国（3.06）、丹麦（2.73）、法国（1.08）、美国（0.86）、巴西（0.84）；中国 0203（鲜、冷、冻猪肉）的 RCA 为 0.62，在十国中仅强于泰国（0.17）和澳大利亚（0.21）。

5.2.2 中国在深度加工的肉类产品上的比较优势强于发达国家

与主要出口国相比，中国的肉类制品及罐头的比较优势最为明显，在所比较的国家中为最强；其他肉类及可食用杂碎的比较优势低于澳大利亚和法国，列第三位；香肠类产品的比较优势水平低于德国、丹麦、法国、美国和巴西，列第六位；其余各品种肉类的比较优势均低于主要出口大国的平均水平（表 5-1）。

从表 5-1 可看出，2005 年，各出口大国（不含泰国）肉类总体的 RCA 均大于 0.8，表明各国肉类比较优势均在中度以上。其中丹麦、澳大利亚、巴西三国 RCA 大于或接近 2.5，表明这三国的肉类总体具有极强的比较优势。

表 5-1　2005 年中国及其他出口大国肉类品种的显示性比较优势指数

国家 肉类	美 国	荷 兰	巴 西	丹 麦	德 国	澳大利亚	法 国	加拿大	泰 国	中 国	中国比较优势
鲜、冷牛肉	0.54	1.98	1.11	0.98	1.52	4.87	1.14	2.07	0.02	0.04	较弱
冷、冻牛肉	0.15	0.33	4.90	0.21	0.28	8.59	0.13	0.21	0.04	0.07	较弱
鲜、冷、冻猪肉	1.10	1.18	1.41	8.14	1.69	0.21	0.84	2.04	0.17	0.62	较弱
鲜、冷、冻绵羊肉或山羊肉	0.06	0.17	0.00	0.03	0.15	9.00	0.28	0.01	0.02	0.38	较弱
鲜、冷、冻马肉、驴肉、骡肉	1.31	0.55	1.73	0.05	0.21	0.60	1.57	2.14	0.00	0.19	较弱
家畜的可食用杂碎	1.41	1.29	0.71	2.70	1.79	5.81	0.56	1.36	0.14	0.00	较弱
家禽肉及可食用杂碎	1.84	1.45	6.14	0.96	0.67	0.05	1.39	0.20	0.07	0.42	较弱
其他肉类及可食用杂碎	0.15	0.55	0.03	0.07	0.73	2.01	1.32	0.24	0.49	1.29	较强
未炼制的猪脂肪及家禽脂肪	0.17	1.20	0.41	5.21	2.90	0.00	1.21	1.71	0.29	0.02	较弱
腌、干、熏肉及可食用杂碎、肉粉	0.60	2.81	0.08	6.18	1.12	0.11	0.72	0.95	0.11	0.07	较弱
香肠类产品	0.86	0.60	0.84	2.73	3.06	0.30	1.08	0.29	0.31	0.81	中度
肉类制品及罐头	0.51	0.72	2.28	2.35	1.31	0.33	0.76	0.40	0.29	3.83	极强
肉类总体	0.87	1.20	2.49	3.06	1.21	2.67	0.87	1.09	0.12	0.72	较弱

资料来源：根据 UN COMTRADE 数据整理

　　从四位数分类的品种看，在 0201（鲜、冷牛肉）方面：澳大利亚具有极强的出口优势，加拿大、德国、荷兰具较强比较优势。0202（冷、冻牛肉）方面：澳大利亚、巴西两国的比较优势极强。0203（鲜、冷、冻猪肉）方面：丹麦的比较优势极强，加拿大、德国、巴西的比较优势也较强。荷兰和美国具中度比较优势。0204（鲜、冷、冻绵羊肉或山羊肉）方面：是澳大利亚极具比较优势的产品，其他各国均不具有比较优势。0205（鲜、冷、冻马肉、驴肉、骡肉）方面：加拿大、巴西、法国、美国具较强比较优势。0206（家畜的可食用杂碎）方面：美国、荷兰、丹麦、德国、澳大利亚、加拿大具有比较优势的品种，其中，澳大利亚、丹麦具有极强比较优势。0207（家禽肉及可食用杂碎）方面：巴西独具比较优势，其 RCA 高达 6.14，美国、荷兰、法国的 RCA 也大于 1，具有较强比较优势。其他肉类及可食用杂碎（0208）方面：澳大利亚具有较强的比较优势，中国、法国具有中度比较优势。0209（未炼制的猪脂肪及家禽脂肪）方面：丹麦、德国具有极强的比较优势，加拿大、荷兰、法国具有较强的比较优势。0210（腌、干、熏肉及可食用杂碎、肉粉）方面：丹麦、荷兰具有极强的比较优势。1601（香肠类产品）方面：德国、丹麦具有极强的比较优势，法国具有中度比较优势。1602（肉类制品及罐头）方面：中国、丹麦、巴西具有极强的比较优势，德国具有中度比较优势。

5.3　贸易竞争系数的国际比较

对中国及主要出口大国贸易竞争系数（TC）的测算结果见表 5-2。从表 5-2 中可看出如下特点。

表 5-2　2005 年中国与主要出口国肉类贸易竞争系数比较

项目 ＼ 国家	美 国	荷 兰	巴 西	丹 麦	德 国	澳大利亚	法 国	加拿大	泰 国	中 国	中国竞争力
鲜、冷牛肉	-0.36	0.42	0.82	-0.14	0.19	0.99	-0.10	0.82	-0.99	0.72	较强
冷、冻牛肉	-0.87	0.08	0.98	0.10	0.18	0.99	-0.35	-0.27	-1.00	0.59	较强
鲜、冷、冻猪肉	0.37	0.57	1.00	0.90	-0.01	-0.39	0.14	0.73	1.00	0.87	很强
鲜、冷、冻绵羊肉或山羊肉	-0.91	-0.21	-1.00	-0.83	-0.71	1.00	-0.80	-0.97	-1.00	0.02	一般
鲜、冷、冻马肉、驴肉、骡肉	1.00	-0.29	1.00	0.49	-0.13	1.00	-0.45	1.00	＊	1.00	很强
家畜的可食用杂碎	0.64	0.85	0.86	0.78	0.50	1.00	-0.29	0.70	-0.92	-0.99	很低
家禽肉及可食用杂碎	0.95	0.45	1.00	0.25	-0.32	1.00	0.38	-0.20	0.90	-0.26	低
其他肉类及可食用杂碎	-0.50	-0.21	0.95	-0.80	-0.57	0.82	-0.26	0.32	0.91	0.99	很强
未炼制的猪脂肪及家禽脂肪	0.79	0.21	1.00	0.87	0.53	-0.31	0.15	0.95	＊	1.00	很强
腌、干、熏肉及可食用杂碎、肉粉	-0.08	0.79	0.74	0.61	-0.04	0.25	-0.44	0.45	-0.04	0.92	很强
香肠类产品	0.73	-0.01	0.99	0.34	0.27	0.66	0.08	-0.11	0.82	0.98	很强
肉类制品及罐头	-0.19	-0.07	1.00	0.46	-0.01	0.59	0.13	-0.24	1.00	1.00	很强
肉类总体	0.06	0.40	0.98	0.63	0.00	0.90	-0.03	0.52	0.97	0.53	较强

注：＊为该国没有报告数据，或为 0

资料来源：根据 UN COMTRADE 数据整理

5.3.1 中国肉类总体竞争力水平居中

2005 年,中国肉类总体的贸易竞争系数为 0.53,高于德国（0.00）、荷兰（0.40）、法国（-0.03）、加拿大（0.52）和美国（0.06）,表明中国肉类总体为净出口,和其他出口大国相比,具有一定（较强）竞争力。各肉类品种中,1602（肉类制品及罐头）、0209（未炼制的猪脂肪及家禽脂肪）、0205（鲜、冷、冻马肉、驴肉、骡肉）三个四位数品目的贸易竞争系数均为 1.00,表明这三个品目的肉类均为净出口,且具极强的竞争力。

5.3.2 巴西、澳大利亚及泰国是中国出口肉类的主要竞争对手

泰国和巴西在 1602（肉类制品及罐头）产品方面的贸易竞争系数均接近1.00,是中国的主要竞争对手;1601（中国香肠类）产品的贸易竞争系数为0.98,仅次于巴西（0.99）;中国 0209（未炼制的猪脂肪及家禽脂肪）产品、0208（其他肉类及可食用杂碎）未炼制的猪脂肪及家禽脂肪、0203（鲜、冷、冻猪肉）未炼制的猪脂肪及家禽脂肪的贸易竞争系数均大于 0.8,分别为 0.92、0.99、0.87,表明这几个品种肉类均为净出口,具有较强竞争力。中国 0201（鲜、冷牛肉）、0202（冷、冻牛肉）产品的贸易竞争系数分别为 0.72、0.59,表明具有较强的国际竞争力。中国的鲜、冷、冻绵羊肉或山羊肉（0204）的贸易竞争系数为 0.02,表明进出口额接近,竞争力一般。中国的 0206（家畜的可食用杂碎）产品及 0207（家禽肉及可食用杂碎）产品的贸易竞争系数小于 0,分别为 -0.99、-0.26,表明这两个品种的肉类为净进口。

与其他出口大国相比,中国 0201（鲜、冷牛肉）产品的贸易竞争分数仅低于澳大利亚、巴西和加拿大;0202（冷、冻牛肉）产品的贸易竞争系数仅低于澳大利亚和巴西;鲜、冷、冻猪肉的贸易竞争系数低于泰国和巴西;0209（未炼制的猪脂肪及家禽脂肪）产品、1601（香肠类产品）产品的贸易竞争系数在所考察的国家中为最高。

5.4 国际市场占有率的比较

5.4.1 主要国家肉类产品的国际市场占有率比较

通过对比 2005 年中国及主要出口国肉类的国际市场占有率（表 5-3）,可看出中国肉类仅占世界市场 2.6% 的份额,在所比较的国家中,仅高于泰国,远低

于前八大出口国，还不到分别列第 7 位、第 8 位的法国和加拿大的一半，第一出口大国巴西的国际市场占有率超过 10%，为 11.1%，具有极强的竞争力。

表 5-3　2005 年世界主要出口国肉类出口额及占世界份额

国　家 参　数	巴　西	荷　兰	美　国	德　国	澳大利亚	丹　麦	法　国	加拿大	泰　国	中　国
2005 年出口额 /亿美元	80.73	60.47	66.92	60.8	52.35	47.11	40.84	41.38	9.06	19.22
2005 年份额/%	11.1	8.3	9.2	8.3	7.2	6.5	5.6	5.7	1.2	2.6

注：肉类指 HS1996 分类的代码 02 及 1601、1602 所代表的产品
资料来源：根据 UN COMTRADE 数据整理

5.4.2　中国肉类产品在主要市场的份额比较

由于中国肉类产品出口市场集中度较高，将中国肉类产品在主要出口市场与主要竞争对手进行竞争力的比较十分必要。本节选择中国内地具有较强竞争力的肉类产品，将其国际市场占有率分别与日本、中国香港、俄罗斯市场上的主要竞争对手进行横向比较，选择的肉类品种是国际市场占有率大于 1% 的 0203（鲜、冷、冻猪肉）、0207（家禽肉及可食用杂碎）、0208（其他肉类及可食用杂碎）、1601（香肠类产品）、1602（肉类制品及罐头）及肉类总体。

5.4.2.1　日本市场的竞争对手比较（图 5-1）

0203（鲜、冷、冻猪肉）是日本进口额较大的肉类品种，2005 年进口额为 43.69 亿美元，主要从美国、丹麦、加拿大进口，占其进口总额的 82%，从智利、墨西哥进口额所占比例分别为 5.8% 和 4.1%。中国猪肉在日本市场份额极小，2005 年日本进口中国猪肉不足 10 万美元，占其总进口额的比例不到万分之一。

中国 0207（家禽肉类及可食用杂碎）在日本市场的份额为 0.3%，主要竞争对手是巴西和美国，巴西所占份额 84.0%，美国所占份额 5.0%，其他国家所占份额为 10.25%。

中国 1601（香肠类产品）在日本市场的占有率为 48.3%，主要竞争对手是美国（占有率为 19.6%）、加拿大（占有率为 9.5%）、澳大利亚（占有率为 8.6%）、泰国（占有率为 2.3%）。

中国 1602（肉类制品及罐头）在日本市场的占有率为 52.0%，主要竞争对手泰国和美国的占有率分别为 29.6% 和 8.4%。

中国 0208（其他肉类及可食用杂碎）在日本市场所占份额为 17%，主要竞

争对手是法国、新西兰、澳大利亚、加拿大，分别占有37.7%、20.3%、8.6%、4.2%的份额。

中国全部肉类的日本市场占有率为9.5%，主要竞争对手澳大利亚占22.9%、美国占17.3%、丹麦占12.0%、加拿大占11.1%，巴西占有8.2%的日本市场份额，同在亚洲的泰国占有5.1%的日本市场份额。

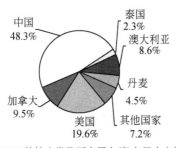

各国1601(肉类香肠)在日本市场份额

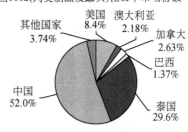

各国1602(肉类制品及罐头)在日本市场份额

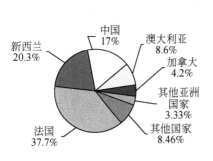

各国0208(其他肉类及可食用杂碎)在日本市场份额

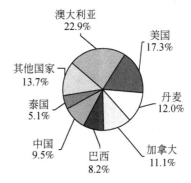

各国全部肉类在日本市场份额

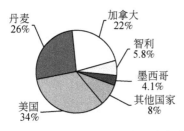

各国0203(鲜、冷、冻猪肉)在日本市场份额

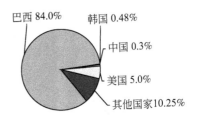

各国0207(家禽肉类及可食用杂碎)在日本市场份额

图5-1　2005年日本肉类产品分种类进口来源市场结构

资料来源：根据 UN COMTRADE 数据整理

1996～2005年，香港地区一直保持着中国内地肉类第二大出口市场的地位，对中国香港市场的出口额逐年上升，2005年达4.24亿美元。中国内地肉类在中国香港市场的主要竞争对手是巴西、美国、加拿大、荷兰、澳大利亚、德国等主

要肉类出口大国。中国内地出口到香港地区或经由香港地区转口的肉类品种主要是 0203（鲜、冷、冻猪肉）、0207（家禽肉及可食用杂碎）、0208（其他肉类及可食用杂碎）、1601（香肠类产品）、1602（肉类制品及罐头）。

5.4.2.2 香港市场的竞争对手比较（图 5-2）

2005 年，中国内地 0203（鲜、冷、冻猪肉）占中国香港地区市场的份额是47.4%，主要竞争对手巴西占有 27.6% 的份额，越南、泰国、荷兰分别占9.0%、5.4%、3.1%的市场份额，其他国家占7.5%。

各国0203(鲜、冷、冻猪肉)在中国香港市场份额　各国0207(家禽肉类及可食用杂碎)在中国香港市场份额

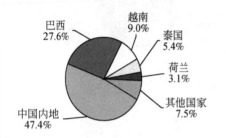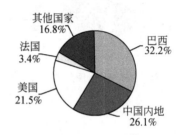

各国1601(香肠类产品)在中国香港市场份额　　　各国全部肉类在中国香港市场份额

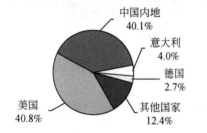

各国1602(肉类制品及罐头)在中国香港市场份额　各国0208(其他肉类及可食用杂碎)在中国香港市场份额

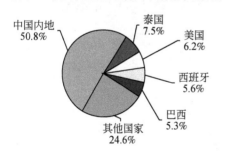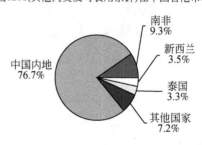

图 5-2　2005 年中国香港肉类产品分品种进口来源市场结构

资料来源：根据 UN COMTRADE 数据整理

中国内地 0207（家禽肉及可食用杂碎）占香港地区市场份额为 26.1%，主要竞争对手巴西、美国各占 32.2%、21.5%，法国占 3.4%，其他国家占 16.8%。

中国内地 0208（其他肉类及可食用杂碎）占香港地区市场份额为 76.7%，南非占据 9.3% 的份额，新西兰、泰国各占 3.5%、3.3% 的份额，其他国家占 7.2%。

中国内地 1601（香肠类产品）占香港地区市场份额为 40.1%，主要竞争对手美国占 40.8%，意大利、德国各占 4.0%、2.7%，其他国家占 12.4%。

中国内地 1602（肉类制品及罐头）占香港地区市场份额为 50.8%，泰国、美国、西班牙、巴西各占 7.5%、6.2%、5.5%、5.3% 的份额，其他国家占 21.6%。

中国内地全部肉类占香港地区市场份额为 27.4%，主要竞争对手巴西所占份额也为 27.4%，美国占 11.1%，加拿大占 4.0%，荷兰占 3.5%，其他国家占 26.5%。

5.4.2.3　俄罗斯市场的竞争对手比较（图 5-3）

中国 0203（鲜、冷、冻猪肉）在俄罗斯的市场占有率仅为 0.3%，有 14 个国家的 0203（鲜、冷、冻猪肉）在俄罗斯的市场份额高于中国。其中巴西的市场占有率最高，达到 71.7%，美国、丹麦、德国分别占 5.3%、5.0%、3.9%，其他国家占 13.8%，主要是荷兰、波兰、芬兰、法国、加拿大、乌克兰等国。

各国 0203（鲜、冷、冻猪肉）在俄罗斯市场份额

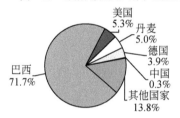

各国 0208（其他肉类及可食用杂碎）在俄罗斯市场份额

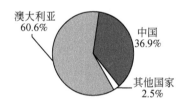

各国 1602（肉类制品及罐头）在俄罗斯市场份额

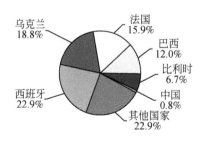

各国全部肉类在俄罗斯市场份额

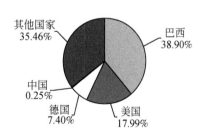

图 5-3　2005 年俄罗斯肉类产品分品种进口来源市场结构

资料来源：根据 UN COMTRADE 数据整理

中国0207（家禽肉及可食用杂碎）在俄罗斯市场的市场份额极低，低于各国平均水平。俄罗斯主要从美国、巴西、德国、法国、比利时等国进口家禽肉类。

中国0208（其他肉类及可食用杂碎）在俄罗斯的市场占有率为36.9%，主要竞争对手澳大利亚占60.6%，其他国家仅占2.5%。

中国1601（香肠类产品）在俄罗斯市场份额小到可以忽略不计，俄罗斯主要从乌克兰、西班牙、法国、比利时、丹麦等国进口肉类香肠。

中国1602（肉类制品及罐头）占有俄罗斯市场份额的0.8%，主要竞争对手是西班牙、乌克兰、德国、巴西、比利时等国。

中国全部肉类在俄罗斯的市场占有率仅为0.3%，市场占有率高的国家主要有巴西、美国、德国，分别占有38.9%、18.0%、7.4%的份额，其他国家占有35.5%的份额。

第6章
中国肉类产品的贸易
表现评价——TPI评价

本章在前两章对中国肉类国际竞争力进行动态及国际比较分析的基础上，采用贸易表现指数（TPI）法对中国肉类贸易表现进行综合评价，并与其他主要出口大国相比较进行国际排序，以测算中国肉类贸易的国际地位。

6.1　比较对象的选择

比较对象选择肉类产品主要出口国家。确定方法是：将各国肉类产品（HS1996第2章全部加上1601、1602两个品目）2001～2005年平均出口额按从大到小的顺序排列，取前30个出口国家（地区）①（包括中国）作为比较对象来计算各国（地区）的TPI。前10位出口国依次是美国、荷兰、巴西、丹麦、德国、澳大利亚、法国、加拿大、比利时、新西兰；第11～20位出口国（地区）依次是爱尔兰、西班牙、中国内地、意大利、英国、泰国、阿根廷、匈牙利、波兰、奥地利；第21～30位出口国（地区）依次是中国香港②、乌拉圭、印度、智利、墨西哥、乌克兰、白俄罗斯、瑞典、捷克、芬兰。前10位出口国中除巴西外其他均为经济发展程度较高的发达国家，第11～20位出口国（地区）中以欧洲的中等程度发达国家为主，而发展中国家泰国和中国内地位列其中，第21～30位出口国（地区）以发展中国家为主，但也包括瑞典和芬兰两个经济水平较高的国家（表6-1）。

---

① 该30个样本国（地区）2001～2005年每年的肉类出口额基本上都在前30名之内，仅有少数例外，如芬兰、捷克两国有的年份肉类出口额排在30名之外。而尼加拉瓜、巴拉圭、斯洛伐克三国虽然少数年份的肉类出口额在30名之内，但年均出口额排在30名之外，仍不作为比较研究的对象。

② 中国香港地区的肉类出口大部分是转口贸易，由于 UN COMTRADE 数据库给出的数据中将转出口（re-export）也算在出口（export）中，因此无法分清香港的真实情况，有的资料显示，香港所有产品出口中有70%以上是转口贸易。因此根据现有数据资料计算的结果并不能反映香港的真实竞争实力。

表 6-1 2001～2005 年主要国家（地区）肉类出口位次排序

出口额排序	2001 年	2002 年	2003 年	2004 年	2005 年	平　均
1	美国	美国	美国	巴西	巴西	美国
2	荷兰	荷兰	荷兰	荷兰	美国	荷兰
3	丹麦	丹麦	巴西	德国	荷兰	巴西
4	澳大利亚	德国	丹麦	美国	德国	丹麦
5	加拿大	澳大利亚	德国	澳大利亚	澳大利亚	德国
6	法国	巴西	法国	丹麦	丹麦	澳大利亚
7	德国	法国	澳大利亚	法国	加拿大	法国
8	巴西	加拿大	比利时	加拿大	法国	加拿大
9	比利时	比利时	加拿大	比利时	比利时	比利时
10	新西兰	新西兰	新西兰	新西兰	新西兰	新西兰
11	中国内地	爱尔兰	爱尔兰	爱尔兰	西班牙	爱尔兰
12	爱尔兰	西班牙	西班牙	西班牙	爱尔兰	西班牙
13	西班牙	中国内地	意大利	意大利	中国内地	中国内地
14	意大利	意大利	中国内地	中国内地	意大利	意大利
15	泰国	泰国	泰国	阿根廷	阿根廷	英国
16	中国香港	英国	英国	英国	波兰	泰国
17	匈牙利	中国香港	中国香港	波兰	英国	阿根廷
18	英国	匈牙利	阿根廷	匈牙利	奥地利	匈牙利
19	奥地利	阿根廷	匈牙利	奥地利	泰国	波兰
20	阿根廷	奥地利	波兰	泰国	匈牙利	奥地利
21	波兰	波兰	奥地利	乌拉圭	乌拉圭	中国香港
22	乌拉圭	乌拉圭	乌拉圭	智利	印度	乌拉圭
23	墨西哥	印度	印度	中国香港	智利	印度
24	印度	墨西哥	乌克兰	印度	墨西哥	智利
25	乌克兰	乌克兰	智利	墨西哥	中国香港	墨西哥
26	智利	智利	墨西哥	白俄罗斯	白俄罗斯	乌克兰
27	白俄罗斯	瑞典	瑞典	乌克兰	瑞典	白俄罗斯
28	瑞典	白俄罗斯	白俄罗斯	瑞典	捷克	瑞典
29	捷克	尼加拉瓜	芬兰	巴拉圭	乌克兰	捷克
30	巴拉圭	芬兰	尼加拉瓜	捷克	斯洛伐克	芬兰

前 10 位出口国 2005 年肉类出口总额占全世界肉类出口总额的 70.4%，前 20 位出口国（地区）占 92.9%，30 个样本国（地区）占 97.9%。可以认为中国

内地在 30 个国家中进行比较的贸易表现和排序等同于世界排序。

6.2　评价指标的含义及计算方法

用 TPI[①] 来对中国肉类贸易的国际地位进行综合排序。TPI 测算三种类型的指标：总体描述性指标、一个国家最近年份的排序、最近时期出口表现的变化排序。

6.2.1　总体描述性指标

对于给定的一组产品（肉类产品），TPI 首先用一组描述性指标来反映其贸易总体表现（general profile）。总体描述性指标不进入最终排序，但这些指标为分析各国贸易表现提供了有价值的信息，仍然是值得计算的。这些描述性指标共8 个，分别表示为 G1、G2、G3、G4、G5、G6、G7、G8，下面简要介绍各指标的含义及计算方法。

G1. 出口额（美元；2005）。按照 FOB 价格计算，如果使用镜面数据[②]，则按 CIF 价计算。

G2. 加权出口趋势（2001~2005）。对于每个国家，计算 2001~2005 年均出口增长率（百分比）。计算增长率的方法有 3 种。

1）几何平均增长率，$EX_t = (1 + r)^t EX_0$，式中，r 为几何平均增长率（式中，EX 为出口额，t 为时间）。

2）最小平方增长率，将上式两边同时取自然对数，得到 $\ln(EX_t) = \ln(EX_0) + t \times \ln(1 + r)$，因此使用最小二乘法（OLS）拟合如下方程：$\ln(EX_t) = a + b \times t$，其中 b 的估计量就是最小平方增长率。

3）指数终点增长率，在上面的拟合方程中，仅仅使用开始时期和截止时期的数据，而舍弃中间的数据来拟合，得到的斜率即指数终点增长率 $g = \ln(EX_t / EX_0)/n$。

本书中计算时主要使用第二种方法（最小平方增长率），评价标准是置信水平（同时结合拟合优度 R square 以及 adjusted R square）。由于美国、泰国、墨西哥、乌克兰 4 国的拟合结果很不理想，遂对该 4 国采取指数终点增长率方法来计算。

---

① TPI 的计算是参照 *The Trade Performance Index Background Paper ITC*（Document prepared by ITC Market Analysis Section Final Draft；April/2000）一文的计算方法来计算的，仅略去了 G8 指标的计算以及 C1 指标的详细分解。

② 镜面数据：在一国的出口（进口）数据无法获得的情况下，采用其贸易对象国向其进口（出口）的数据代替，称为镜面数据。

排序标准是按照增长率从大到小的顺序来排列，增长率大的排序靠前。

G3. 在国家农产品①总出口中的份额（2005）。计算肉类出口占农产品总出口的份额。

G4. 在国家农产品总进口中的份额（2005）。计算肉类进口占农产品总进口的份额。

G5. 人均出口额年变化（2001～2005）。一国（地区）的出口水平由两个因素决定，一是世界市场对该国产品的需求，二是国家满足这种需求的能力（供给），而这种能力与国家大小相关。因此，人均出口额反映一国（地区）的外向程度，以及在多大程度上为满足世界市场需求而生产。人均出口额年均变化反映一国（地区）的外向程度及所考察产品的贸易表现。

G6. 2005 年的出口单价。以各品种出口在肉类出口总额中的比重为权重计算加权平均值。

G7. 出口单价年变化。计算的是 2001～2005 年出口单价的几何平均增长率。

G8. 显示出的比较优势（第 4 章）。

6.2.2 2005 年贸易表现指标

TPI 计算了两个综合排序，一个反映一国肉类贸易的总体位置，另一个反映贸易表现方面的变化。反映总体位置的综合排序基于 5 个标准：净出口、人均出口、世界市场份额、产品多样化、市场多样化。反映贸易表现变化的综合排序也基于 5 个指标：世界市场份额变化、覆盖率（出口除以进口）变化、需求增长较快产品专业化水平、产品多样化变化、市场多样化变化。

TPI 的第二套指标反映一国当前贸易表现，并进行国际比较和排序，本章比较中国及其他主要出口国 2005 年的肉类产品贸易表现并排序，评价指标有：

P1. 净出口额（千美元）。净出口即出口减去进口，该指标是一个可信的位置指标，有两个原因：第一，净出口消除了有可能使原始贸易数据产生偏差的复出口；第二，由于出口中通常包含了较大部分的属于同一部门的中间产品，净出口考虑了产品加工过程的国际分工。因此，净出口为处理产品加工全球化以及由此导致的在生产的各个阶段的垂直专业化提供了一个简单但可信的修正指标。

P2. 人均出口额（千美元/居民）。反映一国（地区）外向程度以及一国（地区）满足世界市场的生产能力。

P3. 世界市场份额（%，在世界总出口中的百分比）。

P4. 产品多样化指数。多样化降低了对少数产品的依赖并由此减少了国家由

---

① 农产品的范围：按 SITC Rev. 03 分类的 0、1、2、4 共 4 类（不包括第 27、28 类）的商品。

于特定产业受外部影响导致的脆弱性。为了衡量产品多样性程度，要计算产品等值数和分散度两个指标。

P4 - a. 等值数是赫芬达尔（Herfindal）指数的倒数（等值数 = 1/赫芬达尔指数），赫芬达尔指数是所有产品所占份额百分比的平方和，其计算公式为

$$H = \sum_{i=1}^{m} s_i^2 = \sum_{i=1}^{n} s_i s_i$$

等值数是一个理论值，该值代表导致出口集中度与所观察到的正好一致的相同规模的市场数，其含义是把规模不同的出口商品或市场折算成等值的标准化商品或市场，数值越大，表明出口产品的多样性程度越高，排序靠前。

P4 - b. 产品分散度指数（排序）。分散度是对等值数的补充，该指标与相应的集中度相反，衡量给定的统计系列的最大值和最小值之间的分散程度。产品分散度计算各个国家出口产品的分散程度并与平均出口额进行比较。出口分布越偏离平均值，分散度指数越大。本文采用加权标准误来计算。

P5. 市场多样性。原理同产品多样性。

P5 - a. 市场等值数。计算方法同 P4 - a。

P5 - b. 市场分散度。排序，计算方法同 P4 - b。

6.2.3 2001 ~ 2005 年贸易表现变化指标

TPI 采用第三套指标反映贸易表现的变化情况。

C1. 世界市场份额百分比变化。计算方法同 G2。

C2. 出口覆盖率年均变化。出口覆盖率用出口额除以同年的进口值得到。计算 2001 ~ 2005 年出口覆盖率年均增长率，使用指数终点增长率来计算。

C3. 对世界需求增长的适应。该指数为下述两组变量之间的斯皮尔曼（Spearman）相关系数：①2001 ~ 2005 年世界肉类出口在农产品总出口中的比重，按从大到小的顺序排序，各年的排序为 X_i；②各国 2001 ~ 2005 年肉类出口在农产品总出口中的比重，按从大到小的顺序排序，各年的排序为 Y_i。那么斯皮尔曼相关系数为

$$Sp = 1 - \frac{\sum_{n}(X_i - Y_i)^2}{n^3 - n}$$

C4-a. 产品多样性变化。计算 2001 ~ 2005 年等值出口产品数的年均变化率。

C4-b. 产品覆盖度变化。计算 2001 ~ 2005 年出口产品集中度的年均变化率。

C5-a. 市场多样性变化。计算 2001 ~ 2005 年等值出口市场数的年均变化率。

C5-b. 市场覆盖度变化。计算 2001 ~ 2005 年出口市场集中度的年均变化率。

6.2.4 关于排序的说明

排序数值越小表示贸易表现的国际地位越高，反之则低。当前指标均是基于 2005 年的数据计算的，变化指标是基于 2001～2005 年的数据计算的。

6.3 TPI 指标计算结果分析

6.3.1 总体描述性指标

中国内地肉类贸易表现的各项总体指标与其他主要出口国（地区）相比较，2005 年中国内地出口肉类（G1）19.22 多亿美元，居世界第 13 位，与居第一位的巴西相差 60 多亿美元，仅接近巴西的 1/4，也低于欧美发达国家，在发展中国家仅次于巴西居第 2 位；中国内地肉类出口额年均增长率（G2）7%，排世界第 26 位，仅高于 30 大出口国（地区）中的乌克兰、泰国、美国、中国香港，列第一位的波兰年均出口增长 38%，其次是阿根廷、智利、乌拉圭、白俄罗斯、巴西、捷克，这 6 个国家年均出口增长率均在 25% 以上，表现出强劲的出口增长趋势；中国内地肉类出口占中国农产品总出口的比重（G3）为 6.7%，居世界第 21 位，排名最前的乌拉圭达 38.72%，最低的瑞典为 2.02%；中国内地肉类进口占农产品总进口的比重（G4）较低，仅为 1.30%，居世界第 28 位，仅高于泰国和印度，排第一位的是智利，达 17.14%，这表明中国内地肉类占有国内市场的能力较强，国内市场需求的 98% 以上由本国生产来满足（表6-2）。

表 6-2　2005 年中国内地及其他主要出口国（地区）G1、G2、G3、G4 指标比较

国家（地区）	G1 出口额		G2 出口趋势		G3 出口		G4 进口	
	出口额/美元	排序	比重/%	排序	比重/%	排序	比重/%	排序
美　国	6 691 541 688	2	−2	29	8.09	17	6.21	18
荷　兰	6 047 210 484	3	12	19	11.08	12	7.95	13
巴　西	8 073 185 239	1	27	6	23.04	6	2.17	27
丹　麦	4 711 259 859	6	7	25	28.36	2	10.50	7
德　国	5 443 494 000	4	17	13	11.24	11	8.65	12
澳大利亚	5 235 278 466	5	13	18	24.68	5	4.21	25
法　国	4 084 419 163	8	9	21	8.07	18	9.88	8

国家（地区）	G1 出口额		G2 出口趋势		G3 出口		G4 进口	
	出口额/美元	排序	比重/%	排序	比重/%	排序	比重/%	排序
加拿大	4 138 115 604	7	8	22	10.05	14	6.04	19
比利时	3 658 194 371	9	9	20	11.77	10	6.38	17
新西兰	3 336 858 010	10	16	16	25.66	4	5.02	22
爱尔兰	2 712 946 149	12	17	15	27.75	3	10.85	6
西班牙	2 793 558 352	11	19	11	9.49	15	4.51	24
中国内地	1 922 445 032	13	7	26	6.70	21	1.30	28
意大利	1 853 518 108	14	15	17	7.18	19	11.20	5
英 国	1 316 125 296	17	20	9	5.95	22	13.36	4
泰 国	906 223 373	19	-2	28	5.09	25	0.16	29
阿根廷	1 648 303 557	15	38	2	8.59	16	4.73	23
匈牙利	877 811 247	20	8	23	20.55	7	9.32	9
波 兰	1 430 643 005	16	38	1	15.10	9	5.93	21
奥地利	946 817 636	18	19	12	10.09	13	7.75	14
中国香港	301 983 647	25	-24	30	7.00	20	14.13	3
乌拉圭	840 098 442	21	30	4	38.72	1	5.93	20
印 度	619 589 912	22	21	8	5.75	23	0.01	30
智 利	573 342 057	23	35	3	5.68	24	17.14	1
墨西哥	355 782 084	24	8	24	2.83	28	15.17	2
乌克兰	167 495 113	29	1	27	3.54	27	6.51	16
白俄罗斯	289 458 600	26	28	5	16.83	8	7.13	15
瑞 典	196 217 843	27	19	10	2.02	30	8.88	11
捷 克	179 526 724	28	21	7	4.24	26	9.16	10
芬 兰	124 338 000	30	17	14	2.68	29	3.78	26

注：农产品的范围按 SITC Rev.03 分类的 0、1、2、4 共 4 类（不包括第 27、28 类）的商品

资料来源：根据 UN COMTRADE 数据整理

在人均出口年均增长率方面，2001~2005 年，中国内地人均出口年均增长 6.50%（表 6-3），列世界第 25 位，低于大多数主要出口国（地区），列第一位的阿根廷人均出口年均增长 44.69%，其后依次是波兰、智利、乌拉圭，人均出口年均增长均达 30% 以上，表明中国肉类出口增长较慢，而出口大国（地区）中的其他发展中国家（地区）的出口增长较快；2005 年中国内地肉类平均出口单价为 2.38 美元/千克，列第 24 位，表明中国内地肉类出口价格偏低，主要以低价格出口质量较低的肉类产品；中国内地 2001~2005 年肉类出口单价年均增长 5.30%，

列第 22 位，增长最快的墨西哥出口单价年均增长率达 23.82%，其次是阿根廷年均增长 23.76%，也低于发展中国家泰国（年均增长 12.66%），对比表示中国肉类单价上升慢，说明中国内地肉类在品质提高方面进展不大，成效低下。

表 6-3　中国内地及其他主要出口国（地区）G5、G6、G7 指标比较

国家（地区）	G5 人均出口年均变化		G6 出口单价（2005）		G7 出口单价年均变化	
	比例/%	排序	单价/美元	排序	比例/%	排序
美 国	−3.37	29	2.04	27	−2.08	29
荷 兰	10.81	19	3.42	10	12.81	3
巴 西	26.96	6	*	*	*	*
丹 麦	5.53	26	2.90	16	3.79	24
德 国	16.93	12	3.30	11	10.03	7
澳大利亚	11.15	18	3.82	5	12.70	4
法 国	7.91	21	3.22	12	9.07	9
加拿大	6.79	24	2.82	18	2.10	26
比利时	7.07	23	2.93	15	6.50	20
新西兰	14.38	16	3.87	4	9.94	8
爱尔兰	14.73	15	4.28	3	10.74	6
西班牙	16.68	13	3.06	14	7.73	15
中国内地	6.50	25	2.38	24	5.30	22
意大利	13.89	17	5.91	1	8.34	13
英 国	20.84	9	3.19	13	5.85	21
泰 国	−2.81	28	3.64	6	12.66	5
阿根廷	44.69	1	2.88	17	23.76	2
匈牙利	7.46	22	3.51	9	8.79	10
波 兰	44.40	2	2.66	21	1.75	27
奥地利	19.21	11	3.59	8	8.59	11
中国香港	−21.10	30	0.96	29	3.42	25
乌拉圭	30.22	4	2.73	19	6.95	17
印 度	23.60	7	1.34	28	7.07	16
智 利	36.31	3	2.66	21	4.96	23
墨西哥	8.22	20	5.16	2	23.82	1
乌克兰	1.35	27	2.39	23	8.57	12
白俄罗斯	29.09	5	2.10	26	6.57	19
瑞 典	20.02	10	3.64	6	7.80	14
捷 克	22.24	8	2.34	25	6.59	18
芬 兰	16.15	14	2.73	19	1.72	28

* 为该数据缺少

资料来源：根据 UN COMTRADE 数据计算得到

6.3.2　2005 年贸易表现指标

2005 年，中国内地肉类净出口额达 13.3 多亿美元，排世界第 11 位（表6-4），比总出口位列第 13 位的位次提前了 2 个位次，主要原因是总出口列第 2 位的美国和第 8 位的法国两国进口额很大，肉类贸易表现出产业内贸易的特征，两国的净出口排位在中国之后。但中国内地肉类净出口额与排前几位的国家巴西、澳大利亚、丹麦、荷兰、新西兰等相差较大，仅及巴西的 1/6。2005 年人均出口 1.47 美元，居第 29 位，仅高于印度，列第一位的丹麦高达 872.46 美元，是中国内地的近 600 倍。2005 年中国内地占世界肉类市场份额为 2.63%，列世界第 13 位。头号出口大国巴西占了 11.05% 的世界市场份额，列第二位的美国占 9.16%，列第三位的荷兰占 8.28%，居第四位的德国占 7.45%，四国共计占去世界市场 36% 的份额。

表 6-4　中国内地及主要出口国（地区）2005 年肉类出口贸易表现比较——P1、P2、P3

国家（地区）	P1 净出口额		P2 人均出口额		P3 世界市场份额	
	出口额/美元	排序	出口额/美元	排序	比例/%	排序
美　国	738 523 541	15	22.57	22	9.16	2
荷　兰	3 483 842 489	4	370.99	4	8.28	3
巴　西	7 971 154 161	1	43.31	15	11.05	1
丹　麦	3 653 499 111	3	872.46	1	6.45	6
德　国	102 805 000	21	65.98	12	7.45	4
澳大利亚	4 958 245 667	2	257.90	6	7.17	5
法　国	− 258 654 453	24	67.29	11	5.59	8
加拿大	2 842 709 255	6	128.12	8	5.67	7
比利时	1 861 557 456	8	348.40	5	5.01	9
新西兰	3 226 391 591	5	813.87	2	4.57	10
爱尔兰	2 031 381 817	7	645.94	3	3.71	12
西班牙	1 409 997 377	10	64.37	13	3.83	11
中国内地	1 332 729 956	11	1.47	29	2.63	13
意大利	− 2 883 466 104	29	32.24	19	2.54	14
英　国	− 5 489 088 342	30	21.86	23	1.80	17
泰　国	894 712 159	13	14.12	26	1.24	19
阿根廷	1 589 268 238	9	42.59	16	2.26	15
匈牙利	577 729 673	17	86.91	10	1.20	20
波　兰	951 442 568	12	37.45	17	1.96	16

国家（地区）	P1 净出口额		P2 人均出口额		P3 世界市场份额	
	出口额/美元	排序	出口额/美元	排序	比例/%	排序
奥地利	194 762 429	19	115.47	9	1.30	18
中国香港	-1 264 358 696	27	43.77	14	0.41	25
乌拉圭	814 358 620	14	240.03	7	1.15	21
印　度	618 583 987	16	0.57	30	0.85	22
智　利	203 909 464	18	35.17	18	0.79	23
墨西哥	-2 140 256 695	28	3.45	28	0.49	24
乌克兰	-32 628 258	22	3.56	27	0.23	29
白俄罗斯	158 017 700	20	29.54	20	0.40	26
瑞　典	-691 588 666	26	21.80	24	0.27	27
捷　克	-298 202 055	25	17.60	25	0.25	28
芬　兰	-55 317 153	23	23.91	21	0.17	30

资料来源：根据 UN COMTRADE 数据计算

2005 年，从中国内地肉类贸易表现的当前指标看，产品多样性等值数为 2.560，排世界第 24 位；产品分散度指数为 0.1671，列世界第 23 位；市场多样化等值数为 3.416，列世界第 21 位；市场分散度指数为 0.0592，列世界第 20 位；2005 年贸易表现当前指标值为 97，列世界第 20 位（表6-5）。贸易表现当前指标总排名居前 10 位的国家依次是荷兰、巴西、比利时、丹麦、德国、澳大利亚、新西兰、法国、波兰、美国；第 11 ~ 20 位依次是爱尔兰、阿根廷、加拿大、西班牙、匈牙利、意大利、奥地利、乌拉圭、英国、中国内地。

表6-5　2005 年中国内地及主要出口国（地区）肉类贸易表现——P4、P5、P 排序

国家（地区）	P4-a 产品多样性		P4-b 产品分散度		P5-a 等值出口市场数		P5-b 出口市场分散度		2005 年贸易表现	
	等值出口产品数	排序	出口产品集中度	排序	值	排序	值	排序	P 值	排序
美　国	3.959	12	0.124 0	11	7.586	12	0.031 0	6	60	10
荷　兰	4.983	5	0.103 3	5	7.549	13	0.032 2	8	27	1
巴　西	3.671	13	0.131 1	13	13.576	1	0.022 2	1	31	2
丹　麦	2.240	25	0.181 7	25	8.936	9	0.030 1	4	42	4
德　国	5.021	4	0.102 6	4	10.619	3	0.027 2	3	44	5
澳大利亚	3.633	15	0.132 1	15	4.010	20	0.048 2	17	47	6
法　国	5.049	3	0.102 1	3	10.443	5	0.026 0	2	50	8

国家（地区）	P4-a产品多样性		P4-b产品分散度		P5-a等值出口市场数		P5-b出口市场分散度		2005年贸易表现	
	等值出口产品数	排序	出口产品集中度	排序	值	排序	值	排序	P值	排序
加拿大	3.030	21	0.149 7	19	2.560	25	0.060 0	21	64	13
比利时	5.244	2	0.098 8	2	5.826	16	0.042 0	14	39	3
新西兰	2.677	22	0.162 4	22	10.035	6	0.032 2	9	47	7
爱尔兰	3.432	17	0.137 5	17	3.145	22	0.069 3	22	61	11
西班牙	3.532	16	0.134 8	16	6.441	15	0.037 3	13	64	14
中国内地	2.560	24	0.167 1	23	3.416	21	0.059 2	20	97	20
意大利	6.100	1	0.085 6	1	8.862	10	0.030 1	5	71	16
英 国	4.629	8	0.109 8	8	4.993	18	0.044 9	15	95	19
泰 国	1.075	30	0.319 9	30	2.851	23	0.089 3	25	112	25
阿根廷	3.652	14	0.131 6	14	9.837	7	0.033 2	10	63	12
匈牙利	3.417	18	0.137 9	18	11.792	2	0.031 8	7	70	15
波 兰	4.791	6	0.106 8	6	10.574	4	0.034 5	11	59	9
奥地利	4.511	9	0.114 3	10	5.433	17	0.056 4	18	73	17
中国香港	2.622	23	0.176 8	24	2.417	26	0.116 4	27	116	27
乌拉圭	2.021	27	0.201 0	27	2.637	24	0.074 3	24	93	18
印 度	1.118	29	0.283 5	29	9.772	8	0.036 2	12	107	23
智 利	3.035	20	0.154 5	21	4.406	19	0.072 0	23	101	22
墨西哥	3.099	19	0.152 2	20	2.309	28	0.133 1	28	128	29
乌克兰	1.362	28	0.265 4	28	1.024	30	0.263 9	29	136	30
白俄罗斯	4.074	11	0.127 1	12	1.178	29	0.402 7	30	107	24
瑞 典	4.736	7	0.109 7	7	8.501	11	0.045 0	16	98	21
捷 克	4.402	10	0.114 3	9	2.324	27	0.103 2	26	114	26
芬 兰	2.039	26	0.192 4	26	6.654	14	0.057 3	19	117	28

资料来源：根据 UN COMTRADE 数据计算得到

6.3.3 2001~2005 年贸易表现变化指标

2001~2005 年，中国内地肉类出口占世界的份额不断减少，年均增长率为 -4.07%（表6-6），列第25位。增长最快的阿根廷年均增长30.83%，其余依次是波兰、智利、乌拉圭、巴西，增长率均超过15%，位次在18之前的各国出口占世界的份额呈增长之势，自第 19 位的荷兰之后各国（地区）份额均呈减少之势。

表 6-6　2001~2005 年贸易表现变化指数 C1、C2、C3 的国际比较

国家（地区）	C1 世界市场份额变化		C2 出口对进口的覆盖率年均增长		C3 适应世界市场需求变化的能力	
	市场份额 /(%/年)	排序	覆盖率 /(%/年)	排序	Spearman 相关系数	排序
美 国	-12.66	29	-9.92	22	-0.2	9
荷 兰	-0.43	19	-5.36	20	0.5	4
巴 西	15.88	5	17.24	2	0.3	6
丹 麦	-5.36	26	-17.30	25	0.4	5
德 国	4.71	14	8.87	5	0.4	5
澳大利亚	0.61	18	-16.68	24	0.5	4
法 国	-2.86	21	-4.16	17	0.5	4
加拿大	-3.44	22	3.87	9	0.7	3
比利时	-3.67	23	-4.60	18	0.3	6
新西兰	3.80	16	-0.34	14	0.3	6
爱尔兰	5.02	13	-0.91	16	0.3	6
西班牙	6.12	12	0.59	13	0.8	2
中国内地	-4.07	25	7.56	6	0.5	4
意大利	2.17	17	1.25	12	0.8	2
英 国	8.66	9	6.13	8	0.3	6
泰 国	-12.47	28	-23.02	28	-0.3	10
阿根廷	30.83	1	61.82	1	0.3	6
匈牙利	-4.02	24	-32.38	30	-0.1	8
波 兰	29.21	2	-12.74	23	0.1	7
奥地利	7.22	11	1.74	11	0.7	3
中国香港	-28.92	30	-22.68	27	-0.7	11
乌拉圭	18.21	4	17.18	3	0.3	6
印 度	12.19	7	7.02	7	0.3	6
智 利	23.41	3	12.82	4	0.3	6
墨西哥	-2.83	20	2.63	10	0.8	2
乌克兰	-10.04	27	-22.44	26	-0.7	11
白俄罗斯	15.05	6	-5.23	19	0.8	2
瑞 典	7.74	10	-0.73	15	0.3	6
捷 克	9.35	8	-24.45	29	1	1
芬 兰	4.03	15	-6.59	21	0.1	7

资料来源：根据 UN COMTRADE 数据计算得到

2001～2005 年，中国内地肉类出口对进口的覆盖率年均增长 7.56%，列世界第 6 位。增长最快的阿根廷年均增长 61.82%，其余依次是巴西、乌拉圭、智利、德国，中国内地紧随德国之后。中国内地该指标的排位靠前主要因为中国肉类进口额增长较慢。中国内地肉类出口与世界需求的 Spearman 相关系数为 0.5，世界排第 4 位，排位靠前的是捷克、白俄罗斯、意大利、西班牙、墨西哥。

2001～2005 年，中国内地肉类出口的产品多样性呈下降趋势，等值出口产品数年均下降 0.344，世界排第 20 位；出口产品覆盖度进一步下降，产品集中度年均上升 0.013，世界排位第 20 位。等值出口市场数为 0.558，世界排第 12 位；出口市场集中度年均下降 0.003，列世界第 15 位。中国内地肉类贸易变化指数 C1、C2、C3、C4、C5 共 7 个指标的总体排序为第 17 位（表6-7）。

表 6-7　2001～2005 年贸易表现变化指数比较

国家（地区）	C4a 产品多样性变化		C4b 产品覆盖度年变化		C5a 市场多样性变化		C5b 市场覆盖度变化		变化指数	
	等值出口产品数	排序	出口产品集中度	排序	等值出口市场数	排序	出口市场集中度	排序	值	排序
美 国	−1.474	29	0.028	26	2.298	4	−0.005	8	93.5	28
荷 兰	0.085	13	−0.002	13	1.117	9	−0.004	12	66.5	14
巴 西	0.333	8	−0.009	7	−3.361	29	0.001	22	46	4
丹 麦	−0.050	15	0.002	16	1.143	8	−0.001	17	84	26
德 国	−0.783	22	0.013	19	1.892	6	−0.004	11	53	8
澳大利亚	0.224	12	−0.006	11	−0.628	25	0.005	25	82.5	25
法 国	0.649	5	−0.012	6	0.101	20	0.000	21	68	16
加拿大	−0.277	18	0.009	18	0.497	14	−0.008	6	62	13
比利时	0.886	2	−0.016	5	0.437	15	0.000	19	67.5	15
新西兰	−1.474	30	0.028	27	2.298	5	−0.005	9	71.5	20
爱尔兰	−1.093	27	0.026	25	0.170	17	−0.001	18	78.5	23
西班牙	0.010	14	0.000	14	0.877	11	−0.007	7	50	6
中国内地	−0.344	20	0.013	20	0.558	12	−0.003	15	68.5	17
意大利	0.514	7	−0.008	9	0.125	18	−0.002	16	56	9
英 国	0.306	9	−0.006	10	−0.332	24	0.002	23	56	9
泰 国	−0.938	25	0.085	30	−0.800	26	0.017	27	120	30
阿根廷	−0.683	21	0.016	21	0.082	21	−0.004	13	46	4
匈牙利	0.275	10	−0.008	8	2.995	3	−0.008	5	75	21
波 兰	−1.019	26	0.017	22	4.168	1	−0.021	3	58	11
奥地利	0.764	4	−0.018	4	0.110	19	0.003	24	50.5	7
中国香港	0.637	6	−0.026	2	1.353	7	−0.055	2	76.5	22
乌拉圭	−0.876	24	0.036	29	−7.862	30	0.035	29	69	18
印 度	−0.131	17	0.001	15	3.514	2	−0.012	4	39	2

国家（地区）	C4a 产品多样性变化		C4b 产品覆盖度年变化		C5a 市场多样性变化		C5b 市场覆盖度变化		变化指数	
	等值出口产品数	排序	出口产品集中度	排序	等值出口市场数	排序	出口市场集中度	排序	值	排序
智 利	-0.326	19	0.020	24	-1.604	27	0.009	26	61	12
墨西哥	1.130	1	-0.052	1	0.954	10	-0.067	1	38.5	1
乌克兰	0.229	11	-0.004	12	0.018	22	0.029	28	100.5	29
白俄罗斯	0.826	3	-0.025	3	0.174	16	-0.005	10	43	3
瑞 典	-0.070	16	0.003	17	-0.205	23	0.000	20	69	18
捷 克	-1.113	28	0.019	23	-2.429	28	0.036	30	92.5	27
芬 兰	-0.824	23	0.032	28	0.548	13	-0.004	14	82	24

资料来源：根据 UN COMTRADE 数据计算得到

6.3.4 TPI 排序结果

对比 30 个出口国家（地区）的肉类贸易表现国际排序结果（表 6-8）显示：中国内地总出口额列第 13 位，2001~2005 年出口趋势排序第 26 位，占总出口的份额列第 21 位，占总进口的份额排第 28 位，人均出口年均变化列第 25 位，世界市场份额绝对变化列第 6 位。可见，中国内地肉类贸易的总体描述性指标的世界排序较靠后。

表 6-8　中国内地肉类贸易表现 TPI 测算结果

总体指标	出口额/亿美元	出口趋势 2001~2005 年/%	占总出口份额/%	占总进口份额/%	人均出口年均变化/%	加权平均出口单价/(千美元/吨)	出口单价年均变化/%	世界市场份额绝对变化/%
实际值	19.22	7	7	1	6	2.4	5	0.18
位 次	13	26	21	28	25	—	—	6
当前指标（2005 年）	净出口/亿美元	人均出口/(美元/人)	世界市场份额/%	产品多样性等值	产品覆盖度指数	市场多样性等值	市场覆盖度指数	当前指数
实际值	13.33	1.5	2.60	3	0.17	3	0.06	—
位 次	11	29	13	24	23	21	20	20
变化指标（2001~2005 年）	世界市场份额相对变化/%	进口被出口覆盖趋势/%	对世界需求变化的适应性	产品多样性变化	产品覆盖度变化	市场多样性变化	市场覆盖度变化	变化指数
实际值	-4.07	8	0.5	0	0.01	1	0	—
位 次	25	6	4	20	20	12	15	17

2005 年中国内地肉类贸易表现指标的排序结果为：净出口列第 11 位，人均出口列第 29 位，世界市场份额列第 13 位，产品多样性列等值第 24 位，产品覆盖度指数列第 23 位，市场多样性等值列第 21 位，市场覆盖度指数列第 20 位，2005 年中国等值肉类贸易表现当前的指数列是第 20 位。

　　从 2001～2005 年中国内地肉类贸易表现的变化指标看，世界市场份额相对变化排序第 25 位，进口被出口覆盖趋势列第 6 位，对世界需求变化的适应性列第 4 位，产品多样性变化列第 20 位，产品覆盖度变化列第 20 位，市场多样性变化列第 12 位，市场覆盖度变化列第 15 位，2001～2005 年贸易表现变化指数总体列第 17 位。

第 7 章
中国肉类产品出口贸易结构

7.1 出口贸易结构的概念

贸易结构是指构成贸易活动的要素之间的比例关系及其相互联系，包括贸易活动主体之间、客体之间以及主体与客体之间的比例关系，表现为贸易商品结构、贸易方式结构、贸易模式结构和贸易区域结构等。出口贸易结构主要表现为出口商品结构和市场结构，反映一国相对其他国家的生产率水平和国际竞争力水平以及在国际分工与国际贸易中的地位，并最终通过产品的市场占有份额和利润的实现程度来衡量与检验。

本研究的出口贸易结构是指出口贸易商品结构和出口贸易市场结构。出口贸易商品结构是指一定时期内各类商品或某种商品在一国或地区出口贸易中所占的比重或地位。出口贸易商品结构可以反映出该国或地区的经济技术发展水平、产业结构及资源禀赋情况等。出口贸易市场结构，即国别（地区）结构，亦称出口贸易地理方向和出口贸易国别（地区）分布等，是指一定时期内各国、各地区、各国家集团在一国或地区出口贸易中所处的地位，通常用它们对该国或地区的进口额占该国或地区出口总额的比重来表示，从而反映一国或地区同世界各国、各地区、各国家集团之间贸易联系的程度。

7.2 出口结构评价指标

7.2.1 数据来源与变量说明

本书采用的数据来源于：①联合国统计署创立的贸易数据库（UN COMTRADE）；②联合国粮食及农业组织统计数据库（FAO statistics database）。有关变量说明如下。

假定，中国 n 种（本文中 $n=12$）肉类商品出口到全球 m 个国家（地区）市场。若用 $X_{ij}^{(t)}$ 表示中国第 i 种商品在时期 t 出口到市场 j 的金额，则 $X_{\cdot j}=$

$\sum_{i=1}^{n} X_{ij}^{(t)}$ 表示中国全部肉类产品在时期 t 对市场 j 的出口总额，$X_{i.} = \sum_{j=1}^{m} X_{ij}^{(t)}$ 表示中国第 i 种商品在时期 t 的出口总额，$X_{..} = \sum_{i=1}^{n} \sum_{j=1}^{m} X_{ij}^{(t)}$ 表示中国肉类产品在时期 t 的出口总额。

若用 $W_{ij}^{(t)}$ 表示目标市场 j 在时期 t 进口第 i 种商品的金额，则 $W_{.j}^{(t)} = \sum_{i=1}^{n} W_{ij}^{(t)}$ 表示目标市场 j 在时期 t 进口肉类产品的金额，$W_{i.}^{(t)} = \sum_{j=1}^{m} W_{ij}^{(t)}$ 表示世界在时期 t 进口第 i 种商品的金额，$W_{..}^{(t)} = \sum_{i=1}^{n} \sum_{j=1}^{m} W_{ij}^{(t)}$ 表示世界在时期 t 进口肉类产品的总金额。

由于在时期 t 世界肉类产品进出口贸易额大致相等，因此可以用 $X_{..}^{(t)} / W_{..}^{(t)}$ 表示中国肉类产品所占世界市场份额，即 $S_{..}^{(t)} = \dfrac{X_{..}^{(t)}}{W_{..}^{(t)}}$。相应的，也可以定义中国商品 i 在目标市场 j 中占有的份额为 $S_{ij}^{(t)} = \dfrac{X_{ij}^{(t)}}{W_{ij}^{(t)}}$。

7.2.2　出口贸易结构的评价指标

7.2.2.1　分散度指数

分散度指数（EN）是用当量值指数来衡量的。当量值指数为赫芬达尔（Herfindal）指数（HHI）的倒数，其含义是把规模不同的出口商品（市场）折算成等值的标准化商品（市场）。计算公式如下：

出口商品分散度指数：$EN_P^{(t)} = \dfrac{1}{HHI_P^{(t)}}$

$$HHI_P^{(t)} = \left(\frac{X_{1.}^{(t)}}{X_{..}^{(t)}} \right)^2 + \cdots + \left(\frac{X_{i.}^{(t)}}{X_{..}^{(t)}} \right)^2 + \cdots + \left(\frac{X_{n.}^{(t)}}{X_{..}^{(t)}} \right)^2$$

出口市场分散度指数：$EN_M^{(t)} = \dfrac{1}{HHI_M^{(t)}}$

$$HHI_M^{(t)} = \left(\frac{X_{.1}^{(t)}}{X_{..}^{(t)}} \right)^2 + \cdots + \left(\frac{X_{.j}^{(t)}}{X_{..}^{(t)}} \right)^2 + \cdots + \left(\frac{X_{.m}^{(t)}}{X_{..}^{(t)}} \right)^2$$

分散度指数的取值范围为 $1 \sim n$。如果每个商品（市场）的出口规模均相同，那么分散度指数就等于 n；如果出口集中于一个商品（市场），那么分散度指数就等于 1。分散度指数的数值越大，表明出口贸易的商品（市场）分散程度越高。

7.2.2.2 多样性指数

多样性指数（H 指数），又称为香农 – 维纳多样性指数（简称香农多样性指数）。它是借用信息论中不定性的研究方法，度量系统结构组成复杂程度的指数。香农 – 维纳多样性指数的计算公式如下：

$$H = - \sum_{i=1}^{n} P_i \ln P_i$$

式中，P_i 为个体 i 在总体中出现概率；n 为个体的总数。本书在运用该指数时，对公式中的 P_i 和 n 赋予新的含义：P_i 表示第 i 个出口商品（出口目标市场）在中国肉类产品出口额中所占的比重，n 表示中国肉类产品出口所包含商品品种（出口目标市场）的数目。中国肉类产品出口结构多样性指数的计算公式如下：

出口商品结构多样性指数：$H_p^{(t)} = - \sum_{i=1}^{n} S_{i.}^{(t)} \times \ln S_{i.}^{(t)}$

出口市场结构多样性指数：$H_m^{(t)} = - \sum_{j=1}^{m} S_{.j}^{(t)} \times \ln S_{.j}^{(t)}$

当中国出口的肉类商品（目标市场）仅包含一个时，也就是 $P_i = 1$，则 $H = 0$；当中国肉类产品出口包含的商品品种（目标市场）数目增加时，H 值也相应地增加。因此，该指数可以精确地分析中国出口的肉类产品中各种商品（目标市场）所占份额的变化情况。如果中国出口的肉类产品所包含的品种（目标市场）一定时，H 值变大，说明这些品种（目标市场）所占的份额趋于平均、差距缩小；反之，若 H 值变小，说明中国出口的肉类产品在这几个既定品种（目标市场）里向更少的几个品种（目标市场）集中，它们所占份额的差距扩大。

7.2.2.3 均匀度指数

均匀度指数（E 指数）用来描述总体中不同个体分布的均匀程度。通常用多样性指数和其最大值的比值来表示。具体公式为

$$E = \frac{H}{H_{max}}$$

式中，H 为实际的多样性指数；H_{max} 为多样性指数的最大值，即最大均匀性条件下的多样性指数。H_{max} 的具体含义是：如果一个总体由 n 个个体组成，那么最大均匀性条件就是，每个个体在总体中出现的概率都是 $1/n$，即 $P_i = 1/n$，代入多样性指数公式计算，就可以得出最大均匀性条件下的多样性指数 $H_{max} = \ln(n)$。E 的取值范围为 $0 \sim 1$。E 越趋于 0，分布越不均匀；E 越趋于 1，分布越均匀。如同多样化指数，本书运用该指数进一步分析中国肉类产品出口商品（市场）

结构的变化情况。$H_{max} = \ln(n)$ 中的 n 就是中国肉类产品出口所包含的商品品种（目标市场）数目。在中国出口肉类产品所包含的商品品种（目标市场）数目一定的条件下，如果 E 值变大，说明这些品种（目标市场）占中国肉类产品出口份额间的差距不断缩小，这些既定品种（目标市场）的内部商品结构日益优化；E 值变小，说明这些品种（目标市场）占中国肉类产品出口份额间的差距不断扩大，既定品种（目标市场）的内部商品结构日益恶化。

7.2.2.4 结构变化指数

结构变化指数，也称作劳伦斯指数（Lawrence index），可以用来表示出口贸易商品（市场）结构的变动幅度，其变化范围为 0～1，指数越接近 1 表示一国的贸易商品（市场）结构变动幅度越大，越接近于 0 说明一国的贸易商品（市场）结构变化越不明显。计算公式如下：

商品结构变化指数：$L_p^{(t)} = 0.5 \times \sum\limits_{i=1}^{n} \left| \dfrac{X_{i.}^{(t)}}{X_{..}^{(t)}} - \dfrac{X_{i.}^{(t-1)}}{X_{..}^{(t-1)}} \right|$

市场结构变化指数：$L_m^{(t)} = 0.5 \times \sum\limits_{j=1}^{m} \left| \dfrac{X_{.j}^{(t)}}{X_{..}^{(t)}} - \dfrac{X_{.j}^{(t-1)}}{X_{..}^{(t-1)}} \right|$

7.3 中国肉类出口贸易商品结构分析

1996～2005 年，中国肉类产品出口总额从 14.23 亿美元增长到 19.22 亿美元，增长了 35.07%，在世界肉类产品进口市场上占有的份额却从 3.51% 下降到 2.75%，下降了 21.65%（图 7-1）。10 年间，中国肉类产品出口额年均增长 3.40%，远低于世界肉类产品进口额 6.23% 的年均增长率。依据出口额和所占世界市场份额，1996～2005 年中国肉类产品出口经历了以下 3 个时期。

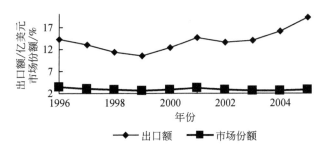

图 7-1　1996～2005 年中国肉类产品出口额及其所占世界市场份额

1）1996～1999 年，中国肉类产品出口处于持续衰退时期。该时期，中国肉类产品出口总额从 14.23 亿美元持续下降至 10.53 亿美元，年均减少 9.55%；同时，中国在世界肉类产品进口市场上占有的份额也从 3.51% 下降至 2.52%，年均减少 10.40%。4 年间，中国肉类产品出口额以及所占世界市场份额大幅下降，出口陷于衰退状态。

2）2000~2001 年，中国肉类产品出口处于恢复时期。该时期，中国肉类产品出口总额从 12.43 亿美元增长到 14.57 亿美元，已恢复到 1996 年的水平，年均增长率高达 17.26%；同时，中国在世界肉类产品进口市场上占有的份额也从 2.82% 增长到 3.16%，年均增长率高达 11.83%。

3）2002~2005 年，中国肉类产品出口处于快速增长时期。随着中国于 2001 年 12 月 11 日正式成为 WTO 成员，中国肉类产品出口也开始进入了快速增长时期。2002 年，中国肉类产品出口总额仅为 13.60 亿美元；到 2005 年，出口总额已增长至 19.22 亿美元。该时期，中国肉类产品出口总额增长了 41.35%，年均增长 12.23%。然而中国在世界肉类产品进口市场上占有的份额反而略有下降。2002 年所占世界市场份额为 2.85%；2005 年所占市场份额为 2.75%。4 年间世界市场份额下降了 3.48%，年均下降 1.17%。这与中国肉类产品出口快速增长的趋势相背离。

以入世为转折点，中国肉类产品出口发生了明显的变化。其变化特征可以概括为：1996~1999 年，中国肉类产品出口额持续减少，所占世界市场份额也在持续下降；2002 年以后，中国肉类产品出口额快速增长，所占世界市场份额仍然略有下降。出现这种现象，与中国肉类产品出口贸易结构不尽合理是分不开的。

7.3.1 中国肉类出口商品及其构成

7.3.1.1 肉类制品及罐头（1602）占出口比重最大

2005 年，0203（鲜、冷、冻猪肉）、0207（家禽肉及可食用杂碎）以及 1602（肉类制品及罐头）3 种商品出口额共计 17.1 亿美元，在中国肉类产品出口总额中所占的比重高达 88.9%，其中 1602（肉类制品及罐头）出口额为 11.09 亿美元，占 57.7%。而 0205（鲜、冷、冻马肉、驴肉、骡肉）、0206（家畜的可食用杂碎）、0209（未炼制的猪脂肪及家禽脂肪）以及 0210（腌、干、熏肉及可食用杂碎、肉粉）4 种商品的出口额共计 0.1 亿美元，在中国肉类产品出口总额中所占的比重几乎为 0（表 7-1）。

表7-1　2005年中国肉类产品出口与世界肉类产品进口的商品构成

商　品	中国出口额/美元	比重/%	世界进口额/美元	比重/%	世界市场份额/%
0201	19 244 146	1.00	12 338 144 307	17.66	0.16
0202	22 258 568	1.16	7 242 907 078	10.36	0.31
0203	406 120 532	21.13	18 286 374 840	26.17	2.22
0204	56 721 483	2.95	3 917 730 945	5.61	1.45
0205	3 000 533	0.16	454 247 139	0.65	0.66
0206	419 424	0.02	2 525 792 841	3.61	0.02
0207	194 424 025	10.11	11 526 423 140	16.49	1.69
0208	33 838 423	1.76	705 759 913	1.01	4.79
0209	362 288	0.02	486 820 625	0.70	0.07
0210	6 422 895	0.33	2 462 914 286	3.52	0.26
1601	70 207 832	3.65	2 072 965 662	2.97	3.39
1602	1 109 424 883	57.71	7 863 980 247	11.25	14.11

7.3.1.2　家禽肉及可食用杂碎（0207）占出口比重居第二

将中国12种肉类商品1996～2005年10年间平均出口额按照从大到小的顺序排列，依次是：1602（肉类制品及罐头）、0207（家禽肉及可食用杂碎）、0203（鲜、冷、冻猪肉）、0208（其他肉类及其食用杂碎）、0202（冷、冻牛肉）、1601（香肠类产品）、0204（鲜、冷、冻绵羊肉或山羊肉）、0210（腌、干、熏肉及可食用杂碎、肉粉）、0201（鲜、冷牛肉）、0206（家畜的可食用杂碎）、0205（鲜、冷、冻马肉、驴肉、骡肉）、0209（未炼制的猪脂肪及家禽脂肪）。其中，1602（肉类制品及罐头）所占的比重高达40.58%；0207（家禽肉及可食用杂碎）所占的比重为33.19%；0203（鲜、冷、冻猪肉）所占的比重为15.88%。这3种商品占据了肉类出口额的绝大部分，它们在中国肉类产品出口额中所占的比重为89.65%（表7-2）。

表7-2　中国12种肉类商品的10年平均出口额及比重

出口商品	中国10年平均出口额/美元	比重/%	世界10年平均进口额/美元	中国所占世界市场份额/%
肉类总体	1 389 394 254	100.00	49 109 713 798	2.83
0201	3 223 874	0.23	8 949 410 135	0.04

出口商品	中国 10 年平均出口额/美元	比重/%	世界 10 年平均进口额/美元	中国所占世界市场份额/%
0202	33 299 731	2.40	5 480 566 584	0.61
0203	220 642 830	15.88	12 320 955 598	1.79
0204	15 024 527	1.08	2 632 946 940	0.57
0205	1 949 353	0.14	397 800 783	0.49
0206	2 146 488	0.15	1 925 228 648	0.11
0207	461 087 101	33.19	8 301 722 901	5.55
0208	44 490 465	3.20	599 042 320	7.43
0209	403 586	0.03	245 220 869	0.16
0210	11 811 380	0.85	2 016 421 760	0.59
1601	31 559 171	2.27	1 354 470 312	2.33
1602	563 755 747	40.58	4 885 926 948	11.54

7.3.1.3 鲜、冷牛肉（0201）占出口比重最低

从中国出口的各种肉类产品所占世界市场份额来看，1996～2005 年，中国肉类产品年均出口 13.89 亿美元，世界肉类产品年均进口 491.10 亿美元，中国肉类产品所占的国际市场份额平均为 2.83%。在这 12 种肉类商品中，中国 1602（肉类制品及罐头）在世界市场上所占有的份额达到 11.54%，而 0201（鲜、冷牛肉）所占有的世界市场份额仅为 0.04%。在全部 12 种肉类商品中，中国各种商品的出口表现相差非常大。由此可见，1996～2005 年中国肉类产品出口的商品构成极不均匀。

7.3.2 中国肉类出口贸易商品结构的指标分析

1996～2005 年，中国肉类产品出口贸易商品结构的分散度指数、多样性指数以及均匀度指数分别由 3.172、1.438 和 0.579 减为 2.560、1.304 和 0.525，表明中国肉类出口贸易商品结构的分散程度、多样化程度以及均匀程度都有所减弱。各个时期的详细变化如表 7-3 和图 7-2～图 7-5 所示。

表 7-3　中国肉类出口贸易商品结构的指标分析（1996～2005 年）

年　份	分散度指数（EN_p）	多样性指数（H_p）	均匀度指数（E_p）	结构变化指数（L_p）
1996	3.172	1.438	0.579	—
1997	3.245	1.457	0.586	0.027
1998	3.323	1.467	0.590	0.044

年　份	分散度指数（ENp）	多样性指数（Hp）	均匀度指数（Ep）	结构变化指数（Lp）
1999	2.678	1.271	0.511	0.139
2000	2.685	1.244	0.501	0.059
2001	2.904	1.301	0.523	0.071
2002	2.846	1.271	0.511	0.152
2003	2.862	1.295	0.521	0.074
2004	2.714	1.301	0.524	0.140
2005	2.560	1.304	0.525	0.081

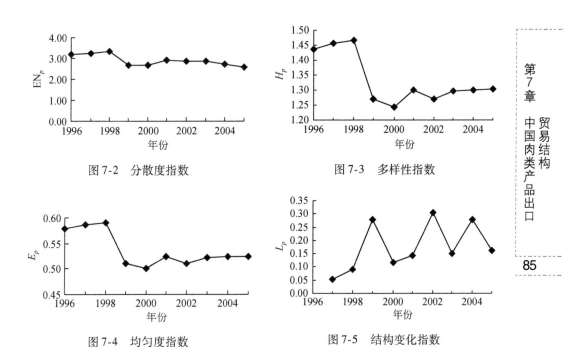

图 7-2　分散度指数

图 7-3　多样性指数

图 7-4　均匀度指数

图 7-5　结构变化指数

7.3.2.1　1996~1999 年，肉类出口贸易商品结构变化幅度较大

1996~1999 年出口贸易商品结构变化幅度越来越大，体现在结构变化指数由 0.027 增加到 0.044，至 1999 年更是高达 0.139。同时，中国肉类出口贸易商品结构的分散程度、分布的多样化和均匀程度都在减弱。这体现在：分散度指数、多样性指数以及均匀度指数分别从 3.172、1.438、0.579 减少至 2.678、1.271、0.511。对该时期各类商品所占份额的分析也证明了这一点。0207 的份额

从 48.6% 增加至 51.1%，1602 的份额从 22.4% 增加至 32.5%，而 0203、0208 以及 0202 的份额却在下降，其他商品的份额基本无变化。

7.3.2.2　2000～2001 年，肉类出口的多样化和均匀程度提高

2001 年出口贸易商品结构变化指数为 0.071，表明 2001 年与 2000 年相比，中国肉类出口贸易商品结构变动不大。同时，中国肉类出口贸易商品结构的分散度指数、多样性指数以及均匀度指数分别从 2.685、1.244、0.501 上升至 2.904、1.301、0.523，表明出口贸易商品结构的多样化程度和均匀程度在提高。

7.3.2.3　2002～2005 年，肉类出口贸易商品结构调整幅度加大

2002～2005 年，中国肉类出口贸易商品结构变化指数均大于前两个时期。2002 年的结构变化指数达到 0.152，为历史最高水平。这表明，入世后中国肉类出口贸易商品结构调整的速度在加快。分散度指数从 2.846 下降至 2.560，表明中国肉类出口贸易商品结构的分散程度在减弱；而多样性指数和均匀度指数则分别从 1.271、0.511 上升至 1.304、0.525，表明中国肉类出口贸易商品结构的多样化程度和均匀程度在提高。

综上所述，入世后中国肉类出口贸易商品结构变化幅度较大，出口贸易商品结构的多样化程度和均匀程度在提高，而分散程度则在减弱。

7.3.3　中国肉类出口贸易商品结构的主要特点

上述出口贸易商品结构的指标分析表明，中国肉类出口贸易商品结构呈现出高度集中的特点。此外，中国肉类出口贸易商品结构还呈现出出口结构适应性差等弱点。

7.3.3.1　中国出口的肉类商品高度集中

1996～2005 年，中国肉类出口贸易商品结构的分散度指数大约为 3，意味着中国出口的肉类可以大致折算成 3 种等值的商品。从 12 种商品在出口总额中所占的比重也可以看出，中国出口的肉类产品高度集中于 0203（鲜、冷、冻猪肉）、0207（家禽肉及可食用杂碎）以及 1602（肉类制品及罐头）等 3 种商品。将各种商品的出口额按照从大到小的顺序排列，0203（鲜、冷、冻猪肉）、0207（家禽肉及可食用杂碎）以及 1602（肉类制品及罐头）等 3 种商品一直占据着前三甲的位置，此 3 种商品占中国肉类产品出口额的比重达到 85% 以上；1999 年开始，所占比重维持在 90% 以上；2002 年，所占比重为历史之最，达到 93.85%（表7-4）。

表7-4　中国肉类出口商品构成

排　序	1996 年		1999 年		2002 年		2005 年	
	商　品	比重/%	商　品	比重/%	商　品	比重/%	商　品	比重/%
1	0207	48.6	0207	51.1	1602	49.0	1602	57.7
2	1602	22.4	1602	32.5	0207	29.5	0203	21.1
3	0203	15.1	0203	6.4	0203	15.4	0207	10.1
4	0208	7.0	0208	3.6	1601	2.2	1601	3.7
5	0202	3.6	0202	2.4	0208	1.3	0204	3.0
6	1601	1.3	1601	1.9	0202	1.3	0208	1.8
7	0210	1.1	0210	1.3	0210	0.6	0202	1.2
8	0206	0.4	0204	0.4	0204	0.6	0201	1.0
9	0205	0.4	0205	0.2	0201	0.2	0210	0.3
10	0204	0.2	0206	0.1	0206	0.1	0205	0.2
11	0201	0.0	0201	0.0	0205	0.0	0206	0.0
12	0209	0.0	0209	0.0	0209	0.0	0209	0.0

7.3.3.2　出口贸易商品结构的需求适应性较差

世界进口的肉类产品主要是0201（鲜、冷牛肉）、0202（冷、冻牛肉）以及0207（家禽肉及可食用杂碎）。而中国出口的肉类产品主要是1602（肉类制品及罐头）、0207（鲜、冷、冻家禽肉及其食用杂碎）以及0203（鲜、冷、冻猪肉）。2005 年，在世界进口的肉类产品中，0203（鲜、冷、冻猪肉）进口额为182.86亿美元，所占比重最大，为26.17%。排在其后的商品依次是：0201（鲜、冷牛肉）进口额为123.38 亿美元，占 17.66%；0207（家禽肉及食用杂碎）进口额为115.26 亿美元，占 16.49%；1602（肉类制品及罐头）进口额为78.64 亿美元，占 11.25%；0202（冷、冻牛肉）进口额为72.43 亿美元，占 10.36%。所占比重最小的三类产品是：0208（其他肉类及其食用杂碎）进口额为7.06 亿美元，占 1.01%；0209（未炼制的猪脂肪及家禽脂肪）进口额为4.87 亿美元，占0.70%；0205（鲜、冷、冻马肉、驴肉、骡肉）进口额为4.54 亿美元，占0.65%。而中国出口的肉类产品主要是1602（肉类制品及罐头）。中国0207（家禽肉及可食用杂碎）的出口额在下降，0203（鲜、冷、冻猪肉）的出口额占世界市场份额较小，仅为2.22%。这样的出口贸易商品分布结构并不能适应世界肉类产品进口消费的要求。

7.3.3.3 肉类制品及罐头（1602）已取代鲜、冷、冻家禽肉及可食用杂碎（0207）成为最主要的出口商品

从出口额来看，按从大到小的顺序排列，0207（家禽肉及可食用杂碎）已经从1996年的第1位下降至2005年的第3位，而1602（肉类制品及罐头）则从1996年的第2位上升至2005年的第1位，成为最主要的出口商品。2002年以前，0207（家禽肉及可食用杂碎）的出口额在中国出口的肉类产品中居首位；2002年，1602（肉类制品及罐头）出口额为6.66亿美元，开始超过0207（家禽肉及可食用杂碎）。2005年，1602（肉类制品及罐头）的出口额为11.09亿美元，而0207（家禽肉及可食用杂碎）的出口额仅为1.94亿美元（图7-6）。

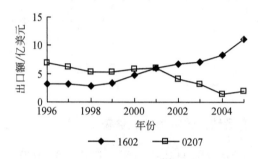

图 7-6　1996～2005 年中国 1602、0207 出口额

从所占比重来看，2002年以前，0207（家禽肉及可食用杂碎）在中国肉类出口总额中所占的比重一直维持在40%以上，是最主要的出口商品；同一时期，1602（肉类制品及罐头）在中国肉类出口总额中所占的比重则从22.35%快速上升至40.70%。自2002年开始，1602（肉类制品及罐头）在中国肉类出口总额中所占的比重已超过0207（家禽肉及可食用杂碎）。2005年，0207（家禽肉及可食用杂碎）在中国肉类出口总额中的比重仅为10.11%，而1602（肉、杂碎和血的其他制品）在中国肉类出口总额中所占的比重已达到57.71%（图7-7）。

从增长速度来看，1602（肉类制品及罐头）的出口额年均增长14.89%，高于中国肉类产品出口额的增长速度；而0207（家禽肉及可食用杂碎）的出口额则在大幅下降，年均减少13.16%（图7-8）。

从所占的世界市场份额来看，1602（肉类制品及罐头）所占有的世界市场份额从8.85%提高到14.10%，而0207（鲜、冷、冻家禽肉及其食用杂碎）所占有的世界市场份额却从10.75%下降至1.68%（图7-8）。

从各方面来看，1602（肉类制品及罐头）已经取代0207（家禽肉及可食用杂碎）的地位，成为最主要的出口商品。出现这种现象的原因主要是中国1602

（肉类制品及罐头）的出口竞争力在增强，而0207（家禽肉及可食用杂碎）的出口竞争力则在减弱。

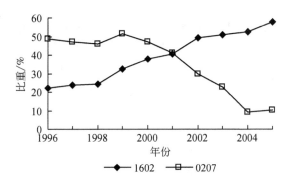

图7-7　1996~2005年1602、0207在中国肉类出口总额中的比重

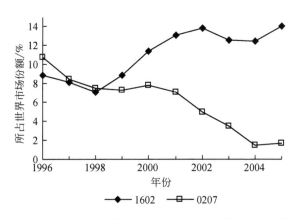

图7-8　1996~2005年中国1602、0207占有的世界市场份额

7.3.3.4　深度加工品已成为主要的出口商品

在全部的12种肉类商品中，按照加工程度可以重新划分为两大类商品：深度加工品，包括1601（香肠类产品）和1602（肉类制品及罐头）；除此之外的都是初级加工品。深度加工品的比重在逐渐上升，突出表现在1602的比重从第2位上升到第1位，并且1601的比重也从第6位上升到第4位。2002年1602（肉类制品及罐头）取代0207（家禽肉及可食用杂碎）成为出口额最多的肉类商品。按出口额从大到小的顺序排列，0207（家禽肉及可食用杂碎）已经从1996年的第1位下降至2005年的第3位，而1602（肉类制品及罐头）则从1996年的第2位上升至2005年的第1位，这一转变发生在2002年。

7.3.4 出口贸易商品结构分析小结

中国肉类产品出口表现非常糟糕，与最大生产国的身份极不相称。中国肉类产品出口增长缓慢，所占世界市场份额非常小。1996～2005年，中国肉类产品出口经历了持续衰退、恢复、快速增长3个变化时期。以入世为转折点，中国肉类产品出口发生了明显的变化。其变化特征可以概括为：入世之前，中国肉类产品出口额减少，所占世界市场份额也在下降；入世之后，中国肉类产品出口额增加，所占世界市场份额仍在下降。

对中国肉类出口贸易商品结构的指标分析表明，1996～2005年，中国肉类出口贸易商品结构的分散程度、多样化程度以及均匀程度都在减弱。入世后，中国肉类出口贸易商品结构的多样化程度和均匀程度在提高，但分散程度在减弱。这体现在中国出口的肉类产品高度集中于1602（肉类制品及罐头）、0207（家禽肉及可食用杂碎）以及0203（鲜、冷、冻猪肉）3种商品上。加入WTO以后，1602（肉制品及罐头）已经取代0207（家禽肉及可食用杂碎），成为最主要的出口商品，并且以1602（肉类制品及罐头）为主的深度加工品的比重也在不断上升。与世界肉类产品进口消费需求的要求相比，中国肉类出口贸易商品结构的需求适应性较差。

7.4 中国肉类产品出口目标市场空间结构分析

7.4.1 中国内地肉类产品出口的目标市场构成

7.4.1.1 中国内地肉类产品出口的主要目标市场

中国内地肉类产品出口到世界上130多个国家（地区），但主要集中在周边的日本、中国香港、新加坡以及俄罗斯等国家（地区）。

2005年，中国内地肉类对各目标市场的出口额按照从大到小的顺序排列，排在前十位的依次是：日本，9.34亿美元，比重为48.58%；中国香港，4.24亿美元，比重为22.06%；朝鲜，1.05亿美元，比重为5.47%；俄罗斯，0.73亿美元，比重为3.78%；韩国，0.56亿美元，比重为2.89%；新加坡，0.39亿美元，比重为2.05%；美国，0.34亿美元，比重为1.78%；摩尔多瓦，0.32亿美元，比重为1.68%；约旦，0.30亿美元，比重为1.57%；马来西亚，0.20亿美元，比重为1.02%。中国内地肉类对这10个国家（地区）出口额合计为17.47亿美元，比重为90.89%。

将 1996～2005 年 10 年间平均出口额按照从大到小的顺序排列，排在前十位的出口目标市场依次是：日本、中国香港、俄罗斯、新加坡、荷兰、马来西亚、沙特阿拉伯、韩国、瑞士、德国。中国内地向此 10 国（地区）市场出口的肉类产品金额占肉类产品出口总额的比重达到了 88.88%。其中，出口到日本的肉类产品占据全部肉类产品出口的半壁江山，其比重高达 51.13%。排在前三位的目标市场还有中国香港和俄罗斯，其所占比重依次为 18.91% 和 8.09%（表 7-5）。

表 7-5　中国内地肉类产品对主要目标市场的 10 年平均出口额

出口目标市场	10 年平均出口额/美元	比重/%
世　界	1 389 394 254	100.00
日　本	710 384 057	51.13
中国香港	262 740 741	18.91
俄罗斯	112 412 563	8.09
新加坡	37 817 203	2.72
荷　兰	27 339 014	1.97
马来西亚	23 213 273	1.67
沙特阿拉伯	20 365 477	1.47
韩　国	17 694 912	1.27
瑞　士	12 235 810	0.88
德　国	10 746 799	0.77
其　他	154 444 407	11.12

7.4.1.2　1996～2005 年，中国内地肉类产品出口的前十大目标市场有所调整

日本一直是最大的目标市场，对日本的出口额占中国内地肉类产品出口总额的比重一直维持在 40% 以上。另外，中国香港也一直占有第二大目标市场的位次；与此同时，欧洲国家（荷兰、德国、法国）的位次却一直在下降，2005 年已不在前十大目标市场之列；除此之外，朝鲜的位次一直在提高，从 2002 年的第 8 位上升到了 2005 年的第 3 位。俄罗斯、新加坡、马来西亚、韩国的位次每年都在变化，但基本上都在前十位之列。值得注意的是，中东和非洲市场的位次在减弱，1999 年南部非洲关税同盟排在第 9 位，比重仅为 1.29%，其他年份里，非洲市场并不在前十位之列。中东市场变化较大，1999 年沙特阿拉伯排在第 8 位，2005 年不在前十位之列，约旦市场也仅排在第 9 位（表 7-6）。

表7-6　1996～2005年中国内地肉类产品出口的前十大目标市场

排　序	1996 年		1999 年		2002 年		2005 年	
	目标市场	比重/%	目标市场	比重/%	目标市场	比重/%	目标市场	比重/%
1	日本	43.32	日本	61.10	日本	54.52	日本	48.58
2	俄罗斯	18.16	中国香港	18.08	中国香港	17.60	中国香港	22.06
3	中国香港	14.93	新加坡	3.21	俄罗斯	9.54	朝鲜	5.47
4	荷兰	5.19	荷兰	2.47	新加坡	3.31	俄罗斯	3.78
5	德国	4.60	俄罗斯	2.22	马来西亚	2.80	韩国	2.89
6	新加坡	2.12	马来西亚	1.87	沙特阿拉伯	2.75	新加坡	2.05
7	韩国	1.74	瑞士	1.64	菲律宾	1.13	美国	1.78
8	法国	1.56	沙特阿拉伯	1.54	朝鲜	0.77	摩尔多瓦	1.68
9	马来西亚	1.13	南部非洲	1.29	荷兰	0.65	约旦	1.57
10	捷克	1.07	菲律宾	1.07	韩国	0.60	马来西亚	1.02
	合　计	93.83	合　计	94.48	合　计	93.68	合　计	90.89

7.4.2　中国肉类产品出口目标市场空间结构的指标分析

1996～2005 年，中国肉类产品出口市场结构的分散度指数、多样性指数以及均匀度指数分别由 4.010、1.906 和 0.447 减为 3.416、1.881 和 0.428，表明中国肉类产品出口市场结构的分散程度、多样化程度以及均匀程度都有所减弱。各个时期的详细变化如表7-7 和图7-9～图7-12 所示。

表7-7　中国肉类产品出口市场空间结构的指标分析

年　份	分散度指数（EN_m）	多样性指数（H_m）	均匀度指数（E_m）	结构变化指数（L_m）
1996	4.010	1.906	0.447	
1997	3.876	1.905	0.441	0.101
1998	3.205	1.697	0.392	0.098
1999	2.442	1.542	0.355	0.160
2000	2.361	1.536	0.339	0.060
2001	2.858	1.799	0.402	0.092
2002	2.937	1.702	0.386	0.103
2003	3.264	1.783	0.397	0.098
2004	3.689	1.875	0.423	0.113
2005	3.416	1.881	0.428	0.099

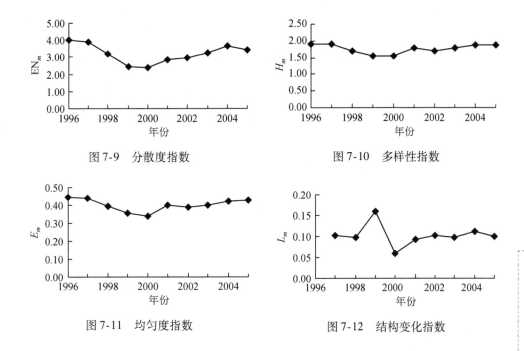

图 7-9　分散度指数

图 7-10　多样性指数

图 7-11　均匀度指数

图 7-12　结构变化指数

7.4.2.1　1996～1999 年，中国肉类产品出口市场结构变化幅度大

1996～1999 年，中国肉类产品出口市场结构变化较剧烈，体现在结构变化指数先由 0.101 略降至 0.098，然后又大幅爬升至 0.160。同时，中国肉类产品出口市场结构的分散程度、多样化程度和均匀程度均在减弱。这体现在，分散度指数、多样性指数以及均匀度指数分别从 4.010、1.906、0.447 减少至 2.442、1.542、0.355。

7.4.2.2　2000～2001 年，中国肉类产品出口市场结构变化幅度小

2001 年，中国肉类产品出口市场结构变化指数为 0.092，表明出口市场结构变动幅度与 2000 年相比略大。出口市场结构的分散度指数从 2.361 上升至 2.858，表明该时期出口市场结构的分散程度有所提高；而出口市场结构的多样性指数和均匀度指数则分别从 1.536、0.339 上升至 1.799、0.402，表明出口市场结构的多样化程度和均匀程度也在提高。

7.4.2.3　2002～2005 年，中国肉类产品出口市场结构稳定

2002～2005 年，中国肉类产品出口市场结构变化指数与入世前相比要稳定些。这表明入世后，中国肉类产品出口市场结构变化较小。同时，分散度指数、多样性指数以及均匀度指数分别从 2.937、1.702、0.386 上升至 3.416、1.881、0.428，表明中国肉类产品出口市场结构的分散程度、多样化程度和均匀程度有

所提高。

7.4.3 中国肉类产品出口市场空间结构的主要特点

上述出口贸易市场结构的指标分析表明，中国肉类产品出口市场结构呈现出高度集中的特点。此外，中国肉类出口贸易市场结构还呈现出需求适应性差等弱点。

7.4.3.1 中国肉类产品出口的目标市场高度集中

1996～2005 年，中国肉类产品出口市场结构的分散度指数大约为 3，意味着中国肉类出口的 130 多个目标市场可以大致折算成 3 个等值的市场，可见集中程度之高。从中国内地肉类对各目标市场的出口额在中国肉类出口总额中的比重来看，日本、中国香港以及俄罗斯等目标市场所占的比重最大。1996 年，中国内地肉类对这三个目标市场的出口额为 10.87 亿美元，在肉类出口总额中所占的比重为 76.41%。2002 年，中国刚加入 WTO，对这三个目标市场的肉类出口额为 11.11 亿美元，所占的比重为 81.66%。此后，对这三个目标市场的肉类出口额在增加，所占的比重反而在下降。至 2005 年，中国内地肉类对这三个目标市场的出口额已增长至 14.31 亿美元，而所占的比重已降为 74.43%，为历史最低水平。中国内地出口的肉类产品高度集中于日本、中国香港以及俄罗斯等周边的目标市场。

7.4.3.2 出口市场结构的需求适应性较差

中国内地肉类产品出口目标市场主要是日本、中国香港、俄罗斯、朝鲜、韩国、新加坡等周边国家（地区），而全球肉类产品主要进口市场是日本、欧盟和美国。因而，中国肉类产品出口目标市场结构与全球肉类产品进口需求的市场结构相差甚远。以 1996～2005 年 10 年间的平均值来计算，中国内地肉类产品出口最多的 5 个目标市场依次是日本、中国香港、俄罗斯、新加坡以及荷兰；所占的比重依次为：51.13%、18.91%、8.09%、2.72% 以及 1.97%。同时，世界肉类产品进口最多的 5 个市场依次是日本、德国、英国、美国以及意大利等发达国家；所占的比重依次为 17.62%、9.46%、9.21%、8.35% 以及 7.33%。可见，中国肉类产品出口市场结构极不适应世界进口的要求。

7.4.3.3 中国肉类产品出口过于依赖日本市场

中国出口的肉类产品中 40% 以上被输出到日本，并且日本一直都是中国肉类产品出口额最大的目标市场。1996 年，中国出口到日本的肉类产品达到 6.16

亿美元，占肉类产品出口总额的比重为 43.32%。此后，尽管日本肉类产品进口在下降，但是这一比重仍在持续增加，直至 2000 年，创历史最高值，为62.65%，年均增长 9.66%（表 7-8）。

表 7-8　中国肉类产品对日本出口额及所占比重

年　份	出口额/亿美元	比重/%
1996	6.16	43.32
1997	5.71	43.83
1998	5.70	50.01
1999	6.43	61.10
2000	7.79	62.65
2001	8.23	56.49
2002	7.41	54.52
2003	7.03	50.33
2004	7.23	45.29
2005	9.34	48.58

同时，中国肉类产品对日本的出口额也增长至 7.79 亿美元，年均增长6.04%。2002 年，中国刚刚加入 WTO，对日本市场的依赖程度开始逐步下降，这一比重从 2002 年的 54.52% 下降到 2005 年的 48.58%，但仍维持在 40% 以上的水平。受日本市场需求增长的拉动影响，中国肉类产品对日本的出口额也在增长。2005 年，中国肉类产品对日本的出口额达到 9.34 亿美元，为历史最高纪录。日本是中国肉类产品最重要的出口市场，中国肉类产品出口过于依赖日本市场。

7.4.3.4　小结

中国内地肉类产品出口到世界上 130 多个国家（地区），但主要集中在周边的日本、中国香港以及俄罗斯等目标市场。对中国肉类产品出口市场空间结构的指标分析表明：1996～2005 年，中国肉类产品出口市场空间结构的分散程度、多样化程度以及均匀程度都在减弱。而加入 WTO 以后，中国肉类产品出口市场结构变化略小，市场结构的分散程度、多样化程度以及均匀程度都有所提高。分析结果还表明，中国肉类出口的目标市场空间结构存在高度集中以及需求适应性差等问题，尤为突出的是，中国肉类产品出口过于依赖日本市场。

7.5　中国肉类对主要目标市场出口的商品结构分析

1996～2005 年，中国内地肉类产品出口的前十大目标市场是：日本、中国香港、俄罗斯、新加坡、荷兰、马来西亚、沙特阿拉伯、韩国、瑞士、德国。中国肉类对不同目标市场出口的商品结构不尽相同，有必要深入地研究不同主要目标市场的肉类产品结构。本节仅分析中国肉类出口对日本、俄罗斯以及韩国三个主要目标市场出口的商品结构，对三国市场的出口在中国肉类产品出口总额中所占的比重达 60.49%。之所以研究这 3 个目标市场，是基于以下考虑：①中国香港和新加坡转口贸易占据非常大的比重；②荷兰、瑞士以及德国等欧洲市场在中国肉类产品出口中的地位严重下降；③韩国市场的地位在上升，而沙特阿拉伯与马来西亚市场的地位则在下降。

7.5.1 中国肉类对日本出口的商品结构

1996 年，中国肉类产品对日本的出口额为 6.16 亿美元，在中国肉类产品总出口中所占的比重为 43.32%。2001 年，中国出口到日本的肉类产品已突破 8 亿美元，在中国肉类产品总出口中所占的比重为 56.49%，是 10 年间最高水平。此后，中国肉类产品对日本的出口额在下降，但一直维持在 7 亿美元的水平之上，占中国肉类产品出口总额的比重也维持在 40% 以上。2005 年，中国肉类产品对日本的出口首次突破 9 亿美元大关，增幅高达 29.13%，在中国肉类产品出口总额中所占的比重也达到了 48.58%。中国肉类对日本的出口额年均增长 4.2%，高于中国肉类产品出口额年均增长率，并且远大于日本肉类产品进口额 0.46% 的年均增长率。中国在日本肉类产品进口市场上占有的份额也从 1996 年的 6.57% 提高到 9.56%，年均增长 4.25%。可见，中国肉类产品最主要的出口市场是日本，日本市场在中国肉类产品出口中的地位非常重要（图 7-13）。

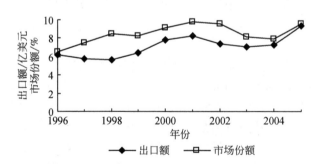

图 7-13　1996~2005 年中国肉类对日本出口额及所占市场份额

7.5.1.1　中国肉类对日本出口的商品构成

2005 年，中国出口到日本的肉类商品有：0203（鲜、冷、冻猪肉）、0205（鲜、冷、冻马肉、驴肉、骡肉）、0206（家畜的食用杂碎）、0207（家禽肉及可食用杂碎)、0208(其他肉类及其食用杂碎)、0210(腌、干、熏肉及可食用杂碎、肉粉)、1601(香肠类产品)、1602(肉类制品及罐头)8 种商品。而 0201（鲜、冷牛肉）、0202（冷、冻牛肉）、0204（鲜、冷、冻绵羊肉或山羊肉）、0209（未炼制的猪脂肪及家禽脂肪）4 种商品则没有被出口到日本（表7-9）。

表 7-9 2005 年中国各种肉类商品在日本的出口表现

品　　目	中国肉类产品对日本的 出口额/美元	各种商品在肉类 出口中的比重/%	中国占有日本 市场份额/%
0201	0	0.00	0.00
0202	0	0.00	0.00
0203	2 449	0.00	0.00
0204	0	0.00	0.00
0205	3 000 533	0.32	10.16
0206	45 880	0.00	0.01
0207	69 561	0.01	0.01
0208	932 109	0.10	17.45
0209	0	0.00	0.00
0210	462 260	0.05	1.50
1601	51 238 313	5.49	38.46
1602	878 219 271	94.03	53.02
肉类总体	933 970 377	100.00	9.56

从出口额来看，1602（肉类制品及罐头）的出口额最大，达到了 8.78 亿美元；其次是 1601（香肠类产品），出口额为 0.51 亿美元；其他品种的出口额极其微小。从各种商品在肉类出口中的比重来看，1602（肉、杂碎和血的其他制品）所占比重最大，达到了 94.03%；其次是 1601（香肠类产品），比重为5.49%。二者的比重共达到 99.52%，意味着中国出口到日本的肉类几乎全部是深度加工品。从各种商品在日本市场上占有的份额来看，1602（肉类制品及罐头）所占份额最大，为 53.02%；其次是 1601（香肠类产品），市场份额为38.46%。在中国出口的肉类中，深度加工品在日本市场上有较强的竞争力。

7.5.1.2　中国肉类对日本出口的商品结构的指标分析

1996~2005 年，中国肉类对日本出口的商品结构发生了如下变化：分散度指数、多样性指数以及均匀度指数分别从 1.498、0.664、0.289 减少至 1.127、0.247、0.113。这表明中国肉类对日本出口的商品结构的分散程度、多样化程度以及均匀程度都有所减弱。各个时期的详细变化如表 7-10 和图 7-14~图 7-17 所示。

表 7-10　中国肉类出口到日本的商品结构的指标

年　份	分散度指数（EN_p）	多样性指数（H_p）	均匀度指数（E_p）	结构变化指数（L_p）
1996	1.498	0.664	0.289	
1997	1.583	0.699	0.318	0.036
1998	1.707	0.708	0.341	0.072
1999	1.904	0.762	0.347	0.087
2000	2.057	0.798	0.346	0.103
2001	2.058	0.798	0.346	0.115
2002	1.746	0.709	0.323	0.169
2003	1.475	0.604	0.291	0.113
2004	1.146	0.301	0.137	0.141
2005	1.127	0.247	0.113	0.017

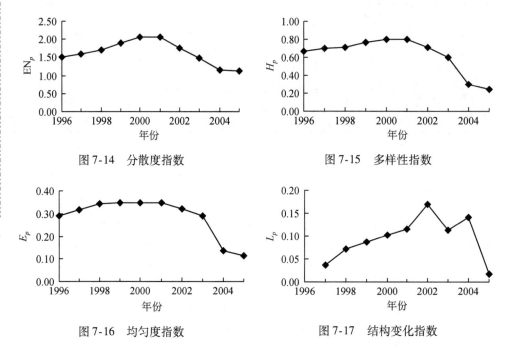

图 7-14　分散度指数　　　　　　　　图 7-15　多样性指数

图 7-16　均匀度指数　　　　　　　　图 7-17　结构变化指数

1）1996～1999 年，中国肉类产品对日本出口的商品结构变化幅度增加。体现在结构变化指数从 0.036 逐步上升至 0.087。同时，分散度指数、多样性指数以及均匀度指数分别从 1.498、0.664、0.289 逐步上升至 1.904、0.762、0.347，表明该时期中国肉类对日本出口的商品结构的分散程度、多样化程度以及均匀程度都有所提高。

2）2000～2001 年，中国肉类产品对日本出口的商品结构变化不大。2001

年，结构变化指数为 0.115，变动幅度大于上一个时期。同时，分散度指数从 2.057 略增至 2.058，表明该时期出口贸易商品结构的分散程度略有提高；多样性指数维持在 0.798 的水平之上，而均匀度指数则维持在 0.346 的水平之上，表明该时期出口贸易商品结构的多样化程度和均匀程度都没发生变化。

3）2002～2005 年，中国肉类产品对日本出口的商品结构调整幅度趋于减小。中国加入 WTO 之初，对日本肉类出口贸易商品结构调整步伐有所加快，体现在 2002 年结构变化指数高达 0.169，为历史最高水平。随着出口贸易商品结构调整的进行，商品结构变化指数也在减小，2005 年已减少至 0.017。该时期，分散度指数、多样性指数以及均匀度指数分别从 1.746、0.709、0.323 减少至 1.127、0.247、0.113。这表明中国肉类对日本出口的商品结构的分散程度、多样化程度以及均匀程度都有所减弱。

总的来说，入世前中国肉类对日本出口的商品结构的分散程度、多样化程度以及均匀程度都在提高。而入世后，中国肉类对日本出口的商品结构的分散程度、多样化程度以及均匀程度都在减弱。

7.5.1.3 中国肉类对日本出口的商品结构的主要特点

（1）中国出口到日本的肉类商品高度集中

从上文的出口商品结构指标计算结果来看，中国肉类对日本出口的商品结构分散度指数大约为 2，意味着中国出口到日本的肉类可以大致折算成 2 种等值的商品。将各种商品的出口额按照从大到小的顺序排列，1602（肉、杂碎和血的其他制品）以及 0207（家禽肉及可食用杂碎）的出口额位次一直都是前两位。从各种商品所占的比重也可以看出，中国出口到日本的肉类高度集中于 1602（肉类制品及罐头）以及 0207（家禽肉及可食用杂碎）2 种商品。这 2 种商品在中国出口到日本的肉类中所占的比重一直维持在 94% 以上，最高的时候达到 98.01%，最低的时候也有 94.04%。

（2）出口商品结构适应性差

对比中国肉类出口到日本的商品结构和日本肉类进口需求的商品结构，可以发现中国肉类出口到日本的商品结构适应性较差。从各种商品所占比重来看，2005 年中国肉类出口到日本的主要是 1601（香肠类产品），1602（肉类制品及罐头）。同一时期，日本进口需求最多的商品是 0203（鲜、冷、冻猪肉），在日本肉类进口中所占的比重为 44.73%。其次是 1602（肉类制品及罐头）和 0201（鲜、冷牛肉），它们所占的比重分别为 16.96% 和 13.53%。在中国出口到日本的肉类中，0203（鲜、冷、冻猪肉）和 0201（鲜、冷牛肉）的出口额与所占比重均接近 0（表 7-11）。

表 7-11   2005 年中国肉类出口与日本肉类进口的商品结构

品　目	中国出口额/美元	比重/%	日本进口额/美元	比重/%
0201	0	0.00	1 322 016 160	13.53
0202	0	0.00	683 499 886	7.00
0203	2 449	0.00	4 368 912 671	44.73
0204	0	0.00	156 352 528	1.60
0205	3 000 533	0.32	29 531 741	0.30
0206	45 880	0.00	417 008 401	4.27
0207	69 561	0.01	924 496 765	9.46
0208	932 109	0.10	5 340 094	0.05
0209	0	0.00	40 312 005	0.41
0210	462 260	0.05	30 819 265	0.32
1601	51 238 313	5.49	133 229 428	1.36
1602	878 219 271	94.03	1 656 399 684	16.96
肉类总体	933 970 377	100.00	9 767 918 628	100.00

（3）1602 已取代 0207 成为最主要的出口商品

2001 年之前，在中国对日本出口的所有肉类产品中，1602 是仅次于 0207 的出口额最多的商品。自 2001 年起，1602 就取代了 0207 的地位，成为中国对日本出口额最多的商品。从出口额来看，2001 年之前，0207 的出口额是最大的。2001～2003 年，0207 的出口额仅次于 1602。2004 年，0207 的地位下降至第 3 位。2005 年，0207 的地位进一步下降至第 6 位。0207 的出口额从 4.94 亿美元大幅下降至 0.0007 亿美元，年均减少 62.67%。而 1602 的出口额则从 0.95 亿美元高速增长至 8.78 亿美元，年均增长 28.00%（图 7-18）。

从所占的比重来看，1602 在中国肉类产品对日本市场出口中所占的比重由 1996 年的 15.45% 逐年增加至 2005 年的 94.03%。2002 年，1602 所占的比重已达到 70.78%。自 2002 年起，中国出口到日本的商品主要是 1602。0207 在中国出口到日本市场的肉类产品中所占的比重与 1602 形成了鲜明的对比，其所占的比重逐年减少，1996 年高达 80.18%，1999 年下降为 64.21%，2002 年下降为 26.72%，2005 年仅为 0.01%（图 7-19）。

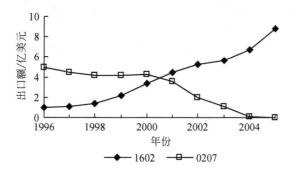

图 7-18　1996~2005 年中国 1602、0207 对日本的出口额

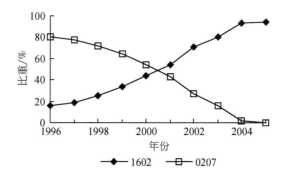

图 7-19　1996~2005 年 1602、0207 占中国肉类对日本出口额的比重

　　从所占有的日本市场份额来看，中国 1602 在日本市场上所占有的份额从 16.01% 提高到 53.02%，年均增加 14.23%。而 0207 在日本市场上所占有的份额 从 37.96% 下降至 0.01%，年均减少 61.22%。自 2001 年起，1602 的市场份额开 始超过 0207，而 0207 的市场份额却在急剧下降（图 7-20）。

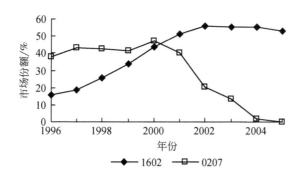

图 7-20　1996~2005 年中国 1602、0207 占日本市场的份额

　　从各方面来看，自中国加入 WTO 以来，1602（肉、杂碎和血的其他制品）

已经取代0207（家禽肉及可食用杂碎），成为中国出口到日本的最主要的肉类商品。出现这种现象的原因主要是：日本市场对1602（肉类制品及罐头）的进口需求大幅增加，而对0207（家禽肉及可食用杂碎）的进口需求则在减少；中国1602（肉类制品及罐头）在日本市场上的竞争力在增强，而0207（家禽肉及可食用杂碎）在日本市场上的竞争力则在减弱。

7.5.2 中国肉类对俄罗斯出口的商品结构

2005年，中国出口到俄罗斯的肉类产品总额达到0.73亿美元。与1996年相比，出口额减少了71.84%，年均减少13.13%。中国在俄罗斯肉类产品进口市场上所占的份额也从8.82%下降到2.36%，年均减少13.64%。中国对俄罗斯肉类产品的出口在各个时期的变化如下（表7-12）。

表7-12　1996~2005年中国肉类产品在俄罗斯市场的表现

年 份	中国肉类产品对俄罗斯的 出口额/亿美元	俄罗斯从世界进口肉类 产品的金额/亿美元	中国占有俄罗斯 市场份额/%
1996	2.58	29.30	8.82
1997	1.88	27.97	6.71
1998	1.73	21.07	8.22
1999	0.23	12.63	1.85
2000	0.06	10.75	0.52
2001	0.45	18.06	2.49
2002	1.30	23.71	5.47
2003	1.13	22.65	5.00
2004	1.15	23.15	4.96
2005	0.73	30.87	2.36

1996~1999年，俄罗斯肉类产品进口需求持续减少。1996年肉类产品进口额为29.30亿美元，至1999年已减少至12.63亿美元，年均减少24.45%。同一时期，中国肉类产品出口也处于持续衰退时期，对俄罗斯的出口也从2.58亿美元下降至0.23亿美元，年均减少55.10%。因而，中国在俄罗斯肉类产品进口市场上所占有的份额也从8.82%迅速下降至1.85%，年均下降40.57%。

2000~2001年，俄罗斯肉类产品进口需求从10.75亿美元大幅回升至18.06亿美元，增幅为68.04%。在进口需求的拉动作用下，中国对俄罗斯出口的肉类产品金额也从0.06亿美元大幅增加至0.45亿美元。市场份额也随之从0.52%提高到2.49%。

2002 年以后，中国已加入 WTO，然而肉类产品对俄罗斯的出口一直在下滑。该时期，中国对俄罗斯的肉类产品出口从 1.30 亿美元下降至 0.73 亿美元，年均减少 17.55%。同一时期，俄罗斯对肉类产品的进口需求却从 23.71 亿美元增加至 30.87 亿美元，年均增长 9.19%。因而中国在俄罗斯肉类产品进口市场上所占的份额也从 5.47% 下降为 2.36%，年均减少 24.48%。

7.5.2.1 中国肉类对俄罗斯出口的商品构成

2005 年，中国出口到俄罗斯的肉类产品有：0203（鲜、冷、冻猪肉）、0207（家禽肉及可食用杂碎）、0208（其他肉类及其食用杂碎）、1602（肉类制品及罐头）4 种商品。而 0201（鲜、冷牛肉）、0202（冷、冻牛肉）、0204（鲜、冷、冻绵羊肉或山羊肉）、0205（鲜、冷、冻马肉、驴肉、骡肉）、0206（家畜的可食用杂碎）、0209（未炼制的猪脂肪及家禽脂肪）、0210（腌、干、熏肉及可食用杂碎、肉粉）、1601（香肠类产品）8 种商品则没有被出口到俄罗斯（表 7-13）。

表 7-13　2005 年中国各种肉类商品在俄罗斯的出口表现

品　目	中国肉类产品对俄罗斯的出口额/美元	各种商品在肉类出口中的比重/%	中国肉类产品占俄罗斯市场的份额/%
0201	0	0.00	0.00
0202	0	0.00	0.00
0203	64 941 222	89.25	7.93
0204	0	0.00	0.00
0205	0	0.00	0.00
0206	0	0.00	0.00
0207	469 297	0.64	0.06
0208	6 451 396	8.87	52.00
0209	0	0.00	0.00
0210	0	0.00	0.00
1601	0	0.00	0.00
1602	898 324	1.23	1.82
肉类总体	72 760 239	100.00	2.36

从出口额来看，0203（鲜、冷、冻猪肉）的出口额最大，达到了 0.65 亿美元；其次是 0208（其他肉类及其食用杂碎），出口额为 0.06 亿美元；其他品种的出口额极其微小。从各种商品在肉类出口中的比重来看，0203（鲜、冷、冻猪肉）所占比重最大，达到了 89.25%；其次是 0208（其他肉类及其食用杂碎），

比重为 8.87%。从各种商品在俄罗斯市场上占有的份额来看，0208（其他肉类及其食用杂碎）所占份额最大，为 52.00%；其次是 0203（鲜、冷、冻猪肉），市场份额为 7.93%。

7.5.2.2 中国肉类对俄罗斯出口的商品结构的指标分析

1996~2005 年，中国肉类对俄罗斯出口的商品结构变化频繁，体现在结构变化指数上下波动频繁。总的来看，中国肉类对俄罗斯出口的商品结构的分散度指数、多样性指数以及均匀度指数分别从 2.140、0.917、0.398 减少至 1.243、0.403、0.291，表明中国肉类对俄罗斯出口的商品结构的分散程度、多样化程度以及均匀程度都在减弱。各个时期的详细变化如表 7-14 和图 7-21 ~ 图 7-24 所示。

表 7-14   中国肉类出口到俄罗斯的商品结构的指标评价

年 份	分散度指数（EN_p）	多样性指数（H_p）	均匀度指数（E_p）	结构变化指数（L_p）
1996	2.140	0.917	0.398	
1997	2.273	0.984	0.448	0.064
1998	1.840	0.777	0.482	0.156
1999	2.269	0.986	0.613	0.108
2000	3.065	1.226	0.684	0.408
2001	1.914	0.818	0.393	0.335
2002	1.703	0.677	0.378	0.065
2003	1.663	0.690	0.332	0.025
2004	1.203	0.444	0.202	0.219
2005	1.243	0.403	0.291	0.076

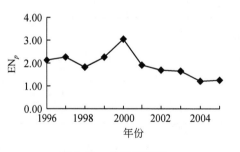

图 7-21 分散度指数

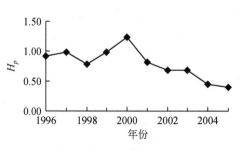

图 7-22 多样性指数

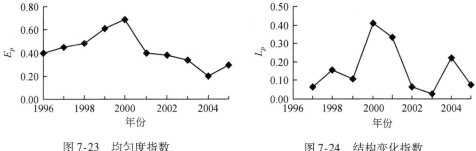

图 7-23　均匀度指数　　　　　　　图 7-24　结构变化指数

1）1996～1999 年，中国肉类产品对俄罗斯出口的变化。该时期中国肉类对俄罗斯出口的商品结构变化幅度较大，结构变化指数先从 0.064 增加至 0.156，然后又下降至 0.108，表明中国肉类对俄罗斯出口的商品结构在不断地调整中。同时，分散度指数先是从 2.140 增加至 2.273，接着减少至 1.840，最后又回升至 2.269，上下波动频繁；多样性指数也是上下波动频繁，先从 0.917 提高至 0.984，接着下降至 0.777，最后又回升至 0.986；均匀度指数则从 0.398 一直上升至 0.613。总的来说，分散度指数和多样性指数有所增加，而均匀度指数则是一直增加，这表明中国肉类对俄罗斯出口的商品结构的分散程度、多样化程度以及均匀程度都有所提高。

2）2000～2001 年，中国肉类产品对俄罗斯出口的变化。2001 年，结构变化指数为 0.335，变动幅度大于上一个时期。同时分散度指数、多样性指数以及均匀度指数分别从 3.065、1.226、0.684 减少至 1.914、0.818、0.393，表明该时期中国肉类对俄罗斯出口的商品结构的分散程度、多样化程度以及均匀程度都有所减弱。

3）2002～2005 年，中国肉类产品对俄罗斯出口的变化。该时期结构变化指数先从 0.065 下降至 0.025，接着又上升至 0.219，最后回落至 0.076，上下波动频繁，表明中国肉类对俄罗斯出口的商品结构在不断地调整中。该时期，分散度指数、多样性指数以及均匀度指数分别从 1.703、0.677、0.378 减少至 1.243、0.403、0.291，表明中国肉类对俄罗斯出口的商品结构的分散程度、多样化程度以及均匀程度都在减弱。

中国肉类对俄罗斯出口的商品结构变化相对较大。入世后，中国肉类对俄罗斯出口的商品结构的分散程度、多样化程度以及均匀程度都在减弱。

7.5.2.3　中国肉类对俄罗斯出口的商品结构的主要特点

（1）中国出口到俄罗斯的肉类商品过于集中

从上文的出口商品结构指标计算结果来看，中国肉类出口到俄罗斯的商品结构分散度指数大约为 3，意味着中国出口到俄罗斯的肉类可以大致折算成 3 种等值的商品。将各种商品的出口额按照从大到小的顺序排列，0203（鲜、冷、冻猪肉）的出口额一直排在第一位。0207（家禽肉及可食用杂碎）以及1602（肉类制品及罐头）的出口额也都在前四位之内。1996年，中国对俄罗斯出口的0203（鲜、冷、冻猪肉）、0207（家禽肉及可食用杂碎）以及1602（肉类制品及罐头）共计达到2.22亿美元，在中国出口到俄罗斯的肉类中所占的比重为86.02%；2005年，这3种商品对俄罗斯的出口额减少到0.66亿美元，但在中国出口到俄罗斯的肉类中的比重却上升至91.13%。可见，中国出口到俄罗斯的肉类集中于0203（鲜、冷、冻猪肉）、0207（家禽肉及可食用杂碎）以及1602（肉类制品及罐头）3种商品。

（2）出口商品结构适应性差

对比中国肉类出口到俄罗斯的商品结构和俄罗斯肉类进口需求的商品结构，可以发现中国肉类出口到俄罗斯的商品结构适应性较差。从各种商品所占比重来看，2005年中国肉类出口到俄罗斯的主要是0203（鲜、冷、冻猪肉）、0208（其他肉类及可食用杂碎）以及1602（肉类制品及罐头）。同一时期，俄罗斯进口需求最多的商品是0202（冷、冻牛肉），在俄罗斯肉类进口中所占的比重为29.57%。其次是0207（家禽肉及可食用杂碎）和0203（鲜、冷、冻猪肉），它们所占的比重分别为27.46%和26.53%。而在中国出口到俄罗斯的肉类中，0202（冷、冻牛肉）的出口额为0（表7-15）。

表7-15　2005年中国肉类出口与俄罗斯进口的商品结构

品　目	中国出口额/美元	比重/%	俄罗斯出口额/美元	比重/%
0201	0	0.00	40 233 253	1.30
0202	0	0.00	912 870 370	29.57
0203	64 941 222	89.25	819 064 923	26.53
0204	0	0.00	9 518 557	0.31
0205	0	0.00	35 640 293	1.15
0206	0	0.00	206 345 745	6.68
0207	469 297	0.64	847 775 964	27.46
0208	6 451 396	8.87	12 406 429	0.40
0209	0	0.00	132 296 771	4.29
0210	0	0.00	4 548 496	0.15
1601	0	0.00	16 792 912	0.54
1602	898 324	1.23	49 358 255	1.60
肉类总体	72 760 239	100.00	3 086 851 968	100.00

（3）0203 是最主要的出口商品，但出口表现较差

1996～2005 年，中国出口到俄罗斯的肉类商品中，0203（鲜、冷、冻猪肉）的出口额一直处于首位。从所占有的比重来看，1996～2005 年 0203（鲜、冷、冻猪肉）在中国出口到俄罗斯的肉类产品中所占的比重平均为 69.91%。从市场份额来看，1996～2005 年中国 0203（鲜、冷、冻猪肉）在俄罗斯市场上占有的份额平均为 15.34%。可见，0203（鲜、冷、冻猪肉）是中国肉类出口到俄罗斯的最主要商品。受俄罗斯市场进口需求衰退的影响，中国 0203（鲜、冷、冻猪肉）对俄罗斯的出口额从 1.62 亿美元下降至 0.65 亿美元，减少了 59.96%，年均减少 9.67%。中国在俄罗斯 0203（鲜、冷、冻猪肉）进口市场上占有的份额也从 36.97% 大幅下降至 7.93%，年均减少 15.72%。中国 0203（鲜、冷、冻猪肉）在俄罗斯市场上的表现不尽如人意（图 7-25）。

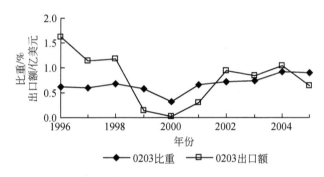

图 7-25　中国 0203 对俄罗斯的出口额及所占比重

7.5.3　中国肉类对韩国出口的商品结构

中国 2005 年出口到韩国市场的肉类产品价值 0.56 亿美元，是 1996 年的 2.24 倍，年均增长 9.38%，远高于中国肉类产品出口额 3.4% 的年平均增长率。同期，韩国肉类产品进口额也从 7.61 亿美元增加至 14.99 亿美元，增长了 96.98%，年均增长 7.82%。与韩国肉类产品进口需求的增长相比，中国对韩国出口肉类产品的增长速度要快些，因而中国在韩国肉类产品进口市场上占有的份额从 1996 年的 3.26% 提高到了 2005 年的 3.71%，年均提高 1.45%。中国对韩国肉类产品的出口在各个时期的变化如下。

1996～1999 年，韩国肉类产品进口波动剧烈，进口额先从 7.61 亿美元增长至 8.14 亿美元，接着大幅下降至 4.59 亿美元，最后又回升至 8.09 亿美元。受此影响，中国肉类产品对韩国的出口在减少，出口额从 0.25 亿美元减少到 0.01 亿美元，市场份额也从 3.26% 下降到 0.17%。1999 年是中国肉类产品对韩国的出口表现最差的一年，出口额以及占有的市场份额均为历史最低水平。

2000～2001 年，韩国肉类产品进口额从 11.51 亿美元下降至 8.66 亿美元，减少了 24.70%。中国肉类产品对韩国的出口额反而从 0.09 亿美元增加至 0.15 亿美元，增长了 70.52%；占有的市场份额也从 0.78% 上升至 1.76%，提高了 125.64%。

2002～2005 年，韩国肉类产品进口仍然波动剧烈，进口额先从 12.97 亿美元增加至 15.00 亿美元，然后大幅下降至 10.33 亿美元，最后回升至 14.99 亿美元。中国肉类产品对韩国的出口，克服了韩国肉类产品进口需求波动剧烈的影响，实现了持续、快速的增长。出口额从 0.08 亿美元持续增加至 0.56 亿美元，年均增长 89.15%。占有的市场份额也从 0.63% 持续提高到 3.71%，年均提高 80.21%。

加入 WTO 后，中国肉类产品对韩国出口的形势明显好转，正在快速增长（表 7-16）。

表 7-16　1996～2005 年中国肉类产品在韩国市场的出口表现

年　份	中国肉类产品对韩国的出口额/亿美元	韩国从世界进口肉类产品的金额/亿美元	中国占有的市场份额/%
1996	0.25	7.61	3.26
1997	0.32	8.14	3.96
1998	0.03	4.59	0.72
1999	0.01	8.09	0.17
2000	0.09	11.51	0.78
2001	0.15	8.66	1.76
2002	0.08	12.97	0.63
2003	0.11	15.00	0.75
2004	0.16	10.33	1.55
2005	0.56	14.99	3.71

7.5.3.1　中国肉类对韩国出口的商品构成

2005 年，中国出口到韩国的肉类商品有：0203（鲜、冷、冻猪肉）、0207（家禽肉及可食用杂碎）、0210（腌、干、熏肉及可食用杂碎、肉粉）、1601（香肠类产品）、1602（肉类制品及罐头）5 种商品。而 0201（鲜、冷牛肉）、0202（冷、冻牛肉）、0204（鲜、冷、冻绵羊肉或山羊肉）、0205（鲜、冷、冻马肉、驴肉、骡肉）、0206（家畜的可食用杂碎）、0208（其他肉类及可食用杂碎）、0209（未炼制的猪脂肪及家禽脂肪）7 种商品则没有被出口到韩国（表 7-17）。

从出口额来看，1602（肉类制品及罐头）的出口额最大，达到了 0.46 亿美元；其次是0203（鲜、冷、冻猪肉），出口额为0.10亿美元；其他品种的出口额极其微小。从各种商品在肉类出口中的比重来看，1602（肉类制品及罐头）所占比重最大，达到了82.32%；其次是0203（鲜、冷、冻猪肉），比重为17.23%。从各种商品在日本市场上占有的份额来看，1602（肉类制品及罐头）所占份额最大，为98.08%，几乎垄断了韩国的1602（肉类制品及罐头）进口市场；其次是1601（香肠类产品），市场份额为1.78%。在中国出口的肉类中，深度加工品在韩国市场上有较强的竞争力（表7-17）。

表 7-17　2005 年中国各种肉类商品在韩国市场的出口表现

品　目	中国肉类产品对韩国的 出口额/美元	各种商品在肉类 出口中的比重/%	中国占有的韩国 市场份额/%
0201	0	0.00	0.00
0202	0	0.00	0.00
0203	9 582 667	17.23	1.62
0204	0	0.00	0.00
0205	0	0.00	0.00
0206	0	0.00	0.00
0207	32 957	0.06	0.04
0208	0	0.00	0.00
0209	0	0.00	0.00
0210	21 056	0.04	0.79
1601	195 563	0.35	1.78
1602	45 779 944	82.32	98.08
肉类总体	55 612 187	100.00	3.71

7.5.3.2　中国肉类对韩国出口的商品结构的指标分析

1996～2005 年，中国肉类对韩国出口的商品结构变化较频繁，体现在结构变化指数上下波动频繁。总的来看，分散度指数从 1.362 增至 1.414，表明中国肉类对韩国出口的商品结构的分散程度略有提高；而多样性指数和均匀度指数则分别从 0.532、0.383 减少至 0.490、0.305，表明中国肉类对韩国出口的商品结构的多样化程度以及均匀程度都有所减弱。各个时期的详细变化如下（表7-18，图 7-26～图 7-29）。

表 7-18　中国肉类出口到韩国的商品结构的指标评价

年　份	分散度指数（EN_p）	多样性指数（H_p）	均匀度指数（E_p）	结构变化指数（L_p）
1996	1.362	0.532	0.383	—
1997	1.210	0.363	0.225	0.056
1998	1.663	0.661	0.477	0.169
1999	1.070	0.148	0.214	0.739
2000	1.661	0.630	0.455	0.733
2001	1.526	0.570	0.411	0.052
2002	2.092	0.826	0.461	0.343
2003	2.393	0.979	0.608	0.102
2004	1.466	0.628	0.350	0.335
2005	1.414	0.490	0.305	0.040

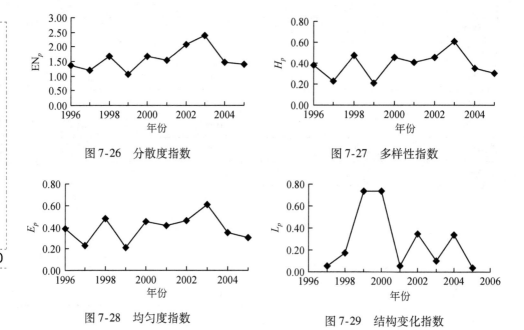

图 7-26　分散度指数

图 7-27　多样性指数

图 7-28　均匀度指数

图 7-29　结构变化指数

1）1996～1999 年，中国肉类产品对韩国出口的商品结构变化。该时期中国肉类对韩国出口的商品结构变化越来越大，结构变化指数从 0.056 增加到 0.739。分散度指数先是从 1.362 下降至 1.210，接着上升至 1.663，最后又回落至 1.070，上下波动频繁；多样性指数也是上下波动频繁，先从 0.532 下降至 0.363，接着上升至 0.661，最后又降至 0.148；均匀度指数则先从 0.383 下降至 0.225，然后回升至 0.477，最后又降至 0.214，上下波动频繁。总的来看，分散度指数、多样性指数以及均匀度指数都有所减少，表明中国肉类对韩国出口的商品结构的分散程度、多样化程度以及均匀程度都有所减弱。

2）2000～2001 年，中国肉类产品对韩国出口的商品结构变化。2001 年，结构变化指数为 0.052，变动幅度非常小。同时，分散度指数、多样性指数以及均匀度指数分别从 1.661、0.630、0.455 减少至 1.526、0.570、0.411，表明该时期中国肉类对韩国出口的商品结构的分散程度、多样化程度以及均匀程度都有所减弱。

3）2002～2005 年，中国肉类产品对韩国出口的商品结构变化。结构变化指数先从 0.343 下降至 0.102，接着又上升至 0.335，最后回落至 0.040，上下波动频繁，表明中国肉类对韩国出口的商品结构正在不断地调整中。同时，分散度指数先从 2.092 上升至 2.393，然后持续下降至 1.414；多样性指数也是先从 0.826上升至 0.979，然后持续下降至 0.490；均匀度指数的变化也是相同的，首先从 0.461 上升至 0.608，然后持续下降至 0.305。中国肉类对韩国出口的商品结构的分散程度、多样化程度以及均匀程度都是先提高然后持续减弱。

总的来看，中国肉类对韩国出口的商品结构的分散程度、多样化程度以及均匀程度还是在减弱。

7.5.3.3 中国肉类对韩国出口的商品结构的主要特点

1996～2005 年，中国肉类对韩国出口的商品结构变化较大。出口的商品品种很不齐全，在全部 12 种商品中，0201（鲜、冷牛肉）、0202（冷、冻牛肉）、0204（鲜、冷、冻绵羊肉或山羊肉）、0205（鲜、冷、冻马肉、驴肉、骡肉）、0206（家畜的可食用杂碎）以及 0209（未炼制的猪脂肪及家禽脂肪）6 种商品 10 年里从未被出口到韩国（表 7-19）。

表 7-19　2005 年中国肉类出口与韩国肉类进口的商品结构

品　目	中国出口额/美元	比重/%	韩国进口额/美元	比重/%
0201	0	0.00	136 299 016	9.09
0202	0	0.00	533 706 101	35.60
0203	9 582 667	17.23	591 057 529	39.42
0204	0	0.00	9 559 241	0.64
0205	0	0.00	0	0.00
0206	0	0.00	79 706 319	5.32
0207	32 957	0.06	86 653 736	5.78
0208	0	0.00	735 216	0.05
0209	0	0.00	1 168 256	0.08
0210	21 056	0.04	2 655 983	0.18
1601	195 563	0.35	11 003 604	0.73
1602	45 779 944	82.32	46 674 057	3.11
肉类	55 612 187	100.00	1 499 219 058	100.00

（1）中国出口到韩国的肉类高度集中

从上文的出口商品结构指标计算结果来看，中国肉类对韩国出口的商品结构分散度指数大约为 2，意味着中国出口到韩国的肉类可以大致折算成两种等值的商品。将各种商品的出口额按照从大到小的顺序排列，1996～2005 年，前 5 年的时间 1602（肉类制品及罐头）的出口额排在首位；余下的 5 年间，则是 0207（家禽肉及可食用杂碎）的出口额排在首位。从各种商品所占的比重也可以看出，中国出口到韩国的肉类高度集中于 1602（肉类制品及罐头）以及 0207（家禽肉及可食用杂碎）两种商品。这两种商品在中国出口到韩国的肉类中所占的比重一直维持在 80% 以上，最高的时候达到 99.00%，最低的时候也有 82.38%。

（2）出口商品结构适应性较差

对比中国肉类出口到韩国的商品结构和韩国肉类进口需求的商品结构，可以发现中国肉类出口到韩国的商品结构适应性较差。从各种商品所占比重来看，2005 年中国肉类出口到韩国的主要是 1602（肉类制品及罐头）。同一时期，韩国进口需求最多的商品是 0203（鲜、冷、冻猪肉），在韩国肉类进口中所占的比重为 39.42%。其次是 0202（冷、冻牛肉），在韩国肉类进口中所占的比重为 35.60%。而在中国出口到韩国的肉类中，0202（冷、冻牛肉）的出口额为 0。

（3）1602 已取代 0207 成为最主要的出口商品

从出口额来看，2002 年以来，1602（肉类制品及罐头）的出口额已经超过 0207（家禽肉及可食用杂碎）。1996 年，中国出口到韩国的 0207（家禽肉及可食用杂碎）为 0.21 亿美元，而出口到韩国的 1602（肉类制品及罐头）仅为 0.02 亿美元。到 2002 年时，中国出口到韩国的 0207（家禽肉及可食用杂碎）下降至 0.036 亿美元，而出口到韩国的 1602（肉类制品及罐头）则增至 0.043 亿美元。至 2005 年，中国出口到韩国的 0207（家禽肉及可食用杂碎）继续减至 32 957 美元，而出口到韩国的 1602（肉类制品及罐头）则大幅增至 0.46 亿美元（图 7-30）。

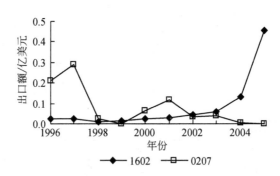

图 7-30　1996～2005 年中国 1602、0207 对韩国的出口额

从所占比重来看，2001年以后，1602（肉类制品及罐头）在中国出口到韩国的肉类中所占的比重开始超过0207（家禽肉及可食用杂碎）。至2005年，1602（肉类制品及罐头）在中国出口到韩国的肉类中所占的比重高达82.32%，而0207（家禽肉及可食用杂碎）在中国出口到韩国的肉类中所占的比重已减少为0.06%。

从所占韩国市场份额来看，自1999年开始，中国1602（肉类制品及罐头）在韩国市场上占有的份额已超过0207（家禽肉及可食用杂碎）。加入WTO后，中国1602（肉类制品及罐头）在韩国市场上占有的份额高速增长，而0207（家禽肉及可食用杂碎）的市场份额却在逐渐下滑。至2005年，中国1602（肉类制品及罐头）在韩国市场上占有的份额高达98.08%，而0207（家禽肉及可食用杂碎）在韩国市场上占有的份额仅有0.04%（图7-31，图7-32）。

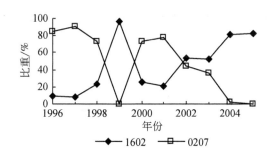

图7-31　1996～2005年1602、0207在中国出口到韩国的肉类中的比重

从各方面来看，自中国加入WTO以来，1602（肉类制品及罐头）已经取代0207（家禽肉及可食用杂碎），成为中国出口到韩国的最主要的肉类商品。

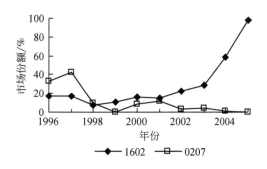

图7-32　1996～2005年中国1602、0207在韩国市场的份额

第8章
中国肉类产品国际竞争力与出口
结构的恒定市场份额模型评价

本章在前面章节对中国肉类产品国际竞争力的国际地位进行测评的基础上，采用恒定市场份额模型（CMS 模型）测算出口结构、竞争力因素对中国肉类出口增长的贡献，测算结果既可与前面几章的结论相映证，也将竞争力及出口结构的分析深入一步；而同时测算市场结构对出口增长的贡献，进而提出优化市场结构的思路，为提高国际市场占有率提供依据。

8.1　CMS 模型的基本假设及分析类型

8.1.1　基本假设

CMS 模型的基本假设是：

1）如果一国的国际竞争力保持不变，那么随着时间的变化，一国在世界市场中的份额应当保持不变。因而由该模型推导出来的出口增长与实际出口增长的差别可以归结为竞争力的变化。

2）一个国家贸易增长的因素分解为贸易结构（包括商品结构和市场结构）、竞争力以及贸易景气（世界贸易的一般增长）三个部分。

3）一个国家出口的增长高于世界贸易的平均增长是由于以下几个原因：①该国的出口主要集中在那些需求增长较快的产品上（商品结构因素）；②该国的出口去向主要是那些需求增长较快的国家或地区（市场结构因素）；③该国能够同其他出口国进行有效的竞争（竞争力）。

CMS 模型可用来测算各影响因素对一国出口变动的作用程度。把结构因素作为独立的变量从其他因素（竞争力因素）中分离出来并予以量化，是 CMS 模型的独到之处，也是该模型在本研究中应用的价值所在。自从 Tyszynski 首次提出 CMS 的经典模型以来，许多研究者又对经典模型进行了改进。本章采用单一产品（肉类总体）、多个目标市场的 CMS 模型分析中国肉类出口的市场结构效应和竞争力效应，采用对单一市场（世界市场）、多种产品进行分解的 CMS 模型分析中国肉类出口品种结构效应及竞争力效应。

8.1.2 分析类型

8.1.2.1 单一产品、多个市场的 CMS 模型

将出口肉类看作一种产品，考察肉类出口的市场结构效应时，采用一个国家一种产品面向多个出口市场的市场份额模型，表达式为

$$X^t - X^0 = mX^0 + \sum (m_j - m) X_j^0 + \sum (X_j^t - X_j^0 - m_j X_j^0)(j = 1 \sim m; t = 1,2)$$

式中，X 为中国肉类产品的出口额；X_j 为中国肉类对 j 国的出口额；m 为世界肉类产品的进口增长率；m_j 为 j 国肉类的进口增长率；t、0 表示时期。

中国肉类从 0 期到 t 期出口额的变化 $X^t - X^0$ 可分解为三个部分。

第一部分 mX^0 称为市场规模效应，假定中国能保持对各国市场的出口份额不变，则全球进口增长率 m 会带动中国向世界的出口增长 mX^0，即 mX^0 是由于世界贸易规模的变化而引起的出口变化。

第二部分 $\sum (m_j - m) X_j^0$ 称为市场分布效应，表示中国肉类对各个出口市场的出口变化。若中国对 j 国的出口增长率高于世界肉类进口增长率，即 $m_j > m$，则中国肉类在 j 市场的分布效应为正；反之，则为负。

第三部分 $\sum (X_j^t - X_j^0 - m_j X_j^0)$ 称为竞争力效应，它是出口变化 $X^t - X^0$ 中除去市场规模效应和市场分布效应之后的余项。这个余项是出口产品价格变动的结果，而价格直接反映竞争力，因而该余项反映的是中国肉类出口竞争力导致的出口变化。

8.1.2.2 多种产品、单一市场（世界市场）的 CMS 模型

将世界市场看作一个整体，考察肉类出口的产品（种类）结构效应时，应用一个国家多种产品面向单一出口市场的市场份额模型，表达式为

$$X^t - X^0 = mX^0 + \sum (m_i - m) X_i^0 + \sum (X_i^t - X_i^0 - m_i X_i^0)(i = 1 \sim n; t = 1,2)$$

式中，X 为中国肉类产品的出口额；X_i 为中国第 i 种肉类的出口额；m 为世界肉类产品的进口增长率；m_i 为第 i 种肉类的进口增长率；t、0 为时期。

中国肉类从 0 期到 t 期出口额的变化 $X^t - X^0$ 可分解为三个部分。

第一部分 mX^0 称为市场规模效应，假定中国能保持各肉类品种的出口份额不变，则全球进口增长率 m 会带动中国向世界的出口增长 mX^0，即 mX^0 是由于世界贸易规模的变化而引起的出口变化。

第二部分 $\sum (m_i - m) X_i^0$ 称为商品结构效应，表示中国各肉类品种的出口变化。若中国第 i 种肉类的出口增长率高于世界肉类进口增长率，即 $m_i > m$，则中国第 i 种肉类的商品结构效应为正；反之，则为负。

第三部分 $\sum (X_i^t - X_i^0 - m_i X_i^0)$ 称为竞争力效应，它是出口变化 $X^t - X^0$ 中除去市场规模效应和商品结构效应之后的余项。这个余项是出口产品价格变动的结果，而价格直接反映竞争力，因而该余项反映的是中国肉类出口竞争力导致的出口变化。

8.1.2.3　多个国家、多种产品的 CMS 模型

模型的基本形式如下：

$$X_{..}^{(t)} - X_{..}^{(t-1)} = S_{..}^{(t-1)} \times \Delta W_{..}^{(t)} + \left[\sum_{i=1}^{n} S_{i.}^{(t-1)} \times \Delta W_{i.}^{(t)} - S_{..}^{(t-1)} \times \Delta W_{..}^{(t)} \right]$$

$$+ \left[\sum_{i=1}^{n} \sum_{j=1}^{m} S_{ij}^{(t-1)} \times \Delta W_{ij}^{(t)} - \sum_{i=1}^{n} S_{i.}^{(t-1)} \times \Delta W_{i.}^{(t)} \right]$$

$$+ \sum_{i=1}^{n} \sum_{j=1}^{m} \Delta S_{ij}^{(t)} \times W_{ij}^{(t-1)} + \sum_{i=1}^{n} \sum_{j=1}^{m} \Delta S_{ij}^{(t)} \times \Delta W_{ij}^{(t)}$$

式中，$\Delta W_{..}^{(t)} = W_{..}^{(t)} - W_{..}^{(t-1)} \quad \Delta W_{i.}^{(t)} = W_{i.}^{(t)} - W_{i.}^{(t-1)} \quad \Delta W_{.j}^{(t)} = W_{.j}^{(t)} - W_{.j}^{(t-1)}$

$\Delta W_{ij}^{(t)} = W_{ij}^{(t)} - W_{ij}^{(t-1)} \quad \Delta S_{ij}^{(t)} = S_{ij}^{(t)} - S_{ij}^{(t-1)}$

根据上述 CMS 模型，一国实际出口增长可以被分解为需求增长效应、出口商品结构效应、出口市场结构效应、竞争力效应以及交叉效应 5 个部分。

1）需求增长效应 $[S_{..}^{(t-1)} \times \Delta W_{..}^{(t)}]$，表示假定中国在世界肉类产品进口市场的份额不变，由于世界肉类产品进口需求规模扩大而导致的中国肉类产品出口额发生的变化。需求增长效应衡量的是中国肉类产品出口的增长在多大程度上是由于世界肉类产品进口需求的一般增长所造成的。如果世界肉类产品进口需求规模扩大了，而中国肉类产品的出口受此影响也增长，则该项效应为正值；反之则为负值。

2）商品结构效应 $\left(\left[\sum_{i=1}^{n} S_{i.}^{(t-1)} \times \Delta W_{i.}^{(t)} - S_{..}^{(t-1)} \times \Delta W_{..}^{(t)} \right] \right)$，反映了中国出口的肉类产品与世界市场进口增长较快的肉类商品之间的匹配程度。若中国出口的肉类产品主要集中在那些世界进口需求增长较快的商品上，则该项效应为正值；反之，若中国出口的肉类产品主要集中在那些需求增长较慢的商品上，则该项效应为负值。

3）市场结构效应 $\left(\left[\sum_{i=1}^{n} \sum_{j=1}^{m} S_{ij}^{(t-1)} \times \Delta W_{ij}^{(t)} - \sum_{i=1}^{n} S_{i.}^{(t-1)} \times \Delta W_{i.}^{(t)} \right] \right)$，反映了中国肉类产品出口的市场分布与进口需求增长较快的市场之间的匹配程度。若中国

出口的肉类产品主要集中在那些进口需求增长较快的市场上，则该项效应为正值；反之，若中国出口的肉类产品主要集中在那些需求增长较慢的市场上，则该项效应为负值。

4）竞争力效应 $\left[\sum\limits_{i=1}^{n} \sum\limits_{j=1}^{m} \Delta S_{ij}^{(t)} \times W_{ij}^{(t-1)} \right]$，表示由于中国肉类产品出口竞争力的变动而导致出口额发生的变化。它反映了中国肉类产品能否在所有目标市场中的所有商品上保持其出口份额。正值表示中国肉类产品的出口竞争力提高；负值则表示中国肉类产品的出口竞争力下降。

5）交叉效应 $\left[\sum\limits_{i=1}^{n} \sum\limits_{j=1}^{m} \Delta S_{ij}^{(t)} \times \Delta W_{ij}^{(t)} \right]$，表示由于中国出口的肉类产品所占市场份额的变动与世界肉类产品进口规模和结构变动的交互作用而导致的出口额发生的变化。若中国肉类产品在那些进口规模扩大了的产品上的份额有所提高，则该项效应为正值；反之为负值。

8.2 中国肉类产品出口竞争力与市场结构

8.2.1 分析范围与数据选取

1）中国肉类的主要出口市场。1999～2004年，中国内地肉类的出口市场主要有：日本、中国香港、新加坡、荷兰、俄罗斯、马来西亚、瑞士、沙特阿拉伯、韩国、美国。在不同时期中国内地肉类向这10个国家（地区）的总出口额占出口总额的比例均接近或超过90%，因而选取这10个国家（地区）作为主要出口市场来分析中国肉类竞争力及变化，而将其余国家合并称为其他国家来分析。

2）研究的时间范围选择1999～2004年，将1999～2000年定为基期，即第0期，2001～2002年为第1期，2003～2004年定为第2期。为消除贸易额年际波动的影响，每一时期的数据均取两年数据的平均数来计算。

3）肉类产品范围的界定。本节将肉类作为单一种类产品，不考虑品种结构，为了数据加总工作的简便，本节的肉类数据指国际贸易标准分类SITC Rev.03中代号为01的产品，包括肉及肉制品，相当于HS1996分类方法的第2章及16章的1601、1602共12个品目的产品总和。SITC的第1章产品包含011、012、016、017共4类，分别是牛肉，其他肉及杂碎，干制的、盐腌的、盐熏的肉及可食用杂碎、肉制品等。011类产品包括新鲜的、冷藏的及冷冻的牛肉；012类产品包括绵羊肉、山羊肉、冷冻绵羊肉、没有另注明的如家兔、野兔肉及可食用杂碎等；016类包括盐腌的、带骨的、熏的肉及可食用肉杂碎；017类主要是肉、杂碎、血等的香肠及香肠类产品以及血制品。

8.2.2 基础数据分析

8.2.2.1 1999～2004年中国肉类出口的主要市场

对11个市场肉类产品贸易数据进行整理，得到我国在1999～2000年、2001～2002年、2003～2004年三个时期的出口规模和出口市场结构（表8-1）。从表8-1可看出：

1）从第0期到第2期，世界肉类贸易规模及我国出口规模均呈增长趋势。同时，我国肉类出口占国际市场份额基本保持稳定，从2.65%到2.64%，变动不大。

2）在第0期，中国内地肉类的主要出口市场是以日本、中国香港为主的亚洲市场，占中国出口市场份额的87%。其中，日本市场占总出口的62%，出口到香港或经香港转口的占总出口的17%，出口到其他亚洲国家的占总出口的8%。此外，归并为其他国家的出口市场仍含亚洲国家。中国在欧洲的市场主要是荷兰、瑞士和俄罗斯，在北美洲的市场是美国，向美国的出口共计占总出口的5%。

表8-1　1999～2004年我国内地肉类产品的出口额及市场结构

市　场	第0期（1999～2000年）			第1期（2001～2002年）			第2期（2003～2004年）		
	进口[1]/亿美元	中国[2]/亿美元	中国份额/%	进口[1]/亿美元	中国[2]/亿美元	中国份额/%	进口[1]/亿美元	中国[2]/亿美元	中国份额/%
日　本	81.82	7.15	8.74	80.92	7.89	9.74	88.89	7.24	8.14
中国香港	16.59	2.01	12.12	15.33	2.39	15.57	15.24	3.23	21.19
新加坡	3.26	0.35	10.83	3.40	0.48	14.04	3.99	0.42	10.48
荷　兰	12.32	0.32	2.61	14.46	0.28	1.91	22.73	0.02	0.07
俄罗斯	11.47	0.14	1.26	20.24	0.87	4.32	21.93	1.13	5.13
马来西亚	1.07	0.21	19.69	2.25	0.41	18.43	2.32	0.24	10.46
瑞　士	4.05	0.20	5.00	4.04	0.19	4.58	5.23	0.11	2.18
沙特阿拉伯	6.02	0.20	3.37	5.53	0.41	7.44	6.97 *	0.28	3.99
韩　国	9.91	0.09	0.91	10.92	0.23	2.13	12.78	0.23	1.83
美　国	37.21	0.04	0.11	44.29	0.06	0.14	52.41	0.10	0.19
其他国家	254.25	0.86	0.34	264.02	1.12	0.42	343.77	2.20	0.64
世　界	437.97	11.59	2.65	465.41	14.32	3.08	576.26	15.20	2.64

注：1指各国或地区肉类产品的进口总额；2指中国内地肉类对各国（地区）的出口额。

* 为2003年数据

资料来源：根据UN COMTRADE数据整理

3）在第 1 期，中国内地肉类主要出口市场仍以亚洲市场为主，向日本、中国香港的出口占总出口的 72%，相比第 0 期有所下降。向新加坡、马来西亚、沙特阿拉伯、韩国的出口绝对量及相对量均有所上升。向荷兰、瑞士的出口绝对量和相对量均下降。向美国的出口从 400 万美元上升到 600 万美元，比重略有上升，但仍不到总出口的 1%。向俄罗斯的出口绝对量及相对量均上升。可见，与第 0 期相比，在第 1 期，中国内地肉类出口进一步向亚洲市场集中，除了日本、中国香港两大传统市场外，对其他亚洲市场的开发已见成效，俄罗斯市场的地位也越来越重要。

4）在第 2 期，中国内地对日本、中国香港的出口占总出口的 69%，较第 1 期有所下降；向亚洲其他国家新加坡、马来西亚、沙特阿拉伯、韩国的出口停滞不前；向欧洲国家荷兰、瑞士的出口进一步萎缩，占总出口的比重也下降。向美国的出口进一步增加，占总出口的比例也相应上升；向俄罗斯的出口绝对量及相对量上升幅度均较大。可见，中国在第 2 期对美国及俄罗斯市场的出口成效显著。

8.2.2.2 对主要出口市场的分类

1999～2004 年，肉类进口增长率低于世界肉类进口增长水平的国家（地区）有日本、中国香港、新加坡、瑞士、沙特阿拉伯、韩国；肉类进口增长率高于全球进口增长率的国家（地区）有荷兰、俄罗斯、马来西亚、美国等。

中国向该国的出口增长率低于中国向全世界的出口增长率的国家有日本、新加坡、荷兰、马来西亚、瑞士；中国内地向该国（地区）的出口增长率高于中国内地向世界的出口增长率的国家（地区）有中国香港、俄罗斯、沙特阿拉伯、韩国、美国、其他国家。

分别以 1999～2004 年中国对各国（地区）出口肉类的增长率以及各国（地区）肉类总进口的增长率为横、纵坐标，以中国肉类向世界出口的增长率以及全球肉类进口的平均增长率为坐标原点，将各国（地区）对应于坐标平面的相应象限内，得到一个简明的出口地图。

落在出口地图第一象限的国家（地区）有美国、俄罗斯、其他国家（地区），这些国家（地区）的进口增长率高于世界平均水平，而中国向其出口增长率高于中国向全世界出口增长率，表明中国对这些市场的开拓是富有效率的，称为升起的明星市场；落在第二象限的国家是马来西亚、荷兰，两国进口增长率高于世界平均水平而中国向其出口增长低于中国向世界出口增长，称为具开发潜力的市场；落在第三象限的国家是日本、新加坡、瑞士，进口增长率低于世界平均水平、中国向其出口增长率低于中国向世界的出口增长率，称为应稳定的市场；落在第四象限的国家（地区）是中国香港、沙特阿拉伯、韩国，称为逆向调整的市场（表8-2）。

表8-2　中国内地肉类出口市场类型

升起的明星市场	具开发潜力的市场	稳定的市场	逆向调整的市场
美国、俄罗斯、其他国家	马来西亚、荷兰	日本、新加坡、瑞士	中国香港、韩国、沙特阿拉伯

8.2.3　模型模拟结果及分析

运用恒定市场份额模型对 1999～2000 年、2001～2002 年、2003～2004 年三个时期中国肉类出口变动进行分析，得出如下结果。

8.2.3.1　从第 0 期到第 1 期中国肉类出口变化分析

我国从第 0 期到第 1 期肉类出口变化情况见表8-3。从表8-3中可看出，从第 0 期到第 1 期，我国肉类出口增加了 2.73 亿美元。增加的 2.73 亿美元可分解为三个部分。

1）第一部分是由于世界肉类贸易规模扩大带来的正效应。世界肉类进口在第 1 期比第 0 期增加了 27.44 亿美元，假定我国肉类出口仍保持第 0 期的市场份额不变，世界市场规模的扩大对中国肉类出口产生正的效应，即带动中国出口增加 0.73 亿美元，对总效应的贡献比例为 26.74%。

2）第二部分是负的市场结构效应。即由于市场结构的不合理导致出口额下降了 0.52 亿美元，对总效应的贡献比例为 –19.05%。

3）第三部分为正的出口竞争效应。即由于中国肉类出口竞争力的增加带动出口增加了 2.52 亿美元，对总效应的贡献比例为 92.31%。

表8-3　我国肉类产品从第 0 期到第 1 期的出口市场份额模型结果

中国肉类出口变化	贡献量/亿美元	贡献比例/%
总效应	2.73	100
市场规模效应	0.73	26.74
市场结构效应	– 0.52	– 19.05
出口竞争效应	2.52	92.31

8.2.3.2　从第 1 期到第 2 期中国肉类出口变化分析

中国从第 1 期到第 2 期肉类出口增加 0.88 亿美元，同样可将其分解为三个部分（表8-4）。

表 8-4　我国肉类产品从第 1 期到第 2 期的出口市场份额模型结果

中国肉类出口变化	贡献量/亿美元	贡献比例/%
总效应	0.88	100
规模效应	3.41	387.5
市场结构效应	−1.77	−201.14
竞争力效应	−0.76	−86.36

1）第一部分是由于世界肉类贸易规模扩大带来的正效应。从表 8-4 可看出，世界肉类进口在第 2 期比第 1 期增加了 110.85 亿美元，假定我国肉类出口仍保持第 1 期的市场份额不变，世界市场规模的扩大对中国肉类出口产生正的效应，即带动中国出口增加 3.41 亿美元，对总效应的贡献比例为 387.5%。

2）第二部分是负的市场结构效应。即由于市场结构的不合理导致出口额下降了 1.77 亿美元，对总效应的贡献比例为 −201.14%。

3）第三部分为负的出口竞争效应。即由于中国肉类出口竞争力的下降导致出口减少了 0.76 亿美元，对总效应的贡献比例为 −86.36%。

8.3　中国肉类产品出口竞争力与品种结构

将世界市场看作一个整体，考察肉类出口的产品（种类）结构效应及竞争力效应。

8.3.1　基础数据分析

8.3.1.1　数据的选取

数据计算起始年份为 1996 年，终止年份为 2005 年，第 0 期数据为 1996 年、1997 年、1998 年三年的平均值，第 t 期的数据为 2003 年、2004 年、2005 年三年的平均值。

8.3.1.2　基础数据分析

对 12 个章（品种）的肉类在 1996～2005 年的出口数据进行整理，得到中国肉类出口的品种结构如表 8-5 所示。

表 8-5 1996～2005 年中国肉类种类出口额结构及变化

肉类品种	0201	0202	0203	0204	0205	0206	0207	0208	0209	0210	1601	1602	肉类总体
中国出口[0]/亿美元	0.00	0.59	1.97	0.03	0.04	0.05	6.10	0.71	0.00	0.17	0.20	3.03	12.88
世界进口[0]/亿美元	78.59	44.59	104.33	21.36	4.32	16.23	69.12	5.82	1.79	17.07	11.49	37.83	412.55
中国份额[0]/%	0.00	1.33	1.89	0.14	0.81	0.30	8.82	12.17	0.02	1.02	1.77	8.00	3.12
中国出口[1]/亿美元	0.09	0.20	3.78	0.40	0.01	0.01	2.20	0.22	0.01	0.07	0.54	8.86	16.39
世界进口[1]/亿美元	109.95	68.36	161.55	35.31	4.09	22.75	102.91	6.42	3.94	24.96	17.94	67.37	625.54
中国份额[1]/%	0.08	0.29	2.34	1.12	0.33	0.02	2.13	3.48	0.32	0.26	3.03	13.15	2.62
份额变动/%	0.08	-1.04	0.46	0.99	-0.48	-0.27	-6.69	-8.69	0.31	-0.76	1.26	5.16	-0.50

0、1 表示时期，分别为 1996～1998 年、2003～2005 年

资料来源：根据 UN COMTRADE 数据整理

从表 8-5 可看出，在第 0 期（1996～1998 年），我国肉类出口占世界市场份额最高的其他肉类及可用食杂碎（0208），出口 0.71 亿美元，占世界总进口的 12.17%；其次是家禽肉类（0207），出口 6.10 亿美元，占世界市场份额为 8.82%；占世界进口比重较高的还有肉类制品及罐头（1602），出口 3.03 亿美元，占世界进口额的 8.00%。同期世界进口额最大的肉类是鲜、冷、冻猪肉（0203），年均进口 104.33 亿美元，其后依次是鲜、冷牛肉（0201）、家禽肉及可食用杂碎（0207）、冷、冻牛肉（0202）以及肉类制品及罐头（1602）。

在第 1 期（2003～2005 年），肉类制品及罐头成为我国出口额最高、占世界市场份额也最高的肉类品种，出口 8.86 亿美元，占世界进口额的 13.15%；出口其他肉类及可食用杂碎（0208）占世界市场份额降低到 3.48%，但仍是占世界市场份额较高的品种，鲜、冷、冻猪肉（0203）出口 3.78 亿美元，占世界市场份额为 2.34%。同期世界进口较多的是鲜、冷、冻猪肉（0203）、鲜、冷牛肉（0201）、家禽肉及可食用杂碎（0207）、冷、冻牛肉（0202）以及肉类制品及罐头（1602）。

第 1 期与第 0 期相比较，中国出口肉类占世界市场份额下降，中国出口占世界进口额的比重从 3.12% 下降到 2.62%。世界市场份额下降的肉类品种有 6 个章（品目），分别是冷、冻牛肉（0202）、鲜、冷、冻马肉、驴肉、骡肉（0205）、家畜的可食杂碎（0206）、家禽肉及可食用杂碎（0207）、其他肉类及可用食杂碎（0208）、腌、干、熏肉及可食用杂碎、肉粉（0210）。另有 5 个章

（品目）的肉类出口占世界市场份额上升，其中肉类制品及罐头（1602）上升最快，从占 8.00% 上升到 13.15%，香肠类产品（1601）占国际市场份额也从 1.77% 上升到 3.03%。

8.3.2 模型分解结果

1996～2005 年，中国肉类出口额增长了 3.51 亿美元。其中由于世界总进口增长带来的市场规模效应贡献量为 6.65 亿美元，贡献比例为 189.62%；出口商品结构效应的贡献量为 0.39 亿美元，贡献比例为 11.15%；竞争力效应的贡献量为 -2.93 亿美元，贡献比例为 -83.65%；交叉效应的贡献量为 -0.6 亿美元，贡献比例为 -17.12%。出口品种结构效应的 CMS 模型分解结果表明，从第 0 期（1996～1998 年）到第 1 期，中国肉类出口的增长主要是由于世界肉类贸易规模的扩大带来的，中国肉类出口的品种结构效应为正，但对出口增长的贡献比例较小，仅为 11.15%，而在此期间，中国肉类竞争力对出口增长的贡献比例为 -83.65%（表 8-6）。

表 8-6　中国肉类出口品种结构效应的 CMS 模型分解结果（1996～2005 年）

中国肉类出口变化	贡献量/亿美元	贡献比例/%
总效应	3.51	100
市场规模效应	6.65	189.62
商品结构效应	0.39	11.15
竞争力效应	-2.93	-83.65
交叉效应	-0.6	-17.12

8.4 中国肉类产品国际竞争力与出口结构综合模型分析

8.4.1 模型的分析目标

在世界肉类产品进口需求增长、出口贸易结构以及竞争力等因素的影响下，1996～2005 年中国肉类产品出口增长变化较大。1997～1999 年以及 2002 年，中国肉类产品出口都在负增长。从 2003 年开始，中国肉类产品出口开始持续高速增长（图 8-1）。

运用 CMS 基本模型将 1996～2005 年中国肉类产品出口额逐年增长分解为需

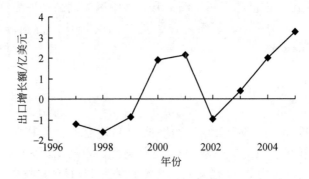

图 8-1　1996～2005 年中国肉类产品出口增长额

求增长效应、商品结构效应、市场结构效应、竞争力效应以及交叉效应 5 部分，以测算出口结构及其他各因素对中国肉类产品出口的贡献率。为便于计算，本节把全部的肉类产品贸易市场分为：日本、中国香港、韩国、俄罗斯、英国、美国、法国、德国、意大利、马来西亚、墨西哥、荷兰、沙特阿拉伯、新加坡及瑞士 15 个国家（地区）市场以及其他市场。对该 15 个目标市场的出口在中国内地肉类出口总额中的比重超过了 80%。该 15 个目标市场在世界肉类进口额中的比重也超过了 70%。

8.4.2　模型测算结果分析

8.4.2.1　1996～2005 年

运用 CMS 基本模型，将 1996～2005 年中国肉类产品出口额进行逐年分解，测算结果见表 8-7。

表 8-7　CMS 模型测算结果

时　期	总效应		需求增长效应		商品结构效应		市场结构效应		竞争力效应		交叉效应	
	绝对额/亿美元	相对额/%	绝对额/亿美元	相对额/%	绝对额/亿美元	相对额/%	绝对额/亿美元	相对额/%	绝对额/亿美元	相对额/%	绝对额/亿美元	相对额/%
1996～2005	4.99	100.00	8.98	179.68	-0.26	-5.15	-1.50	-29.93	-5.04	-100.92	2.81	56.32
1996～1999	-3.70	-100.00	-0.37	-9.94	-0.47	-12.72	0.61	16.36	-2.95	-79.83	-0.52	-13.87
2000～2001	2.14	100.00	0.60	28.11	0.90	41.92	-0.65	-30.51	1.05	48.97	0.24	11.51
2002～2005	5.62	100.00	6.32	112.32	1.02	18.16	-1.38	-24.45	-0.91	-16.25	0.57	10.22

1）第一部分是由于世界肉类贸易规模扩大带来的正效应。1996～2005 年，中国肉类产品出口共增长了 4.99 亿美元。同期，世界肉类产品进口增长

了 270.46 亿美元。世界肉类产品进口需求增长对中国肉类产品出口产生拉动作用。假定中国在世界肉类产品进口市场上占有的份额能维持在 1996 年的水平，则中国肉类产品出口应当增长 8.98 亿美元，是同期中国肉类产品出口增长额的 179.68%。世界市场规模的扩大对中国肉类出口产生正的效应，对总效应的贡献比例为 179.68%。可见，中国肉类产品出口增长主要应归功于世界肉类产品进口需求的快速增长。

2）第二部分是负的出口结构效应。它包括市场结构效应和产品结构效应两部分。该时期，商品结构以及市场结构对中国肉类产品出口增长产生负效应。由于市场结构的不合理导致出口额下降了 1.50 亿美元，对总效应的贡献比例为 -29.93%。出口商品结构的不合理导致出口额减少了 0.26 亿美元，对总效应的贡献比例为 -5.15%。

3）第三部分为负的出口竞争效应。即由于中国肉类出口竞争力的下降导致出口减少了 5.04 亿美元，对总效应的贡献比例为 -100.92%。可见竞争力下降是制约中国肉类产品出口增长的重要因素。

8.4.2.2　1996~1999 年

1996~1999 年，中国肉类产品出口处于持续衰退时期。该时期，中国肉类产品出口额持续下降 3.70 亿美元，所占有的国际市场份额也在下降。

1）需求负增长的效应。1996~1999 年，世界肉类产品进口需求从 428.38 亿美元下降到了 417.31 亿美元，减少了 11.07 亿美元。受世界市场需求萎缩的影响，中国肉类产品出口也减少了 0.37 亿美元，当期肉类产品出口增长率为 -9.94%。

2）出口商品结构效应。因出口商品结构影响导致中国肉类产品出口减少了 0.47 亿美元，当期肉类产品出口增长率为 -12.72%。

3）出口市场结构效应。出口市场结构是当期唯一促进中国肉类产品出口增长的积极因素。因出口市场结构影响，导致中国肉类产品出口增长了 0.61 亿美元，当期肉类产品出口增长率为 16.36%。

4）竞争力效应。出口竞争力导致中国肉类产品出口额减少了 2.95 亿美元，当期中国肉类产品出口增长率为 -79.83%，影响程度位居各因素之首。因而，当期中国肉类产品出口减少主要是由竞争力下降造成的。

8.4.2.3　2000~2001 年

2000~2001 年，中国肉类产品出口处于恢复时期。该时期，中国肉类产品出口开始好转，出口额增长 2.14 亿美元。

1）出口商品结构效应和市场结构效应。因出口商品结构影响，导致中国肉类产品出口增长了 0.90 亿美元，当期肉类产品出口增长率为 41.92%。出口商品结构因素对出口增长的影响程度仅次于竞争力因素。因出口市场结构影响，导致中国肉类产品出口下降了 0.65 亿美元，当期肉类产品出口增长率为 -30.51%。

2）需求增长效应。由于中国肉类产品占有的市场份额非常低，虽然当期世界肉类产品进口需求增加了 21.36 亿美元，但是仅仅拉动中国肉类产品出口增长 0.60 亿美元，当期肉类产品出口增长率为 28.11%。

3）出口竞争力效应。因出口竞争力的影响，导致中国肉类产品出口额增长了 1.05 亿美元，当期中国肉类产品出口增长率为 48.97%，影响程度位居各因素之首。

当期中国肉类产品出口增长仍主要是由竞争力造成的。而商品结构开始促进中国肉类产品出口增长，影响程度仅次于出口竞争力因素；市场结构对中国肉类产品出口增长的影响则由上期的积极影响变为消极影响。

8.4.2.4 2002～2005 年

2002～2005 年，中国肉类产品出口处于快速增长时期。该时期，中国已加入 WTO，肉类产品出口势头良好，出口额增长 5.62 亿美元，实现了持续、快速增长。出口商品结构因素对出口增长的影响仍然是积极的。

1）出口商品结构和市场结构效应。因出口商品结构影响，导致中国肉类产品出口增长了 1.02 亿美元，当期肉类产品出口增长率为 18.16%。出口市场结构因素对出口增长的影响仍然是消极的。因出口市场结构影响而导致中国肉类产品出口下降了 1.38 亿美元，当期肉类产品出口增长率为 -24.45%。出口市场结构因素严重制约着中国肉类产品出口增长。

2）需求增长效应。当期世界肉类产品进口需求大幅增长 221.64 亿美元，拉动中国肉类产品出口增长 6.32 亿美元，当期肉类产品出口增长率为 112.32%。因此，当期中国肉类产品出口增长主要归功于世界肉类产品进口需求增长的拉动。

3）竞争力效应。因出口竞争力影响，导致中国肉类产品出口额减少 0.91 亿美元，当期中国肉类产品出口增长率为 -16.25%。

8.5 中国对日本出口变动的
CMS 模型测算及分析

8.5.1 模型的选取

本节采用的是经过 Jepma 改进的 CMS 扩展模型。Jepma 改进的 CMS 扩展模型对一国出口变动的分解分为两个层次。

第一层次分解：

$$\Delta ex = \sum_i MS_i^0 \times \Delta IM_i + \sum_i \Delta MS_i \times IM_i^0 + \sum_i \Delta MS_i \times \Delta IM_i \qquad (8\text{-}1)$$

第二层次分解：

$$\begin{aligned}
\Delta ex = & MS^0 \times \Delta IM + \left(\sum_i MS_i^0 \times \Delta IM_i - MS^0 \times \Delta IM \right) + \Delta MS \times IM^0 \\
& + \left(\sum_i \Delta MS_i \times IM_i^0 - \Delta MS \times IM^0 \right) \\
& + (IM^1/IM^0 - 1) \sum_i \Delta MS_i \times IM_i^0 \\
& + \left[\sum_i \Delta MS_i \times \Delta IM_i - (IM^1/IM^0 - 1) \sum_i \Delta MS_i \times IM_i^0 \right] \qquad (8\text{-}2)
\end{aligned}$$

式（8-1）、式（8-2）中各变量的意义如下：ex 为一国肉类对日本的出口额；IM 为日本肉类的总进口额；MS 为一国在日本肉类进口市场上占有的份额，MS = ex/EX；IM_i 为日本第 i 组商品的进口额；MS_i 为一国在日本第 i 组商品进口市场上占有的份额；上标 0 和 1 分别为起始年份和终止年份；Δ 为变量在终止年份和起始年份之间的差值。

8.5.2 模型的意义

在第一层次分解〔式（8-1）〕中，一国出口到日本的肉类总额的变动可以被分解为结构效应、竞争力效应以及交叉效应。

结构效应（$\sum_i MS_i^0 \times \Delta IM_i$），即假定出口国在日本各组肉类商品进口市场上的份额保持不变，由于日本对各组肉类商品的进口需求规模扩大而导致的一国肉类对日本出口总额的变动。如果日本对各组肉类商品的进口需求规模扩大了，那么出口国肉类对日本的出口受此影响也会增长，则该项为正值。

竞争力效应（$\sum_i \Delta MS_i \times IM_i^0$），即假定日本肉类市场的进口规模以及进口结构不变，由于出口国肉类竞争力的变动而导致的该国肉类出口额的变动。竞争力是由该国在日本肉类进口市场上的份额反映出来的，正值表示该国肉类在日本市场上的竞争力提高了。

交叉效应（$\sum_i \Delta MS_i \times \Delta IM_i$），即由于出口国肉类在日本市场上竞争力的变动与日本肉类进口规模变动的交互作用而导致的一国肉类出口额的变动。如果出口国在日本肉类进口市场上的份额与日本肉类进口需求规模的变化相一致，则该项为正值，反之为负值。

在第二层次分解〔（式 8-2）〕中，结构效应一项被进一步分解为增长效应和产品结构效应；竞争力效应一项也被进一步分解为综合竞争力和产品竞争力；交叉效应一项则被进一步分解为净次结构效应和动态结构效应。

增长效应（$MS^0 \times \Delta IM$）：假定出口国在日本肉类进口市场上的份额不变，由于日本肉类市场的进口需求规模扩大而导致该国肉类对日本出口额的变动。如果日本对肉类的进口需求规模扩大了，那么出口国肉类对日本的出口受此影响也会增长，则该项为正值。

产品结构效应 $\left[\left(\sum_i MS_i^0 * \Delta IM_i - MS^0 \times \Delta IM\right)\right]$：由于出口的商品结构效应而导致的一国肉类对日本出口额的变动。它反映了一国肉类出口在日本需求增长较快（较慢）的肉类商品的集中程度，正值表示该国出口主要集中在日本需求增长较快的肉类商品上。

综合竞争力（$\Delta MS * IM^0$）：假定日本肉类总进口规模不变，由于一国在日本肉类总进口中的份额变动而导致一国肉类出口额的变动，正值表示该国肉类在日本市场上的综合竞争力提高了。

产品竞争力 $\left[\left(\sum_i \Delta MS_i * IM_i^0 - \Delta MS \times IM^0\right)\right]$：假定日本肉类市场的进口规模以及进口结构不变，由于在特定肉类商品上的份额变动而导致一国肉类出口额的变动，正值表示该国肉类在日本市场上的产品竞争力提高了。

净次结构效应 $\left[(IM^1/IM^0 - 1)\sum_i \Delta MS_i \times IM_i^0\right]$：假定日本肉类进口结构不变，由于一国肉类出口结构变动与日本肉类进口规模变动的交互作用而导致一国肉类对日本出口额的变动。正值表明出口国肉类出口结构的变动能够适应日本肉类进口规模的变动。

动态结构效应 $\left(\left[\sum_i \Delta MS_i \times \Delta IM_i - (IM^1/IM^0 - 1)\sum_i \Delta MS_i \times IM_i^0\right]\right)$：由于一国肉类出口结构变动与日本肉类进口结构变动的交互作用而导致一国肉类出口额的变化，正值表示出口国在日本肉类进口需求增长较快的市场上的份额增长较快。

运用上述 CMS 模型 [式（8-1）和式（8-2）]，对 1993~2005 年中国及其主要竞争对手向日本出口的肉类总额的变动进行逐年分解，最后对各项效应指数计算平均值得到 1993~2005 年 10 国肉类对日本出口额变动的分解结果，表 8-8 是第一层次分解的结果，表 8-9 是第二层次分解的结果。

表8-8 第一层次分解的结果

参数	美　国	澳大利亚	丹　麦	中　国	加拿大	泰　国	巴　西	墨西哥	新西兰	韩　国
总效应	-100.00	100.00	100.00	100.00	100.00	100.00	100.00	100.00	100.00	-100.00
结构效应	56.69	7.26	131.34	86.04	29.78	371.91	10.20	26.65	18.20	131.60
竞争力效应	-165.09	111.28	-10.61	12.13	72.83	-217.41	83.40	84.31	89.90	-39.82
竞争与结构交叉效应	8.40	-18.54	-20.73	1.83	-2.61	-54.50	6.40	-10.97	-8.10	-191.78

表 8-9 第二层次分解的结果

参数	美国	澳大利亚	丹麦	中国	加拿大	泰国	巴西	墨西哥	新西兰	韩国
总效应	-100.00	100.00	100.00	100.00	100.00	100.00	100.00	100.00	100.00	-100.00
增长效应	104.03	53.02	117.56	21.36	27.36	146.10	12.93	20.54	30.34	97.84
产品结构效应	-47.34	-45.77	13.78	64.68	2.42	225.82	-2.73	6.12	-12.15	33.76
综合竞争力	-194.25	49.98	1.76	76.49	76.59	-1.14	82.70	87.02	64.79	-56.43
产品竞争力	29.16	61.30	-12.37	-64.35	-3.75	-216.27	0.70	-2.70	25.11	16.61
净次结构效应	-6.09	0.49	-22.57	-0.75	-3.69	-49.28	4.04	-8.35	6.27	-161.27
动态结构效应	14.48	-19.03	1.84	2.58	1.08	-5.22	2.37	-2.61	-14.37	-30.51

8.5.3 第一层次分解的结果及分析

总的来看，1993~2005 年美国和韩国出口到日本的肉类总额在减少，两国的竞争力效应都在下降。美国对日本的出口减少是因为竞争力在下降，而韩国对日本出口的减少则主要是由竞争与结构交叉效应引起的。其余的 8 国对日本出口的肉类总额都在增长，澳大利亚、加拿大、巴西、墨西哥以及新西兰的肉类对日本出口额的增长主要是由于竞争力的上升，而丹麦、中国以及泰国的出口增长则是由于结构效应引起的。

结构效应：10 国的结构效应都为正值，日本肉类进口需求规模的扩大刺激了 10 国对日本肉类出口的增长，其中泰国的结构效应指数最大，澳大利亚的结构效应指数最小。

竞争力效应：美国、丹麦、泰国以及韩国的竞争力效应指数为负值，表明 4 国在日本肉类进口市场上的竞争力在下降，澳大利亚、中国、加拿大、巴西、墨西哥以及新西兰在日本肉类进口市场上的竞争力则在上升。

竞争与结构交叉效应：美国、中国以及巴西的竞争与结构交叉效应指数为正值，表明 3 国的市场份额与日本肉类进口需求规模的变化相一致；其余 7 国的市场份额与日本肉类进口需求规模的变化不一致。

8.5.4 第二层次分解的结果及分析

总的来看，美国对日本肉类出口总额的减少是由于综合竞争力大幅下降所致；韩国对日本肉类出口总额减少则主要归因于出口结构的变动不能适应日本进口规模的变动（净次结构效应）；丹麦对日本肉类出口总额的增长主要是由于日本肉类进口需求规模扩大所致（增长效应）；澳大利亚的各项效应中产品竞争力对总效应的影响最大；而泰国的各项效应中产品结构效应对总效应的影响最大；中国、加拿大、巴西、墨西哥以及新西兰5国对日本肉类出口的增长主要是综合竞争力提高所造成的。

增长效应：10国均由于日本肉类进口需求规模扩大而导致了本国肉类出口的增长，表现为各国增长效应指数均为正值。

产品结构效应：美国、澳大利亚、巴西以及新西兰的产品结构效应指数为负值，表明4国对日本的肉类出口集中在日本需求增长较慢的肉类商品上，其余6国的出口则是集中在日本进口需求增长较快的肉类商品上。

综合竞争力：墨西哥的综合竞争力提高幅度最大，其次是巴西、加拿大、中国、新西兰、澳大利亚、丹麦；而美国、泰国及韩国的综合竞争力在下降。

产品竞争力：澳大利亚的产品竞争力提高幅度最大，其次是美国、新西兰、韩国和巴西；而泰国的产品竞争力下降幅度最大，丹麦、中国、加拿大以及墨西哥的产品竞争力也有不同程度的下降。

净次结构效应：澳大利亚、巴西以及新西兰的净次结构效应指数为正值，表明3国出口结构的变动能够适应日本进口规模的变动，而其余7国出口结构的变动不能适应日本进口规模的变动。

动态结构效应：美国、丹麦、中国、加拿大以及巴西的动态结构效应指数为正值，表明5国在日本肉类进口需求增长较快的市场上的份额增长较快，其余5国的情况与之相反。

8.5.5 结论

第一，日本肉类进口需求规模逐年扩大为中国对日本的肉类出口提供了良好的机遇。日本肉类进口需求规模自2002年以来一直在稳定增长，刺激了10国对日本肉类出口的增长，表现为各国的增长效应指数均为正值。因此中国应抓住这个良好的机遇，促进对日本肉类出口的增长。

第二，竞争力是影响各国对日本肉类出口变化的主要因素。美国对日本肉类出口下降的主要影响因素是综合竞争力的大幅下降；澳大利亚对日本肉类出口增长主要是由产品竞争力的提高引起的；加拿大、巴西、墨西哥以及新西兰对日本肉类出口增长的主要影响因素是产品竞争力的提高。中国对日本肉类出口增长的主要影响因素也是综合竞争力的提高，但是部分肉类产品（第012类）的竞争力在下降。因此提高竞争力，特别是产品竞争力，以维持中国在日本肉类进口市场的份额，是中国促进对日本肉类出口的根本途径。

第三，中国的出口主要集中在日本进口需求增长较快的肉类品种上。1993~

2005 年，日本需求增长较快的是第 017 类商品，同期中国出口到日本的肉类产品也主要集中在第 017 类商品上，该组商品在中国出口到日本的肉类中的比例也在逐年提高。与此同时，中国出口到日本的第 017 类商品在日本市场上的份额也在大幅提高。中国应适应日本市场需求的特点，继续扩大第 017 类产品对日本的出口，以保持或增加中国肉类在日本的市场份额。

第四，中国应增加日本进口需求较大的肉类品种的对日出口。一直以来，中国对日本出口的是在日本进口市场上占比例较低的肉类品种（第 017 类商品）。但是在日本进口的全部肉类中占有比例较大的第 012 类商品上，中国的出口反而在下降。因此中国应增加第 012 类商品的份额以保持中国肉类总体在日本市场的份额不致以下降。

8.6　中国肉类产品出口结构的调整

8.6.1　CMS 模型主要结论

CMS 模型分析结果表明：入世以前，出口商品结构和市场结构对中国肉类出口增长的影响较小；而入世以后，出口商品结构开始促进中国肉类产品出口增长，而出口市场结构则制约着中国肉类产品出口增长。1996～2005 年，世界肉类产品进口需求年均增长 6.23%，拉动了中国肉类产品出口增长。然而，在出口竞争力以及出口商品结构、出口市场结构等因素的影响下，中国肉类产品出口年均仅增长3.40%。出口贸易商品结构以及市场结构、出口竞争力等因素影响着中国肉类产品出口增长。运用 CMS 模型对我国肉类出口变化进行分析得出的结论可概括为：

第一，我国肉类产品出口增长的主要因素是世界肉类贸易规模的扩大。

第二，我国肉类产品出口品种结构基本符合世界市场需求结构变化，出口市场结构欠佳。

第三，我国肉类出口竞争力不稳定，近年呈下滑趋势。

8.6.2　出口结构调整的对策

针对以上结论，结合我国肉类出口市场情况，稳定我国肉类出口市场份额及提升竞争力的主要对策有：

第一，稳定对俄罗斯、美国、其他国家的出口市场份额，尤其是应该加大对其他国家中对肉类进口需求增长较快的国家的出口，如科威特、阿拉伯联合酋长国、巴林、约旦、安曼、斯洛文尼亚、阿尔巴尼亚等国。

第二，进一步加大对马来西亚、荷兰等进口增长快于世界平均增长而中国对其出口低于中国出口增长率的国家的市场开发力度。

第三，提升出口肉类产品品质，开发出适应主要出口市场需求的肉制品，走以优质高价取胜之路，提升肉及肉制品的出口竞争力。

8.6.3 出口市场结构调整的方法

1996～2005 年，受全球肉类进口需求规模扩大的影响，中国肉类产品出口在不断增长。但是由于中国肉类出口存在市场集中度过高、出口主要集中在需求增长缓慢的市场上等市场结构不合理的问题，中国肉类出口增长缓慢，占国际市场份额不断下降。因此应当调整肉类出口的市场结构。调整肉类出口的市场结构、促进肉类出口增长的基本思路是：对各出口市场进行分类，然后甄别出各出口市场的类型，最后根据各种类型市场的特点采取不同的调整方法。

对中国内地肉类出口市场结构的调整可以按图 8-2 所示的出口地图进行。该出口地图的绘制方法如下：分别以各国（地区）从中国进口肉类的增长率以及各国肉类总进口的增长率为横、纵坐标，以中国肉类出口的平均增长率以及全球肉类进口的平均增长率为坐标原点，将各国（地区）绘制在出口地图上。出口地图的每个象限代表一种类型的市场，对不同类型的市场应采取不同的调整方法。由于数据资料的局限，本节在出口地图上仅对中国香港、日本、俄罗斯、阿尔巴尼亚、新加坡以及中国内地近年对其出口增长较快的约旦共 6 个主要出口市场作了划分。

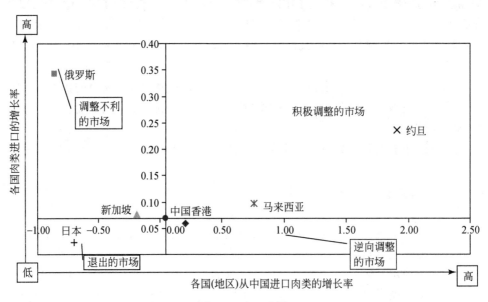

图 8-2　出口地图

中国肉类产品国际竞争力研究

积极调整的市场：约旦、马来西亚。其特点是：该类型市场的肉类进口增长率高于全球肉类进口平均增长率，从中国进口肉类的增长率也高于中国肉类出口平均增长率。因此该类型市场的需求潜力较大，同时中国肉类对该类型市场的出口较有优势，故而中国应当积极调整对该类型市场的肉类出口，以维持对该类市场的肉类出口不致减少。

调整不利的市场：俄罗斯、新加坡。其特点是：该类型市场的肉类进口增长率高于全球肉类进口平均增长率，但是从内地进口肉类的增长率低于向内地肉类出口平均增长率。因此该类型市场的需求潜力较大，但是中国肉类对该类型市场的出口不具有优势，故而中国应当促进对该类型市场的肉类出口增长，该类型市场是调整的重点。

退出的市场：日本。其特点是：该类型市场的肉类进口增长率低于全球肉类进口平均增长率，从中国进口肉类的增长率也低于中国肉类出口平均增长率。因此该类型市场的需求潜力较小，同时中国对该类型市场的出口不具有优势，故而中国不应继续扩大对此类型市场的肉类出口，应当逐步将出口转移到需求潜力较大的市场上。

逆向调整的市场：中国香港。其特点是：该类型市场的肉类进口增长率低于全球肉类进口平均增长率，但是从内地进口肉类的增长率高于向内地肉类出口平均增长率。因此该类型市场的需求潜力较小，尽管中国对该类型市场的出口较有优势，但是从长远来看，不应继续扩大对该类型市场的肉类出口。

第9章
中国肉类产品国际竞争力的
影响因素分析

本章目的是对中国肉类产品国际竞争力的测算结果进行解释。产品的国际竞争力是产业发展水平和产业国际竞争力的具体体现。本章上升到产业的高度，结合我国肉类产业特征、产业的价值链和产业链、驱动肉类产业发展的宏观因素等方面分析我国肉类产业发展水平，然后分别从主要目标市场国家的贸易壁垒和国内因素两个方面分析影响我国肉类产品国际竞争力的因素。

9.1　中国肉类产业发展现状概述

9.1.1　肉类产业特征

肉类产业在我国是传统产业，有 3000 多年的发展历史。现阶段我国肉类产业特征表现为：属于劳动密集型产业，产业的整体技术含量较低、进入壁垒低；产业链长，行业跨度大，涉及种植业、养殖业、饲料加工业、屠宰加工、生化制药及零售贸易等行业；产业集中度低，产业规模大，中小企业多且分散，企业规模和品牌集中度低，民营企业发展迅速；与农业关联度最强，肉制品加工业与农业相辅相成、相互促进、紧密相关，受到国家产业政策的大力支持和政府关注；与国际市场关系密切，相关企业肉类产品进出口业务较多，很多肉类加工企业依靠外贸出口。因此，国际肉食市场供需形势及进口政策对国内肉制品行业影响很大（表 9-1）。

目前我国肉类产业正处于转型期，大规模的现代生产方式与传统的小生产方式并存，先进的流通方式与落后流通方式并存，发达的城市市场与分散的农村市场并存。这种经济结构使肉类生产和肉类食品安全管理的难度增大，成本提高。

表 9-1　肉类产业特征

特　征	描　述
传统产业	劳动密集型产业，设备简陋，生产简单粗放，产品卫生质量与国际水平相差较远，产业整体技术含量不高，进入壁垒低
产业链长，行业跨度大	涉及种植业、养殖业、饲料加工业、屠宰加工、生化制药及零售贸易等行业
产业集中度低	产业规模大，中小企业多且分散，企业规模和品牌集中度低
与农业关联度强	肉制品加工业与农业相辅相成、相互促进，紧密相关，受到国家产业政策的大力支持和政府关注
与国际市场关系密切	相关企业肉类产品进出口业务较多，很多肉类加工企业依靠外贸出口。国际肉食市场供需形势及进口政策对国内肉制品行业影响很大

9.1.2　肉类产业的价值链

　　肉类产业的价值链涵盖养殖业、屠宰业、加工业、零售业等环节。处在价值链环节上的企业盈利风险有所不同。养殖环节受饲料价格波动及农户自养家畜量影响。如果未发生疫情，养殖企业总体净利润在 1%～2%，如果能够自主生产饲料，利润可能达到 3%～5%。屠宰企业主要靠收取加工费用盈利，受上下游价格波动影响较小。如果对屠宰后的动物脏器进行综合开发利用，一般净利润率可以达到加工费用的 15%～40%。肉类产品加工环节的利润率主要取决于规模和管理以及产品档次。以肉猪为例，一般新建养殖场规模在 10 000～20 000 头，屠宰厂的日宰杀能力在 3000 头左右。目前大型企业经营模式呈现以下特点：①为控制风险、降低成本基本实行了"公司＋基地＋农户"式的产业化经营，2005 年，机械化肉类加工企业自建养殖基地的比例达到 50%。②为提高盈利能力，基本上形成了饲料加工—养殖业—屠宰业—加工业的产业结构。龙头企业有两个发展动向：向深加工迈进，进入生物制药领域；向肉类流通领域渗透，发展冷鲜肉。零售环节利润率较高，由于终端零售业具有自主定价权，可通过调整价格把成本压力转嫁给厂家和消费者，将利润率保持在 10%～15%（表 9-2）。

表 9-2　肉类产业的价值链

行　业	状　况
养殖业	受饲料价格波动及农户自养家畜量影响
屠宰业	主要靠收取加工费用盈利，受上下游价格波动影响较小
加工业	加工业受下游价格影响较大，一般出口利润率同比高于内销利润率
零售业	终端零售业具有自主定价权，通过调整价格把成本压力转嫁给厂家和消费者

9.1.3 中国和发达国家的肉类产业链比较

9.1.3.1 养殖环节

中国的生猪养殖成本与美国相比并无优势；与加拿大及欧盟主要生猪生产国相比，也只有微弱的成本优势，如果考虑生猪品种质量上的差距，就基本无优势或仅有微弱优势。活牛的养殖成本中国有一定优势，收购价仅为养牛业十分发达的美国的50%。中国活鸡的收购成本明显高出美国，美国活鸡对中国有成本价格上的比较优势。

9.1.3.2 屠宰加工环节

国内的屠宰加工成本明显低于发达国家。例如，白条猪肉比美国、欧盟等国家每吨要低100多美元；牛肉加工成本也低于发达国家，进一步扩大了饲养阶段的成本优势；对鸡肉加工而言，尽管活鸡比美国价格高出不少，但屠宰加工后的批发价反而低于美国。肉类的批发价是各国肉类出口的基础价格，肉类出口价格的成本比较不能以活畜价格或零售价作参考，只宜以批发价格进行对比。中国屠宰加工成本低，在内销市场上应说是一种优势，只要质量有保障就会具有较强的竞争力。但是如果出口外销，仅靠加工成本低是不够的，只有加工的卫生条件、产品质量同时达到出口国的要求，才能夺取出口竞争上的优势。

9.1.3.3 零售环节

中国肉类零售价格普遍比发达国家低很多，甚至只有它们的几分之一，这一方面反映了这些国家的批零差价极大，批发让利于零售；同时更是由于发达国家肉类的分割、包装、保鲜、物流运输和营销服务等劳动附加值较高，相当多的劳动在零售企业进行，加上产品的内在质量好，国民购买力强，从而提高了肉类的零售价格。

中国肉类的价格有一定的优势，而问题的关键在于价格优势必须与质量、服务、品牌等结合起来，形成在国际市场上的综合竞争力。"隔行如隔山"，即使同为肉类行业，不同细分行业也存在很大差异。猪肉和禽肉在中国的分布较为均匀，而牛羊肉则多在北方饲料和牧草相对丰富的地带。畜禽的生长周期也存在很大差别，由此也导致市场供求关系的动态变化，进而影响价格波动。一般而言，肉鸡的生长周期很短，仅为1.5个月，肉猪的生长周期为10~12个月，肉牛的生长周期为25~30个月。因此牛肉价格通常相对稳定，而肉鸡的价格则波动较大。除了生长周期影响因素以外，还有其他价格影响因素值得关注。以牛肉为例，在学生开学季节，很多农牧民会集中销售育肥套现以支付相关教育费用，价格会偏低。反之在秋冬牛肉消费旺季，肉源紧俏，价格会走强。

我国肉类加工行业总体仍停留在"养殖、屠宰、加工、流通"的垂直一体化模式，在构建综合加工利用产业群方面步伐相对落后。

9.1.4　驱动肉类行业发展的宏观因素

近年来，随着经济发展和居民生活水平的提高，国内肉类及其制品的市场规模不断扩大。目前中国人均肉类消费量处在世界人均消费量的第 40 位，但国内肉类人均消费城乡差距很大。在农村市场，由于受农民收入增长滞缓的影响，农民对猪、牛、羊肉的人均年消费量仅为 13～15 千克，而城市居民达 22～25 千克的水平。肉类消费增长的主要驱动因素包括以下几个方面。

9.1.4.1　经济持续增长

中国经济将持续高速增长，预计未来 10 年国内 GDP 年均增长率不会低于 7%，这是国内肉类消费增长的物质基础。中国肉制品加工业已经历市场启动阶段，目前正值成长期。此阶段的特点是消费群体迅速壮大，产量与销售额持续增长，国内肉类消费与人均 GDP 保持同步增长趋势。

9.1.4.2　国内市场潜力大

肉类消费市场除在城市仍有扩展的空间外，在农村有着更大的增长潜力。随着中国农村城镇建设进程的加快和农民收入水平的提高，肉类食品消费数量会在一个较长的时间内持续增长。

9.1.4.3　国际市场需求大

加入 WTO，降低关税、取消配额、降低技术壁垒、开放服务贸易等一系列条件的优惠，使得国内企业在面临来自境外企业的严峻挑战的同时，也面向一个更为广阔的国际市场。国际市场对肉类实际需求量持续增大，尤其一些经济发达并注重环保卫生的国家和地区，更需有增无减地进口大量肉类来满足国内消费需求。

9.2　影响中国肉类产品国际竞争力的国际因素

9.2.1　有关农产品国际贸易协议及其影响

由于肉类产品在标准国际贸易商品分类 SITC 方法中属于食品，又属于农产品，因而约束肉类产品的是有关农产品贸易的国际协议。WTO 关于农产品国际贸易的有关协议主要有《农业协议》、《技术性贸易壁垒协议》（TBT 协议）和《实施动植物检疫和卫生措施协议》（SPS 协议）。其中对肉类贸易影响较大的是 TBT 协议和 SPS 协议。

技术性贸易壁垒指货物进口国家所制定的那些强制性和非强制性的技术法规、标准以及检验商品的合格评定程序所形成的贸易障碍，即通过颁布法律、法令、条例、规定、建立技术标准、认证制度、检验检疫制度等方式，对外国进口商品制定苛刻繁琐的技术、卫生检疫、商品包装和标签等标准，从而提高进口产品要求，增加进口难度，最终达到限制进口的目的。根据 WTO TBT 协议技术性贸易措施可分为三类，即技术法规、标准和合格评定程序。而广义的技术性贸易壁垒还包括产品检疫、检验制度与措施（SPS）、包装和标签及标志要求、信息技术壁垒以及绿色壁垒等，它们仍然经常以技术法规、标准和合格评定程序的形式出现。

SPS 协议对 WTO 成员在农产品的国际贸易中涉及的技术性措施进行了规范，防止各成员利用技术性贸易壁垒措施对农产品的国际贸易进行变相的限制，从而达到保护本国农业生产和国内农产品市场的目的。SPS 协议适用于规范那些与人类、动物和植物卫生和健康有关的措施，包括鱼类、野生动物和野生植物。主要包括以下 4 个方面：第一是保护人类或动物免受食物中的添加剂、污染物、毒素或病原体侵害的措施；第二是保护人体免受动植物疫病侵袭的措施；第三是保护动植物免受病虫害侵袭的措施；第四是防止或限制因病虫害传人和扩散而危害国家的措施。SPS 措施的表现形式有法律、法规、规定和标准；加工和生产方法；检测、检验、出证和批准程序；检疫处理方法；统计方法、抽样程序和风险评估方法；食品安全直接相关的包装和标签要求。

9.2.2　主要目标市场的技术性贸易壁垒及影响

由于日本、美国、欧盟在食品、农产品进口方面制定了较严苛的技术法规和标准及合格评定程序，形成了技术性贸易壁垒，对我国肉类产品出口造成障碍。对我国肉类产品出口影响较大的主要有以下几个方面。

9.2.2.1　日本的"肯定列表制度"

日本是我国肉类第一大出口市场，日本的技术性贸易壁垒既涉及国际标准，又有独自拟定的更加严格的法律法规和标准。日本的农产品技术性贸易壁垒是同食品的质量安全与卫生要求密不可分的，日本已于 2006 年 5 月 29 日实施的《食品残留农业化学品肯定列表制度》（简称《肯定列表制度》），主要内容是"两个限量",即"暂定标准"（provisional maximum limit）和"一律标准"（uniform limit）。"暂定标准"是对当前通用农药、兽药和饲料添加剂都设定了新的残留限量标准；"一律标准"是对尚不能确定"暂定标准"的农药、兽药及饲料添加剂都设定为 0.01ppm 的统一标准。其"一律标准"的设置实际上就是禁止尚未制定农、兽药残留限量标准的食品进入日本。日本残留限量新标准中仅"暂定标准"就有近 50 000 项，涉及农业化学品 734 种，而"一律标准"更是涵盖了"暂定标准"之外的其他所有农业化学品和农产品。从目前的情况来看，日本对农药残留的检测制度可以说是世界上最严格的制度。例如，美国认定的受限农药种类为 345 种，加拿大为 145 种，新西兰为 152 种，2006 年欧盟计划检测的残留农药种类为 260 种。我国目前的限量标准仅涉及农业化学品 200 余种，限量指标不到 3000 条，差距非常明显。在具体指标上，我国多数标准也明显较日本标准宽松。例如，我国规定氯霉素 A 在鸡可食组织中的限量标准为 2ppm，比日本标准宽了 200 倍。因此，日方标准覆盖面比我国标准宽得多，指标要求也严得多。

　　可见，作为中国最大的农产品出口目的国，日本采取世界上最严格的制度可能对我国肉类的对日出口产生较大的影响。日本实施《肯定列表制度》后，对我国输入日本的肉类产品、食品带来严重影响，导致成本加大、检测费用增加和检测时间延长，出口难度和风险增大。

　　SPS 措施方面，日本对畜产品和水产品制定各种抗生素、激素以及有害微生物的限制标准，日本对动物源食品的检测项目多达 30 项，涉及微生物、药物残留等诸多方面。

　　日本动物检疫的指导原则是《家畜传染病预防法》以及依据国际兽疫事务局（OIE）等有关国际机构发表的世界动物疫情通报制定的该法的实施细则，即禁止进口的动物及其产地名录。凡属该细则规定的动物及其制品，即使有出口国检疫证明，也一概禁止入境。例如，牛、猪、羊等偶蹄动物，因易感染口蹄疫，日本对其进口十分警惕。该类动物的活体、肉、内脏，以及香肠、火腿等肉制品均为日本重点检疫对象。日本将我国列为禽霍乱、禽流感、新城病疫区和猪牛疫区，因而使我国的禽、肉、蛋及其制品难以进入日本。日本对进口自我国的鸡肉要检查 40 多项。日本对中国向日本出口偶蹄动物热加工产品的生产企业的注册要求苛刻，需经日本官方派员现场考核认可，否则不准向日本出口。

　　在我国禽肉出口地区结构中，日本占有重要地位，出口日本的禽肉数量占我国禽肉总出口的 30%～60%。但是继 2001 年 7 月日本和韩国对我国禽肉实行进口限制以后，日本政府又于 2001 年 12 月 27 日宣布，由于在中国产鸡肉中检测出了鸟类特有的"新城病"病毒，要求中国方面不要向日本出口有关农场及其周围 50 千米以内地区出产的鸡肉产品，对中国鸡肉再次实行进口限制。这给我国肉鸡产业带来极大的负面影响。

9.2.2.2 中国香港的食品行业管理法

中国香港 2006 年公布的《食品行业管理法（修正案）》，规定在生鲜商店或者市场出售的冷、冻牛肉、羊肉和猪肉必须预先包装和贴有合适的标签。标签上必须提供的信息与《食品和药品管理法》（成分和标签）的规定相类似，如产品名称、保质期、净重等。此外，标签上必须标注屠宰场的名称和地址以及屠宰日期。该法规定预包装和加贴标签可在出口国或香港本地完成。

我国内地猪肉对香港地区出口占总出口的比重很大。由于近年受欧洲大规模口蹄疫爆发的影响以及香港食品需求结构变化，猪肉可替代品增多，导致我国内地对香港地区的猪肉及活猪出口下降。

9.2.2.3 韩国肉类产品进口管理制度

韩国政府管理肉类产品进出口的主要手段为关税、检验检疫和安全卫生标准，其主要依据为管理进出口的《家畜传染病预防法》、《南北交流合作相关法律》、管理产品流通的《畜产品加工处理法》等法律及动物药品使用规则、口蹄疫及疯牛病疫区产品紧急进口限制制度、家禽肉检疫制度、原产地标志制度等。韩国《食品公典》对 202 种农药规定了残留许可基准；对抗生素、合成抗生素、激素制剂、重金属及放射性物质也规定了严格的残留许可标准；此外还规定不准检出病原微生物等。韩国公布的 2002 年版《食品公典》，对肉类、水产品、乳制品、食品中的抗生素、杀虫剂、激素残留允许基准进行了修订。另外，对农产品中使用激素和抗生素等也严格限制。

韩国的检验检疫制度规定：中国对韩国出口畜产品的生产企业需经韩国评估注册，然而韩国注册进程非常缓慢，目前中国仅有 11 家畜肉加工企业获韩国注册取得对韩出口资格，这使得中国畜肉产品对韩出口非常有限。韩国对全部畜产品实施进口检疫认证制度，即出口国提出申请并提交相应的动物疫病资料由韩国有关机构进行评估认证，非国际兽医组织成员的生产国需接受韩国实地检疫调查达成双边检疫协定后其产品方可对韩出口。韩国以中国不是国际兽医组织成员且是口蹄疫疫区为由禁止中国全境的偶蹄类动物产品对韩国出口。此外韩国农林部制定的粗饲料进口卫生条件规定不能向韩国出口偶蹄类动物及其制品的国家地区被自动排除在对韩粗饲料出口不受限国家（地区）名单外。在疫病区域化问题上韩国一直将中国全境视为一个整体。一旦发现中国某一地区存在韩国禁止入境的动植物疫病或虫害，则中国其他非疫区生产的同类产品也将被禁止进口，如在对中国产家禽肉检疫评估时，韩国以从某一企业产品中检出韩国禁止的病原体为由将中国其他地区生产的同类产品均列入禁止进口范围。

韩国的技术性贸易措施自 2002 年起更加严格。根据韩国《2002 年 HS 进出口通关便览》显示，韩国几乎把所有农产品都置于各种质量安全和检疫法规的保护之下，其主要制度包括转基因加工食品标志制度，水果、蔬菜、花卉病虫害检疫制度，口蹄疫及疯牛病疫区产品紧急进口限制制度，家禽肉检疫制度，水产品安全检疫检验制度，177 种进口农产品原产地强制标志制度，农药和有害物质成分标准规定等。

9.2.2.4 俄罗斯的 SPS 措施

我国肉类出口俄罗斯的历史较早，但发展很慢，特别是近年来俄罗斯加强了对进口肉类市场的管理，同时对进口肉类的要求和标准也越来越高，导致我国肉类产品进入俄罗斯市场的难度加大，在俄罗斯市场中所占的份额逐渐减少。

俄罗斯对进口冻肉类产品的卫生要求越来越严，主要表现为提高了农药残留的限量和数量的检测标准。农药残留限量由原来的 4 种，增加到 24 种，农药残留的数量由原来的 10 种增加为 59 种。同时规定了不得检出的残留农药共 35 种；新增加了 49 种农药残留的检测；生物毒素检测包括黄曲霉毒素、重金属检测等 6 种；抗生素检测的主要对象是四环素，限量未变；激素类药物检测增加了对雌二醇和睾丸甾酮含量的检测；还新增加了对亚硝基胺的检测；另外增加了微生物指标，检测细菌总数、大肠菌群、沙门氏菌等。除了上述卫生要求外，对动物的健康要求、冻肉的加工质量和储藏时间、包装材料及相关标志等也有明确规定。

中国企业在向俄罗斯出口畜肉时，俄罗斯政府要求中国所有生产厂商均须经俄方兽医实地逐个检查，并对出口产品进行复检，对中国检验证书加以背书。目前俄罗斯政府不但要求俄方兽医对中国出具的猪肉、牛肉《兽医卫生证书》背书，对其他畜肉、禽肉、肠衣等产品的检验证书也要求进行背书。同时，俄罗斯政府在商品检验检疫程序和中国企业申请质量认证方面手续繁琐，时间较长，常常延误正常的贸易活动。2002 年俄罗斯农业部以中国有关部门没有能够按照先前双方达成的协定满足兽医检查的要求为由，宣布俄罗斯将禁止从中国进口一切猪肉、牛肉和禽肉，这一禁令虽然于 2002 年 4 月 1 日解除，但也曾一度给中国肉类出口造成影响。

由于近年来世界各国不断出现诸如禽流感、疯牛病、口蹄疫等重大畜禽疫病，俄罗斯频频中断从主要肉类供应国的进口，造成肉类进口管理极不稳定。2004 年 4 月，在距中国边境 15 千米的俄罗斯境内爆发了口蹄疫，俄方以怀疑疫情来自中国为由，自 9 月起禁止从中国进口动物产品，以及从中国进口经俄罗斯向第三国转口的动物源性产品。

9.2.2.5 欧盟的肉类进口门槛

多年来，欧盟一直以疫情（禽流感、口蹄疫）国家为由禁止进口我国的禽肉、动物肉类；2002 年初，又以氯霉素残留超标为由禁止进口我国动物源性食品（包括食品、水产品、肠衣、蜂蜜等）；2002 年 1 月 25 日欧盟兽医常设委员会表决通过暂时停止从中国进口鸡肉、兔肉和冻虾等食品的决议，并指出这些产品中含有抗生素。欧盟执行委员会随即宣布基于健康理由，欧盟将从 2002 年 1 月 27 日起禁止进口中国上述产品。随后日本也跟着宣布要与欧盟密切合作，共同检查我国动物源食品安全状况。2002 年 2 月 27 日，瑞士联邦卫生局声称在所进行的 50 次检验中，有 6 次发现含有抗生素的残留物。虽然这不会对人的健康构成直接的威胁，但由于违反了联邦食品法，所以仍做出了这一决定。之后经过我国多方努力，瑞士联邦卫生局 4 月 3 日宣布部分地取消进口中国家禽的禁令。

2006 年 1 月 1 日开始实施的《欧盟食品及饲料安全管理法规》，进一步抬高了食品进口门槛，要求对食品供应链（从农场到餐桌）实行综合管理，还特别加入了善待动物条款，并建立了问题食品召回制度。2007 年欧盟又出台了食品污染最高限量的新法规（EC1881/2006 号条例），于该 3 月 1 日正式生效，水产品、动物产品、加工食品等各类动物源性食品、农产品都在新法规的监控范围内。新法规对硝酸盐、真菌毒素、重金属、二噁英及类二噁英多氯联苯、三氯丙醇和苯丙吡六大类食品污染物作出了最高限量要求。新法规的实施对我国肉类产品输欧影响大。

由于卫生安全等问题，从 1994 年以来，我国的猪肉、牛肉几乎不能进入美国市场；欧盟至今仍禁止进口我国的猪肉、牛肉和禽类产品；我国的近邻日本和韩国宁可舍近求远从其他国家高价购买，也不从我国进口低价的偶蹄动物产品；俄罗斯需要大量进口肉类，但对我国肉类安全卫生质量不信任，给我国的进口配额远远低于其他国家。特别是近年来，我国出口的动物源性食品常常因为卫生安全问题而被退货、销毁甚至封关，使我国动物和动物产品即使价格低廉也难以进入国际市场，价格低廉的竞争优势基本丧失。

9.2.3 技术性贸易壁垒影响中国肉类出口的实证分析——以中国对日本出口为例

2000～2008 年，日本就肉类产品向 WTO 的 SPS 通报数为 9，全部产品的 SPS 通报数为 155，肉类通报占比为 5.81%，这一比重在中国的肉类出口市场中低于约旦、新加坡和马来西亚，但高于世界平均占比的 2.54%。同一时期，日本肉类 TBT 通报数为 28，占全部产品 TBT 通报数的 7.78%，低于韩国和摩尔多瓦，但高于世界平均水平（3.51%）。可见，日本肉类的技术性贸易壁垒程度比较高（表9-3）。

表9-3　中国内地及其主要市场国（地区）向 WTO 的 SPS 及 TBT 通报数（2000～2008 年）

国家（地区）	SPS（肉类）	SPS（全部产品）	肉类 SPS 占比/%	TBT（肉类，02＋16）	TBT（全部产品）	肉类 TBT 占比/%
中　国	2	120	1.67	3	594	0.51
世　界	178	7005	2.54	289	8231	3.51
日　本	9	155	5.81	28	360	7.78
中国香港	1	20	5.00	1	39	2.56
韩　国	5	249	2.01	34	237	14.35
新加坡	3	23	13.04	0	7	0.00
美　国	49	2136	2.29	15	679	2.21
摩尔多瓦	0	2	0.00	3	19	15.79
约　旦	5	19	26.32	0	8	0.00
马来西亚	2	15	13.33	0	18	0.00
合　计	74	2619	2.83	81	1367	5.93

资料来源：中国 WTO/TBT-SPS 通报咨询网

9.2.3.1　样本、数据来源和研究方法

本节的出口额和出口重量数据来自联合国商品贸易数据库（UN COMTRADE）。采用《商品名称和编码协调制度》（HS1992、HS1996、HS2002）所确定的分类目录，肉类产品包括 02 章，肉类及可食用肉杂碎；1601 品目，香肠类产品；1602 品目，肉类制品及罐头。中国和日本的各年 GDP 数据均采用世界银行报告的数据，来自中国国家统计局网站。

虚拟变量的设置参考了日本对中国肉类实行的进口限制及日本《肯定列表制度》的实施情况。日本于 2001 年 12 月 27 日宣布限制进口中国鸡肉，其效应可视为自 2002 年开始显现。2002 年 4 月日本实施包括肉类食品在内的食品标记制度，则认为自当年开始发生作用。2006 年 5 月起实施的《肯定列表制度》则认为在当年即对中国肉类出口日本产生效应。考虑到虚拟变量个数不宜太多，不针对 2003 年日本修改并实施《家畜传染病预防法》及对动物源性食品检测项目的《临时标准》的实施设置虚拟变量（表9-4）。

表9-4　近年来日本提高进口肉类技术性贸易壁垒的主要事件

时　间	事　件
2001 年 12 月 27 日	以在中国鸡肉中检测出"新城病"为由，宣布对中国鸡肉实行进口限制
2002 年 4 月 1 日	日本政府要求所有在日本市场出售的农产品、水产品和畜产品都必须清楚地表明原产地。从 2002 年 7 月 1 日起，要求在日本市场上出售的各类新鲜水产品、肉类和新鲜蔬菜类产品都必须实施明确的标记制度

时　间	事　件
2003 年 4 月	日本实行农药和动物药品残留"临时标准制度"。对动物源食品的检测项目多达 30 项，涉及微生物、农药残留等诸多方面
2003 年 6 月 1 日	修改并实施《家畜传染病预防法》
2006 年 5 月	实施《食品残留农业化学品肯定列表制度》

9.2.3.2　模型方程设定

运用引力模型原理，拟定中国对日本肉类出口模型方程为

$$LN_V = a + b0 \times LNGDP_c + b1 \times LNGDP_j + b2 \times D_1 + b3 \times D_2 \qquad (9\text{-}1)$$

$$LN_W = a + b0 \times LNGDP_c + b1 \times LNGDP_j + b2 \times D_1 + b3 \times D_2 \qquad (9\text{-}2)$$

式中，V 和 W 分别为中国对日本出口肉类的金额和重量，式（9-1）用来考察日本的肉类技术性贸易壁垒对中国输日肉类出口额的影响，式（9-2）用于考察出口量受日本肉类技术性贸易壁垒影响的程度（表9-5）。

表 9-5　各解释变量的含义及预期符号

解释变量	含　义	预期符号	说　明
GDP_c	出口国 c（中国）的 GDP	+	代表出口国的经济发展水平及对进口肉类的需求能力
GDP_j	进口国 j（日本）的 GDP	+	代表进口国的经济发展水平及肉类出口供给能力
D_1 D_2	虚拟变量，测度日本主要的肉类技术性贸易壁垒事件的影响	−	日本肉类进口限制及检测标准提高构成了对中国肉类的技术性贸易壁垒，对出口有负面影响

9.2.3.3　技术性贸易壁垒影响我国肉类对日本出口额的计算结果分析

选取 1992~2007 年共 16 年的时间系列数据，采用 Eviews 进行分析，首先采用普通最小二乘法（OLS）对两模型进行回归。技术性贸易壁垒等因素对我国肉类对日本出口金额影响的结果见表 9-7。R-squared 值为 0.877 103，表明模型的拟合优度一般，但在实际调查数据中 0.6 以上已经是可以的结果，$P = 0.000\ 057$ 表示显著，各解释变量的 P 值均显著，$DW = 1.516\ 605$，方程是否不存在一阶自相关无法确定，但对其残差做检验显示其不存在一阶和二阶自相关，变量 D_1 及 $LNGDP_c$ 均通过检验，但 D_2 和 $LNGDP_j$ 未通过检验，然后做冗余变量检验，结果显示去除任意解释变量，回归结果都不是很好，即模型方程中需保留所有解释变

量。从结果变量的系数符号可以看出，2002 年和 2006 年日本技术壁垒的加强对我国肉类出口额的负效应显著，特别是 2002 年技术性贸易壁垒的影响程度较大，其弹性系数为 −0.764 146，而 2006 年技术性贸易壁垒对中国肉类出口日本的影响弹性系数较小，为 −0.223 342，这一结果可能由于样本数据止于 2007 年，2006 年 5 月日本实施《肯定列表制度》，这一制度的实施对中国肉类出口日本的影响还未能有足够多的年度数据可供分析，但其负效应已经开始显现。$LNGDP_j$ 的系数为 0.483 622，这与预期符号相符，即日本 GDP 增长代表了对肉类需求能力的增强，对中国肉类出口日本有明显的拉动作用。而 $LNGDP_c$ 的系数符号为负，这与预期结果不符，除了模型估计的不足之外，经济意义的解释有两个方面，一是由于中国经济实力的增强而国内市场对肉类需求增强，国内消费占比增加而出口减少；二是中国近些年在开发新的肉类出口市场方面取得成效，而开发新市场的能力是与 GDP 增长相关的，对新市场出口扩张导致对日本出口减少（表 9-6，表 9-7）。

表 9-6　1992～2007 年中国对日本肉类出口情况、两国 GDP 及虚拟变量设置

年　份	出口额 /万美元	出口重量/吨	中国 GDP /亿美元	日本 GDP /亿美元	虚拟变量 D_1	虚拟变量 D_2
1992	15 649	82 534	4 181	37 190	0	0
1993	16 416	91 704	4 318	42 751	0	0
1994	33 015	155 226	5 425	46 891	0	0
1995	54 978	231 913	7 002	51 374	0	0
1996	61 621	255 653	8 165	45 993	0	0
1997	57 086	263 072	8 982	42 123	0	0
1998	56 985	274 573	9 463	38 081	0	0
1999	64 314	308 911	9 895	43 469	0	0
2000	77 860	380 982	11 985	47 461	0	0
2001	82 320	217 435	11 757	41 624	0	0
2002	74 146	309 009	12 710	39 708	1	0
2003	70 326	276 120	16 410	42 911	1	0
2004	72 329	226 838	19 317	46 228	1	0
2005	93 397	293 729	22 439	45 059	1	0
2006	100 059	320 804	26 681	45 905	1	1
2007	104 303	320 534	32 801	43 767	1	1

资料来源：贸易数据来自 UN COMTRADE；GDP 数据来自中国国家统计局网站/国际数据

表 9-7　我国对日本肉类出口额模型回归结果

Variable	Coefficient	Std. Error	t-Statistic	Prob.
D_1	-0.764146	0.240565	-3.176459	0.0088
D_2	-0.223342	0.214247	-1.042448	0.3196
$LNGDP_j$	0.483622	0.754785	0.640741	0.5348
$LNGDP_c$	-1.455203	0.221670	-6.564732	0.0000
C	19.27996	8.892603	2.168090	0.0530

Dependent Variable：LNV

Method：Least Squares

Date：03/27/09　Time：21：19

Sample（adjusted）：1992 2007

Included observations：16 after adjustments

R-squared	0.877103	Mean dependent var		10.95904
Adjusted R-squared	0.832414	S. D. dependent var		0.569650
S. E. of regression	0.233199	Akaike info criterion		0.176461
Sum squared resid	0.598202	Schwarz criterion		0.417895
Log likelihood	3.588313	F – statistic		19.62654
Durbin-Watson stat	1.516605	Prob（F-statistic）		0.000057

9.2.3.4　技术性贸易壁垒等因素影响我国肉类对日本出口重量的计算结果及分析

模型回归结果见表 9-8。R^2 值为 0.692172，矫正的 R^2 值为 0.580 235，拟合优度一般，P 值为 0.007 372 显著，各解释变量的 P 值均显著，DW 值为 2.004 950，方程不存在一阶自相关，对其残差做检验显示其不存在一阶和二阶自相关，变量 D_1、$LNGDP_c$ 均通过检验，但 D_2、$LNGDP_j$ 未通过检验，然后做冗余变量检验，结果显示去除任意解释变量，回归结果都不是很好。

表 9-8　我国对日本肉类出口重量模型回归结果

Dependent Variable：LNW

Method：Least Squares

Date：03/27/09　Time：21：21

Sample（adjusted）：1992 2007

Included observations：16 after adjustments

Variable	Coefficient	Std. Error	t-Statistic	Prob.
D_2	-0.219127	0.259680	-0.843835	0.4167
D_1	-0.655703	0.291579	-2.248801	0.0460
$LNGDP_j$	-0.219127	0.914844	0.451812	0.6602
$LNGDP_c$	-1.071998	0.268677	-3.989917	0.0021
C	17.92027	10.77835	1.662617	0.1246
R-squared	0.692172	Mean dependent var		12.35864
Adjusted R-squared	0.580235	S. D. dependent var		0.436262
S. E. of regression	0.282651	Akaike info criterion		0.561101
Sum squared resid	0.878809	Schwarz criterion		0.802535
Log likelihood	0.511195	F-statistic		6.183572
Durbin-Watson stat	2.004950	Prob (F-statistic)		0.007372

从回归结果的解释变量系数符号可看出，日本 2002 年及 2006 年两次技术性贸易措施的加强均对中国肉类出口日本产生负效应，其中 2002 年的负效应尤为明显，弹性系数达 $-0.655\,703$，2006 年的弹性系数为 $-0.219\,127$，2006 年日本《肯定列表制度》对中国肉类出口日本的负效应还有待于后续数据来验证。中国 GDP 及日本 GDP 影响中国对日本肉类出口重量的符号均为负，系数分别为 $-1.071\,998$ 和 $-0.219\,127$，这与预期不符，其中中国 GDP 增加导致对日本肉类出口重量减少的原因类同于前面所分析的中国 GDP 增加导致对日本肉类出口额的减少；而随着日本 GDP 增加中国对日本肉类出口重量减少的原因可从经济意义方面得到解释，即随着日本 GDP 增长而购买力增加，日本进口中国肉类的加工程度提高，即由进口肉及可食用杂碎（02）转而进口较多的香肠类产品（1601）和肉类制品及罐头（1602），这一点从中国近年来对日本出口肉类的加工程度逐年提高可得到印证。

9.3 影响我国肉类产品国际竞争力的国内因素

主要从肉类生产结构（由要素禀赋决定）、生产技术因素、国内需求、相关产业、企业经营规模等方面分析影响中国肉类国际竞争力的国内因素，并与肉类竞争力强国进行比较，揭示中国肉类国际竞争力较低的原因。

9.3.1 肉类生产结构

在我国肉类生产结构中,猪肉占比重较高,1995年以来猪肉的产量比重一直占到65%以上;其次是禽肉,占总产量的18.9%;牛肉产量仅占总产量的9.5%;羊肉产量占总产量的5.5%;其他肉类产量占总产的1.6%。我国的肉类生产结构不符合国际市场肉类需求发展趋势。2005年,世界肉类贸易商品结构中,牛肉〔包括鲜、冷牛肉(0201)和冷、冻牛肉(0202)〕占肉类总体的28.66%,鲜、冷、冻猪肉(0203)占比重为24.56%,家禽肉及可食用杂碎(0207)占有17.55%的比重,肉类制品及罐头(1602)占10.9%(第3章),可见牛肉在国际肉类贸易中占有重要地位,而猪肉的地位在牛肉之后,我国肉类的生产结构制约了我国肉类的出口品种结构,因而对影响着在国际市场的竞争力。

我国肉类生产结构是由我国资源条件即生产要素条件决定的。相对于牛肉和羊肉,猪肉、鸡肉属劳动密集型产品,而牛肉、羊肉等草畜肉类属土地密集型产品。受制于我国劳动力充裕而土地要素相对稀缺的特点,我国主要生产劳动力密集型的肉类,而澳大利亚、新西兰等国主要生产并出口土地密集型的肉类。

肉类竞争力强国新西兰、澳大利亚、巴西人均占有土地面积分别为6.68公顷、38.64公顷、4.79公顷,中国人均土地面积仅0.74公顷,2002年新西兰、澳大利亚、巴西三国多年生牧场面积分别为386万公顷、39 840万公顷、19 700万公顷,人均占有量分别为3.46公顷、20.04公顷、1.12公顷,中国仅为0.3公顷(表9-9)。新西兰、澳大利亚、巴西土地要素丰裕,具有得天独厚的从事土地密集型肉类(牛肉、羊肉)生产的要素禀赋优势,并在国际牛、羊肉贸易中具有竞争优势;中国的土地要素不丰裕,人均土地面积及多年生牧场面积均大大低于三个肉类竞争力强国,因而中国在符合国际市场需求的牛、羊肉生产及贸易上具比较劣势。

表9-9 主要肉类出口国土地资源状况比较

国　家	人均占有土地/(公顷/人)	多年生牧场面积/万公顷	人均占有牧场面积/(公顷/人)
新西兰	6.68	386	3.46
澳大利亚	38.64	39 840	20.04
巴　西	4.79	19 700	1.12
中　国	0.74	—	0.3

资料来源:国家统计局,2006

9.3.2 生产技术水平

我国肉类生产的技术进步率低，养殖单产水平低，生产流通方式落后，成本相对较高，质量安全水平低（见9.3.3节），这些都影响了我国肉类的国际竞争力。

用畜禽每头（只）胴体重代表畜禽单产，从表9-10可看出，我国主要畜禽单产低于世界平均水平。猪胴体重世界平均78.1千克/头，中国为77.1千克/头；牛和小牛胴体重世界平均为204.3千克/头，中国为137.0千克/头；水牛胴体重世界平均为140千克/头，中国为100千克/头；山羊和绵羊胴体重世界平均为14.2千克/头，中国为136千克/头；羊和小羊胴体重世界平均为15.5千克/头，中国为14.5千克/头；骡胴体重世界平均为100.5千克/头，中国为100千克/头；马胴体重世界平均为158.8千克/头，中国为120千克/头；禽胴体重世界平均为1508克/只，中国为1476克/只；鸡胴体重世界平均为1392克/只，中国为1333克/只；鸭胴体重世界平均为1460克/只，中国为1312克/只。

表9-10 2002年中国和世界主要畜禽胴体重比较

地 区	猪/(千克/头)	牛和小牛/(千克/头)	水牛/(千克/头)	山羊和绵羊/(千克/头)	羊和小羊/(千克/头)	骡/(千克/头)	马/(千克/头)	禽/(克/只)	鸡/(克/只)	鸭/(克/只)
世 界	78.1	204.3	140.0	14.2	15.5	100.5	158.8	1 508	1 392	1 460
中 国	77.1	137.0	100.0	13.6	14.5	100.0	120.0	1 476	1 333	1 312

资料来源：根据中国畜牧业年鉴（2003）整理而得

我国肉类流通方式落后。据调查，我国80%的肉类是以传统的大案卖肉的方式销售的，2003年精深加工肉制品只占总量的5%，加上传统的手工作坊加工，肉制品只占全部肉类的10%，离肉类产业发达国家肉制品占到20%～40%的比例还有很大差距。

9.3.3 国内需求因素

迈克尔·波特的竞争优势理论认为，国内需求是影响一国产业国际竞争力的重要因素。迈克尔·波特将国内需求分为细分的需求、老练挑剔的需求、前瞻性需求三类。一国在某一个细分市场上的需求量大，就会产生规模经济，这个国家在此细分市场上将占优势。老练挑剔的需求对企业构成经常性的压力，促进企业通过不断的技术创新来生产出适应消费者需求的产品。前瞻性需求若能在国外市场上迅速增长，则该国产品就具有别国产品所不可比拟的竞争优势。

为了深入了解中国居民肉食品需求特点，本书作者组织大学生调查小组，于2007年8月初对湖北省广水、随州、老河口及黄冈市和下辖城镇500个居民家庭进行了实地调查，收回有效问卷382份，从回收问卷中的受访者年龄、职业、收入等基本信息特征看，调查范围比较广泛，收集到的数据可用于分析。基于调查得出如下分析结论。

9.3.3.1 肉类产品国内需求量呈持续上升趋势

通过对"近五年您家肉食品购买变化"的选择可以看出，226人选择增加，占59.2%，89人选择减少，占23.3%，66人选择不变，占17.3%。

同时，从全国人均肉类消费的统计数据来看，也呈现出增长的态势。1995～2005年，全国农村居民家庭全年人均猪、牛、羊、禽肉及制品消费量逐年上升，从1995年的人均每年消费13.12千克上升到2005年的22.42千克，城镇居民人均猪、牛、羊、禽肉消费量也由1995年的23.83千克上升到2005年的32.83千克，农村居民人均肉类消费量增长量略高于城镇居民（表9-11）。

表9-11　1995～2005年中国居民家庭全年人均肉类[*]消费量（单位：千克）

项　目　＼　年　份	1995	1999	2000	2002	2003	2004	2005
农村居民家庭	13.12	16.35	18.3	18.6	19.68	19.24	22.42
城镇居民家庭	23.83	24.92	25.5	—	32.94	29.22	32.83

＊包括肉、禽及制品
资料来源：根据历年中国统计年鉴整理而得

9.3.3.2 肉类消费以猪肉为主，主要购买加工程度较低的鲜肉

在"您最常购买的肉类品种"的选择上，有296人选择猪肉，占被调查对象的77.5%，82人选择鸡、鸭、鹅肉，占被调查人数的21.5%，另有54人选择牛肉，占被调查人数的14.15%。

对于"您经常购买的肉类有哪几种"的回答（表9-12），271人回答是"热鲜肉"，占被调查对象的70.9%，103人回答是"冷鲜肉"，占被调查人数的27.0%，33人回答是"腌制、熏制或干制肉"，占被调查对象的8.6%，38人选择"熟肉制品"，占被调查对象的10.0%。由此可见，将近98%的被调查对象经常购买"热鲜肉"和"冷鲜肉"，而回答经常购买"腌制、熏制或干制肉"和"熟肉制品"的受访者仅占被调查人数的18.6%。说明我国国内对肉类的需求仍以初级产品为主，国内需求仍处在较低的水平，尚未达到老练挑剔的需求水平，离前瞻性需求距离尚远。

表 9-12　消费者购买肉类品种调查结果

经常购买的肉类品种	热鲜肉	冷鲜肉	冷冻肉	腌制、熏制或干制肉	熟肉制品
人数/人	271	103	45	33	38
占总人数比例/%	70.9	27.0	11.8	8.6	10.0

资料来源：根据调查数据整理

9.3.3.3　消费者普遍关注并担心肉食品的品质和安全

对于"您在日常购买肉食品时，最注重的是"的回答（表 9-13），171 人回答最注重"品质与安全"，占被调查人数的 44.9%；134 人回答最注重"新鲜度"，占被调查人数的 35.1%；注重品质与安全及新鲜度的人数占被调查总人数的将近 80%。141 位受访者注重肉食品价格，占总被调查人数的 36.9%。56 人回答注重"营养"，占被调查人数的 14.7%。选择注重风味的仅有 11 人。由此可见，消费者购买肉食品时普遍注重肉类品质安全及新鲜度，其次是注重肉食品价格。

表 9-13　影响消费者肉食品购买的因素

因　素	品质与安全	新鲜度	价　格	营　养	风　味
人数/人	171	134	141	56	11
占总人数比例/%	44.9	35.1	36.9	14.7	2.9

资料来源：根据调查数据整理

对于"您购买肉食品时会担心肉食品质量安全吗？（如药物残留或疫病）"的回答（表 9-14），134 人回答"很担心"，占被调查人数的 35.15%，200 人回答"有点担心"，占被调查人数的 52.4%，只有 37 人回答"不担心"，占被调查人数的 9.7%。

表 9-14　消费者对肉类食品质量安全的评价

评　价	很担心	有点担心	不担心
人数/人	134	200	37
占总人数比例/%	35.15	52.4	9.7

资料来源：根据调查数据整理

当被问及"假如现在市场上有质量安全的肉食品，但价格会比普通产品贵一些，您愿意买吗？"时，有 45 人回答"非常愿意"，占被调查人数的 11.8%，208 人回答"比较愿意"，占被调查人数的 54.5%，86 人回答"无所谓"，占被调查人数的 22.5%，另有 41 人回答"不愿意"，占 10.7%（表 9-15）。回答

"非常愿意"和"比较愿意"的人数合计占总人数的 66.3%。

表 9-15 消费者对于有质量保障的肉类产品的购买意愿

购买意愿	非常愿意	比较愿意	无所谓	不愿意
人数/人	45	208	86	41
占总人数比例/%	11.8	54.5	22.5	10.7

资料来源：根据调查数据整理

问及"假设市场上普通肉类价格为 5 元/千克，现有同一品种质量有保证的肉类产品，您能接受的最高价格是多少"时，214 人选择"11~12 元"，占被调查人数 56%，125 人选择"13~14 元"，占被调查人数的 32.7%，29 人选择"15~16 元"，占被调查人数的 7.6%，仅有 1 人回答"18~20 元"，占被调查人数的 2.6%。

调查结果还显示，湖北省城镇居民对品牌肉制品的购买较少，在所列出的中国较有影响的 10 个肉类品牌中，消费者购买最多的是"双汇"，有 318 人，占被调查人数的 83.2%，其次是"金锣"，141 人购买过，占被调查对象的 36.9%，有 29 人购买过"雨润"，占被调查对象的 7.6%，购买其他各品牌肉类的人数均在 10 人以下。

当问及"您消费较贵的肉食品是在什么地方"时，173 人回答是在"餐馆"，占被调查人数的 45.3%，144 人回答"在家中"，占被调查人数的 37.7%，另有 60 人回答"在亲友家中"，占被调查人数的 15.7%。

9.3.4 肉类相关产业状况

9.3.4.1 我国饲料业相对落后

饲料业是与肉类产业紧密相关的产业，饲料费用在肉类产品物质成本中占比重最大，是肉类产业最重要的相关产业。近几年中国饲料产业获得了快速发展，2005 年中国饲料产量突破 1 亿吨，居世界第二。但中国饲料业的起步较晚，饲料业竞争力与其他肉类出口大国相比有一定差距。巴西、美国、澳大利亚饲料业竞争力强大，其贸易竞争指数均大于 0.5（表 9-16），为其各自的肉类产业提供了有力的支持。从表 9-16 可看出，2002 年中国饲料业竞争力已接近澳大利亚的水平，但与巴西、美国相比，差距仍然存在。中国饲料业竞争力虽总体处于落后状况，但差距正在缩小。

表 9-16　中国与肉类竞争力强国饲料业贸易竞争指数及趋势

国　　家	1998 年	1999 年	2000 年	2001 年	2002 年
巴　　西	0.92	0.94	0.93	0.93	0.90
美　　国	0.73	0.71	0.72	0.75	0.73
澳大利亚	0.58	0.60	0.70	0.60	0.51
新西兰	-0.36	-0.49	0.06	0.09	0.06
德　　国	-0.02	-0.04	-0.10	-0.07	-0.07
法　　国	-0.04	0.02	-0.09	-0.12	-0.08
中　　国	-0.668	-0.035	-0.054	0.357	0.499

资料来源：根据 FAO 原始数据计算

9.3.4.2　我国肉类加工机械制造业技术水平低

肉类加工机械业是肉类产业的装备部门，与肉类产业发展关系紧密。根据中国肉类协会的统计，我国大多数肉类机械制造业还处在较低水平，生产的大部分还是简单机械和给国外设备配套的附属设备，技术含量较低。从整体技术水平看，我国大部分肉类加工设备还处在欧美国家 20 世纪 80 年代的水平，只有很少量达到 90 年代的水平。也就是说，我国肉类加工机械技术水平落后于发达国家 10~20 年。

9.3.5　企业规模

9.3.5.1　养殖企业规模小

以肉牛养殖为例，2004 年，全国肉牛规模以上养殖出栏总数为 1522.73 万头（表 9-17），其中 1177.48 万头出自年出栏 100 头以下的小规模养殖场（户），占 77.3%；年出栏 100~999 头的养殖场（户）共出栏肉牛 291.27 万头，占 19.1%；年出栏 1000 头以上的规模较大的养殖场仅出栏肉牛 53.98 万头，占 3.5%。

表 9-17　2004 年全国肉牛规模养殖情况

肉牛规模/头	10~49	50~99	100~499	500~999	1 000 以上	年出栏总数
年出栏头数/万头	847.74	329.74	207.23	84.04	53.98	1 522.73
比重/%	55.7	21.7	13.6	5.5	3.5	100.0

资料来源：中国畜牧业年鉴编辑部，2005

2004 年全国生猪规模以上养殖场（户）共出栏 23 393.7 万头（表 9-18），其中 7382.14 万头出自年出栏 50~99 头的小规模养殖场（户），占 31.6%；年出栏50～499头的小规模养殖场（户）共出栏14 884.38万头，占总出栏数的63.6%；年出栏生猪10 000头以上的大型养猪场（户）出栏1905.52万头，仅占8.1%；年出栏500～9999头的养猪场出栏数占总数的28.2%。

表9-18　2004年全国生猪规模养殖情况

生猪规模/头	50～99	100～499	500～2999	3 000～9 999	10 000以上	年出栏总数
年出栏头数/万头	7 382.14	7 502.24	4 542.27	2 061.53	1 905.52	23 393.7
占比/%	31.6	32.1	19.4	8.8	8.1	100.0

资料来源：中国畜牧业年鉴编辑部，2005

　　我国羊养殖规模也很小（表9-19），2004年出栏1000只以上的较大规模的养殖场出栏羊247.61万只，仅占总出栏数的2.0%；年出栏500只以上的规模养殖场出栏只数也仅占6.4%；年出栏羊只数在30～99只的小规模场（户）出栏羊7962.66万只，占出栏总数63.7%。

表9-19　2004年全国羊规模养殖情况

养羊规模/只	30～99	100～499	500～999	1 000以上	年出栏总数
年出栏只数/万只	7962.66	3739.24	546.35	247.61	12 495.86
占比/%	63.7	29.9	4.4	2.0	100.0

资料来源：中国畜牧业年鉴编辑部，2005

9.3.5.2　屠宰加工企业生产集中度低

　　2002年，我国肉类屠宰加工规模以上企业1914家，产值占肉类、蛋品总产值的13%，我国猪、牛、羊工业化屠宰率仅在20%左右，加上禽类，工业化屠宰率也仅为25%～28%。全国3万多家定点屠宰厂（场），具有相对完善机械设备的仅约2000家，占6.7%，其余2万多家处于半机械化和手工屠宰状态。

第 10 章
中国肉类市场价格波动
及成因分析——以猪肉为例

10.1 中国猪肉价格周期及波动趋势

10.1.1 中国猪肉价格周期

自 1985 年国家取消猪肉派购、放开肉类市场、实行多渠道经营以后，全国生猪供应紧张局面大有改观。20 多年来，从猪肉生产情况看，除了极个别年份，每年生猪存栏、出栏数量基本上呈逐年上升的发展趋势，年际间没有周期性波动，并且生猪出栏的增长快于存栏的增长，表明生猪养殖周期的缩短和养殖效率逐步提升。生猪周期主要体现在生猪市场价格的波动和养殖效益的盈亏变化上。

总体来看，20 世纪 80 年代末 90 年代初的猪肉价格，由于很大程度上受政府宏观调控，起伏并不明显。1995 年以后，猪肉市场价格和农民养殖效益则出现了明显的周期性波动。

10.1.1.1 中国猪肉价格周期特点

猪肉价格在年度内周期性变化，一般表现为"两头高、中间低"，与我国重视春节和节假日效应有很大关系。

猪肉价格在年际间周期性变化，如果以猪肉价格处于最低点为界、以猪肉价格的上涨—回落为一个周期分析，一般是 3~4 年为一个周期。猪肉价格高行情好时，养殖场和养殖户一窝蜂地补栏，导致供应量快速增加，从而导致价格下跌，亏损程度严重；深度亏损维持一定时间后，又大量淘汰母猪，导致母猪存栏迅速减少，生猪供应量快速下降，价格上涨。猪肉市场"蛛网现象"非常典型，猪肉价格上涨、跌落，养殖者基本上一直处在赚一年亏一年的循环中，严重影响到我国养猪业的发展。

10.1.1.2 中国猪肉市场价格波动的4个周期

近10多年来，我国猪肉市场的发展已经历了4个完整的波动周期。

第一周期是1996年下半年开始到1998年上半年。这一个时期猪肉市场的恢复性发展得益于我国经济的快速发展：需求旺盛、消费品价格上涨，猪价随之上涨，养猪盈利水平提高。但从1998年5月开始，因为养殖生猪盈利水平居高，存栏水平超过正常水平，市场出现供大于求，同时遭遇亚洲金融危机，猪肉价格开始下降，直到谷底。

第二周期从1998年5月到2003年上半年。这期间由于猪肉市场的供应和需求均较为平稳，基本维持在盈亏平衡线附近小幅震荡，猪肉市场走势靠自身供求关系调节，除了1999年左右出现了一定的深度亏损外，长期处于微利—微亏的平稳态势，存栏维持在较合理水平。

这一周期的亏损阶段的谷底出现在2003年上半年，是受"非典"疫情影响的结果，"非典"疫情的发生改变了猪肉运销格局，省际间交通受阻导致猪价深幅下跌。紧接着，由于在"非典"疫情期间生猪存栏下降，尤其是母猪存栏比重下降幅度较大，期间又受"禽流感"疫情刺激，导致生猪供应严重不足，孕育了"非典"疫情过后猪肉价格的加速反弹。

第三周期是从2003年7月到2006年上半年。"非典"疫情刚过，从2003年7月开始，全国猪肉价格一度高涨，生猪、仔猪、猪肉大幅涨价，不仅吸引了大量社会闲散资本投资养殖业，而且大大激发了农民的养猪积极性，导致养殖规模不断扩大，生猪存栏量急剧增加，高盈利期创纪录地维持了2年半左右，猪肉供应充足甚至过剩，于2004年10月开始回落，一直持续到2006年上半年猪肉价格陷入谷底。

四川省是全国最大的猪肉产销省，其市场运行状况具有很强的代表性。2006年第一季度肉联厂毛猪收购价已跌至5.50元/千克以下，比2004年8月全国平均收购价9.85元/千克下跌了44%，比最高收购价11元/千克下跌了一半多，养猪户直接出售给运销中介机构（猪贩子）的价格更低，每千克收购价仅4.5元左右。据四川省调查测算，2006年第一季度育肥一头100千克的良种猪，饲料成本为546元，加上仔猪成本、防疫费、工商费、水电费、燃料费、人工费等140元左右，每头育肥猪养殖成本在680元以上，即使按5.50元/千克出售，每头净亏损也在130元左右。一般农民养殖生猪虽然不计人工成本和自家地里的青饲料费，但仔猪成本、粮食转化费用，以及畜牧、工商部门征收的防疫费、工商费，每头90千克的育肥猪养殖成本在520元以上，按4.50元/千克出售，每头净亏损也在115元以上。受出售商品仔猪不能保本和养殖育肥猪普遍亏损的严重打击，一些养猪户决定不配种或遗弃仔猪；部分养殖户出肥后不补栏，空栏率非常高；还有一些养殖户忍痛大量宰杀母猪，猪肉产销进入新一轮全面滑坡期。

第四周期从 2006 年下半年开始，全国猪肉价格逐渐有所回升，稳定一段时间后，在 2007 年 4～5 月突然加速上升到近几年最高水平，然后掉头向下。

对近 10 多年来猪肉市场变化的综合分析表明，我国的生猪周期是客观存在的，并已经在畜牧业的发展中产生重要影响。生猪的发展关系近亿个农村养猪户（场）农民的收入，关系城乡居民的基本生活。2006 年因猪肉价格周期性下滑，给全国养猪养殖户（场）造成的直接经济损失估计超过 100 亿元。2007 年 4～5 月以来的猪价上扬是一把"双刃剑"，既刺激农户养殖积极性和增加收入，为后市提供充足猪源、稳定猪肉价格带来福音，又有可能产生过度刺激，导致盲目发展。下面我们具体分析 2006 年以来我国猪肉市场出现的一些新情况及其特点。

10.1.2　2006 年以来生猪生产形势及价格波动

10.1.2.1　国内生猪生产形势分析

（1）生猪存栏恢复，猪肉产量增加

尽管 2006 年上半年生猪生产发展滞缓，生猪存栏量同比下降 1.91%，是近 10 年来首次出现负增长，但是由于下半年高价位的拉动，生猪生产快速恢复。与 2005 年相比，2006 年生猪出栏和存栏均有一定程度增加，猪肉产量增加。

（2）生猪产品价格前降后升，养殖效益好转

2006 年上半年平均猪粮比价为 5.06：1，出栏一头育肥猪亏损 80 元左右。进入三季度后，由于畜产品价格迅速上扬，猪粮比价也快速回升，9 月以后猪粮比价超过 5.5：1 的盈亏点，12 月达到 6.2：1（图 10-1）。

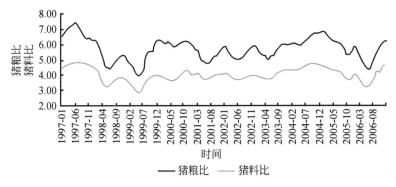

图 10-1　1997～2006 年我国猪粮比和猪料比

10.1.2.2　国内猪肉市场价格分析

1）生猪价格波动较大，最低与最高价格都创近年来历史记录；产区跌涨幅度大于销区。

根据农业部畜牧业司定点调查月报资料分析，2006年我国生猪的平均价格为7.20元/千克，同比下降9.02%。其中，1~5月我国生猪价格连续下降，在5月跌至近期历史最低点（5.96元/千克），比1月价格下跌19.46%。6月生猪价格开始上扬，12月达到年内最高点，也是2004年10月以来的最高点，为9.18元/千克，同比提高32.09%。第四季度生猪的平均价格为8.48元/千克，同比上涨23.02%，环比上涨18.44%（图10-2）。

从主产区（包括湖南、四川、河南、山东和河北）来看，2006年生猪平均价格为7.01元/千克。其中，1~5月生猪价格连续下降，从1月的7.39元/千克降至5月的5.64元/千克，是2004年以来生猪价格最低点。6月后生猪价格持续上涨，12月时价格已达到9.29元/千克，同比上涨幅度高达42.70%。

从主销区（包括北京、天津、上海、福建和广东）来看，2006年生猪平均价格为7.83元/千克，同比下降了10.83%。其中，1~5月生猪价格连续下降，5月是谷底价格，为6.49元/千克。之后价格上涨，到12月份价格达到9.96元/千克，同比提高31.75%。

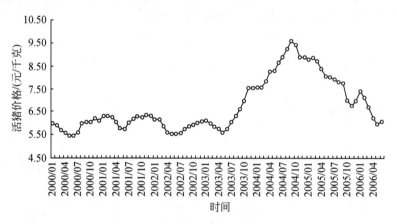

图10-2　2000年1月~2006年6月我国活猪价格

资料来源：农业部畜牧业司

总的来看，主产区与主销区生猪价格变化趋势基本一致，在跌入低谷之后，从6月开始价格均迅速回升，且上升幅度较大。

2）猪肉价格比生猪价格波动滞后一个月，跌涨幅度均低于生猪价格。2006年我国猪肉平均价格为12.11元/千克，同比下降7.77%。其中，6月猪肉价格跌至最低点，为 10.58 元/千克，比 1 月下跌 14.88%。7 月份开始价格恢复性上涨，12 月份达到 14.40 元/千克，同比提高 20.50%。第四季度猪肉平均零售价格为 13.58 元/千克，同比上涨 12.70%，环比上涨 13.55%。猪肉价格与生猪价格走势一致，但是跌幅和涨幅均低于年内生猪价格的跌涨幅度（图 10-3）。

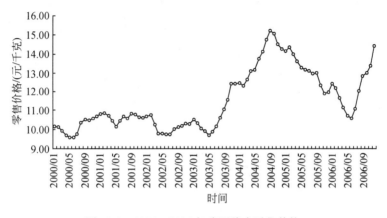

图 10-3　2000 ~ 2006 年我国猪肉零售价格

主产区平均价格为 11.96 元/千克，同比下降 8.14%；主销区平均价格为 12.67 元/千克，同比下降 10.84%。主产区与主销区变动趋势一致，产区价格回升速度大于销区。

10.1.3　我国新一轮猪肉价格波动的特点

随着我国经济的不断发展和农村产业结构调整的升级，养猪业的结构和规模发生了新的变化，规模化的猪场相继出现，生猪养殖的综合能力显著提高，主要表现在：

1）生猪存栏和饲料企业销售情况的异常变化。2006 年我国生猪存栏水平在近 10 年首次出现负增长。2006 年 12 月底全国生猪存栏为 49 440.7 万头，同比下降 2% 左右。由于仔猪和饲料价格较高并担心疫情发生，养殖户补栏谨慎。2006 年多数饲料企业有半年销售量下滑，比一般年份 3 ~ 4 个月的低迷周期长 50%。

2）生猪价格旺季不旺，上涨的时间特殊。2007 年元旦期间猪肉市场的节日消费不明显。一般年份猪价不会出现 4 月、5 月底的暴涨局面，这次却一反常态，从 2007 年 4 月开始逐步走高，在 5 月左右达到高峰，不"降"反"升"，逆市上扬。

3）生猪市场由低迷到高涨转换快，由局部到全局传递快。这种变化既是阶段性的，也是全国性的。在很多人的印象中，2007年4～5月的价格上涨，是自1997年以来猪肉价格涨得最高的一次。这场全国性的猪源紧张，最早源于2006年席卷主要养猪省份的猪疫情。

4）相对于亏损期，盈利期生猪价格变化的社会影响更大，引起广泛关注。部分地区生猪收购市场出现屠宰企业的无序竞争。这场争夺战的主角是北京、天津、山东、上海等地。一些地区，如黑龙江出现一批生猪经纪人。这些经纪人提供资金让当地的小型猪贩子去全省各地收猪。除了经纪人外，从事生猪运输的人也一下子多了起来。

5）各地影响差异性较大。东北三省成了全国的猪源抢夺地。主要原因是近年来这些地方生猪规模养殖发展较快，基本没有受到疫情影响。

这一轮生猪周期出现新特点，表面上的原因是生猪存栏下降，导致供求关系出现变化，是生猪生产自身周期性规律的体现，但也是我国经济高速增长形势下农业结构调整出现新情况、新问题的反映。

6）生猪生产方式转变加快，适度规模经营水平不断提高，区域化清晰。随着规模化生产水平的不断提高，养殖小区和适度规模养殖场蓬勃发展，2005年，全国年出栏50头以上的生猪养殖户出栏生猪2亿～3亿头，约占全国出栏生猪总数的38%。生猪生产的区域化更加清晰，比较优势逐步显现。长江中下游地区和华北地区已成为我国生猪产业带，生猪存栏、出栏和猪肉产量分别占全国总量的63.9%、65.2%和64.2%（图10-4）。

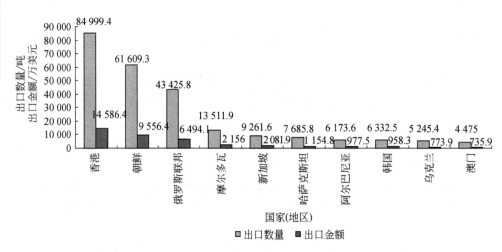

图10-4　2005年中国猪肉出口情况

资料来源：http：//www. caaa. cn. market/index. php? keyword：41

7）以猪肉为首的畜产品进出口贸易不断扩大。入世以来，随着畜产品进出口贸易关税的不断下降，我国畜产品的贸易量逐年增长。2005年我国畜产品出口总额 55.8 亿美元，比 2000 年的 34.8 亿美元增长了 60.3%；进口额为 75.7 亿美元，比 2000 年的 53.3 亿美元增长了 42%。2005 年出口猪肉 25.1 万吨，比 2000 年增长 2 倍，是畜产品出口增长最快的产品。在畜产品贸易中，活畜禽（除奶牛）、肉类产品和禽蛋也保持了贸易顺差。

10.1.4 以"蛛网理论"解释的我国猪肉价格波动趋势

生猪的周期性波动有一定的规律性：背后是供求关系这个杠杆在起决定作用，是外部冲击机制与内部传导机制共同作用的结果。外界因素对生猪市场的影响不容忽视，同时"高盈利—深亏损"这种超乎寻常的大幅波动所带来的市场风险巨大。而这种大幅波动的原因在于高盈利时"一窝蜂上"，亏损时"一窝蜂抛"。猪业从业者中"机动性较强"的散养户、投机商的无门槛进入和撤出生猪市场是这种波动的主要原因。

我国猪肉市场是典型的农产品市场，生猪价格的波动一般是 4 年一个周期，每个周期分 4 个阶段，即市场高潮期、回落期、低潮期和回升期，每一个阶段大约一年时间。除去这种周期性的波动，生猪价格还受到多种因素的共同影响。

我们根据 1996 年 1 月~2006 年 10 月我国生猪平均价格走势，结合经济学中的"蛛网模型"来看看我国生猪市场的"蛛网模型"紊乱现象及其形成原因。

10.1.4.1 1996~2000 年全国猪价趋向于"收敛型蛛网"波动

收敛型蛛网：当市场由于受到干扰偏离原有的均衡状态以后，实际价格和实际产量会围绕均衡水平上下波动，但波动的幅度越来越小，最后会回复到原来的均衡点。

1996 年 1 月，全国平均活猪价格为 8.13 元/千克，6 月跌至 6.88 元/千克，之后继续快速上涨，在 1997 年的 7 月涨至多年来的最高点 8.89 元/千克。猪价远远高于"均衡水平"，其所带来的高利润必然带动养猪户大量补栏，生猪存栏量、出栏量大幅增加，而消费者只有被动地将养殖户养猪全部消费。由于供应充足，导致价格下跌，1998 年 6 月便跌至 6.39 元/千克。虽然此价格已经接近成本价，但因前期在高价位时补栏的母猪、仔猪在持续地产仔、生长、出栏，并未因当期价格较低而停止，市场供大于求，因此，猪价在经过春节前的短暂反弹后，随即继续下跌。

1999 年 5 月跌至历史罕见的 4.89 元/千克。猪价跌至成本线下后，多数养殖户亏损，便按照亏损期的价格淘汰母猪，停止补栏仔猪，导致存栏量下降，存栏下降必将导致供应不足，价格反弹，但因养殖户是按照当期价格决定当期补栏和生产，而不是按照出栏时的价格安排生产，因此，在存栏、出栏下降至"均衡水平"以下时，仍未停止淘汰和停补，因为此时的价格还并未上涨，待价格开始涨时才停止淘汰，开始补栏。由于价格涨幅并没有预期的高，补栏量也并不太大，这样，生猪供应和价格基本维持在相对正常的"均衡水平"附近。如图 10-5 所示，价格从 1999 年 5 月的 4.89 元/千克涨至 1999 年 11 月的 6.32 元/千克，便停止了上涨。

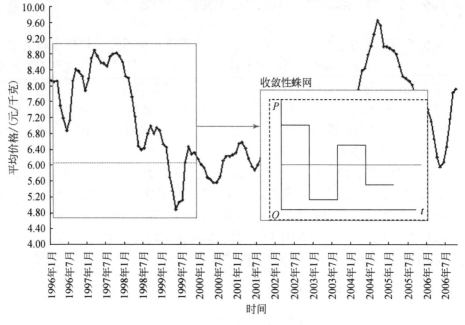

图 10-5　1996 年 1 月～2006 年 10 月全国活猪平均价格走势（1）

因此，1996 年 1 月～2000 年 1 月，全国的生猪市场趋向于"收敛型蛛网"波动。而且，随后便进入了相对稳定的"封闭型蛛网"波动时期。

10.1.4.2　2000～2003 年全国猪价趋向于"封闭型蛛网"波动

封闭型蛛网：当市场由于受到外力的干扰偏离原有的均衡状态以后，实际产量和实际价格始终按同一幅度围绕均衡点上下波动，既不进一步偏离均衡点，也不逐步地趋向均衡点。

1999 年 11 月，全国平均活猪价从 6.32 元/千克开始回落，因之前价格并未涨得很高，养殖利润一般，因此，补栏的人和不补栏的人都不多，生猪存栏量主要受需求市场的指导有小幅变化。例如，猪肉需求冬春季节旺，夏秋季节淡，于是，养殖户便减少夏秋生猪出栏量，增加冬春出栏量。相应的猪价也随之同幅波动，而且波动范围较小。如图 10-6 所示，2000 年 1 月～2003 年 1 月这 3 年中，全国平均猪价最高仅涨至 2001 年 2 月的 6.58 元/千克，最低也仅跌至 2000 年 5

月的 5.56 元/千克，波幅仅有 1 元/千克左右。

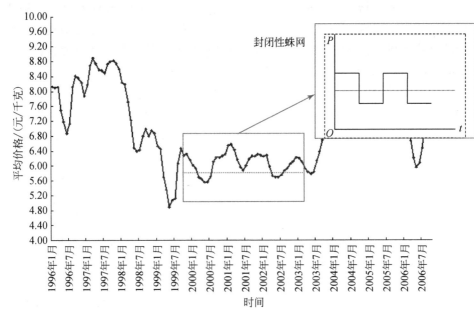

图 10-6 1996 年 1 月～2006 年 10 月全国活猪平均价格走势（2）

2000～2003 年全国的生猪存栏量和猪价始终围绕着"均衡水平"上下小幅波动，既没有大幅上涨也没有大幅下跌，全国的养猪效益保持在一个微利状态，养猪生产比较稳定。站在历史的角度看，2000～2003 年是近 10 多年来，我国养猪生产最为稳定的时期，生猪存栏量最接近于"均衡水平"的时期，是今后研究我国生猪市场变化非常重要的参考样本。

因此，2000 年 1 月～2003 年 1 月，全国生猪市场趋向于"封闭型蛛网"波动。

但随后的"非典"疫情打破了这持续 3 年的"平静"，开启了"潘多拉魔盒"，将我国生猪市场带入了一个恶性循环的时期。

10.1.4.3 2003 年后全国猪价趋向于"发散型蛛网"波动

发散型蛛网：当市场由于受到外力的干扰偏离原有的均衡状态以后，实际价格和实际产量上下波动的幅度会越来越大，偏离均衡点越来越远。

2003 年春季，我国广东、北京等地发生"非典"疫情，当时的猪价刚刚从春节前后的高价 6.2 元/千克向下回落。疫情发生后，由于各省（自治区、直辖市）采取了减少人口流动和省际的流通等措施，致使四川、河南、湖南等生猪主产区大量生猪外运受阻，积压在产区，产区供大于求，价格下跌，部分地区猪价甚至跌至 1 元/千克以下，产区养殖户（场）无法忍受如此价格导致的巨额亏损，只好选择了忍痛宰杀母猪、仔猪。

　　由于大量的母猪、仔猪被宰杀，直接导致了母猪存栏、生猪存栏量急剧下降。养猪生产的根本动力是母猪，没有了母猪，生猪存栏无法实现增长，最终会影响到猪肉供应。2003 年 7 月全国猪价开始快速上涨，而且 9 月便轻松涨破了 2000 年 1 月 ~ 2003 年 1 月这 3 年中的最高价，涨至 6.69 元/千克，之后持续上涨。2004 年 4 月涨破 8 元/千克，涨至 8.38 元/千克，这是 1998 年以来的最高价。然而上涨的步伐仍没有停止，2004 年 7 月，便涨破 1996 年以来的最高点 8.89 元/千克，涨至 9 元/千克。2004 年 9 月涨至 9.66 元/千克这一新的历史最高点。

　　猪价的暴涨让养殖户看到了多年来罕见的好行情，于是纷纷扩大规模，开始大量补栏。据当时调查，2004 年 6 月左右部分产区的二元母猪价格便已经涨至 1200 元左右，较正常价格上涨了 30% ~ 50%。由于前期母猪存栏量下降过多，因此，好行情带来的最初的大量补栏对养猪生产的恢复来说是件好事情。然后，其不利的一面开始显现，由于大量补母猪的时候，生猪存栏量并未增加多少，所以猪价虽在 2004 年 9 月后开始回落，但仍长期保持在 8 元/千克，直到 2005 年 9 月才跌至 7.75 元/千克。表面的繁荣导致了从业者盲目补栏母猪，不仅补栏量大，而且非常集中（图 10-7）。

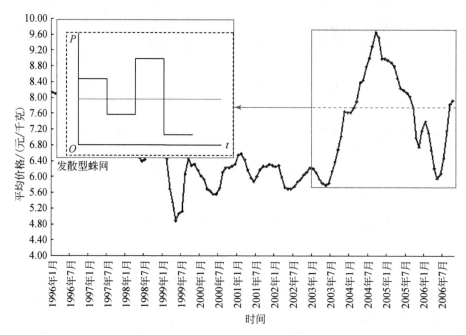

图 10-7　1996 年 1 月 ~ 2006 年 10 月全国活猪平均价格走势（3）

　　据调查，2004 年下半年 ~ 2005 年下半年，不仅业内人士普遍大量补栏，就连搞房地产、建筑业的人士也投资建了猪场，还有不少过去退出的又重新养了起来。

母猪的大量补栏，最终导致了生猪存栏的释放式增长。据统计，截至 2005 年底已经有不少省份的母猪存栏比重达到 10% 以上，而正常水平在 8% 左右。于是猪价理所当然的跌到了成本线以下，进入了亏损期。

2005 年 10 月 ~ 2006 年 7 月，多数省份的猪价再次跌至 5.8 元/千克以下，亏损严重。于是再次开始淘汰母猪。据调查，2006 年 3 ~ 7 月，居然有不少屠宰场连杀了数月的母猪。

2003 年 1 月 ~ 2006 年 10 月，在种种突破因素的影响下，全国生猪市场猪价大涨大跌，生猪存栏大起大落，均远离了"均衡水平"，整体更加趋向于"发散型蛛网"波动。

根据蛛网理论，在市场机制自发调节的情况下，农产品市场必然发生周期性波动。一般而言，农产品的供给对价格变动的反应大，但需求较为稳定，对价格的变动反应小，所以存在最广泛的发散型蛛网。据此分析，由于生猪的需求弹性较小，因而猪价的暴涨应是生产锐减（致供给严重不足）引起，从我国生猪产量逐年上升和生猪产业快速发展的实际来看，这个理由显然难以成立。所以，我们重点分析 2006 ~ 2008 年我国猪肉产品的价格波动的特点。

由以上分析我们得知，我国猪肉市场是典型的农产品市场，生猪价格的波动周期分 4 个阶段：市场高潮期、回落期、低潮期和回升期。我国猪价的波动出现了经济学中"蛛网模型"的 3 种形式，即收敛型蛛网，封闭型蛛网和发散型蛛网。我国猪肉市场在 1996 ~ 2000 年符合收敛型蛛网，2000 ~ 2003 年符合封闭型蛛网，2003 ~ 2007 年符合发散型蛛网。其中，对我国猪价影响最大的是发散型蛛网。

10.2　猪肉价格周期性波动的形成机理

英国经济学家培高认为，引起经济波动的原因有两个：一是外部冲击，导致经济波动；二是内部结构，它决定了经济系统以某种方式对初始外部冲击作出反应。

笔者认为，我国生猪价格周期性波动的形成机理同样来自这两个方面：一是内部传导机制；二是外部冲击机制。所谓内部传导机制就是指经济系统内部的结构特征，是一种内部缓冲或者自我调节机制，反映了经济波动的"内生性"。外部冲击则是指经济系统外部随机的或者是非随机的导致经济系统发生不稳定的一种干扰变量。当系统受到外部干扰变量的影响时，就会对这种冲击作出反应，从而产生波动或者加剧系统内部传导机制作用下的固有规律的波动。

一般来讲，内部传导机制决定着波动的持续性，外部冲击机制则主要是通过内部传导机制对每一个波动周期的波幅、波长产生影响，并决定波动过程中的转折点。

生猪市场的周期性波动有一定的规律性，此规律的背后是供求关系变化这个杠杆在起决定作用。按照供求法则，只要产品的价格不是"市场出清"价格，供给量和需求量就处于自我调整和波动之中，直至供需均衡，但由于自然条件、社会环境的变化，绝对的市场均衡是不可能出现的，从而波动也就不可避免。养猪生产作为一个相对独立的行业，必然要受到价格机制的制约，生猪供求变化导致其价格的周期性波动。例如，1994~1997年我国生猪存栏、出栏量以年增10%左右的速度快速增长。1997年骤然出现大幅下降，存栏和出栏量同比分别下降14.95%和14.41%，存栏降至1994年以前水平，至2000年左右才恢复至1996年的存栏水平。这说明生猪养殖周期对生猪供求关系变化影响较大，生猪存栏一旦大幅下降，短时期内将难以恢复，这正是造成1997年生猪价格大幅度上升的原因。

生猪价格周期性变化规律的根本在于供求关系的变化，从而影响供求关系变化的因素即是生猪价格周期性波动的成因。

10.2.1 内部传导机制下的波动成因分析

10.2.1.1 供求规律造成的蛛网现象

"蛛网模型"解释了商品产量与价格之间的波动关系。假如产品的价格是外在给定的话，"蛛网模型"可以认为是一种外生波动理论；而当产品的价格完全由市场机制自我确定的话，"蛛网模型"可认为是一种内生波动理论。

经济学上通常将大宗农产品市场看成是比较接近完全竞争的市场，生猪市场正是这样一个典型的农产品市场。其供给弹性大于需求弹性，在没有外部反方向干扰的情况下，会呈现出发散式蛛网型特征。因此，对于当前生猪市场来讲，单纯依靠市场的自我调节不但不会抑制波动反而会加剧波动。

长期以来，我国的养殖业一直处于散乱自发状态，养殖户基本上都是凭直觉和经验来判断养殖规模和是否养殖，这就导致了"供不应求"和"供大于求"交替出现的周期性波动。生猪市场就带有典型的周期性波动的特点。2006年生猪市场价格持续低迷，正处于这一轮生猪价格波动的低谷，生猪最低价格每千克6.48元。由于养猪亏损，为了减少损失农民只好大量宰杀母猪，把生猪提前出栏并减少仔猪的购入。仔猪养殖量的减少必然导致随后全国生猪市场存栏严重不足。下半年价格逐步回升，生产开始恢复。

我国生猪生产方式多以农村分散养殖为主，规模养殖只占30%，难以产生规模效益，会产生供不应求的现象；随着大量农村劳动力向城镇转移，过去养猪的，现在变成吃肉的，总体上会加大供需缺口。

由于农村信息渠道不顺畅，城乡信息不对称，难以避免"供不应求"和"供大于求"交替出现的周期性波动。

从猪肉的供给弹性和需求弹性来看，短期内猪肉供给几乎没有弹性，但考察期一旦超过饲养周期，供给便极富弹性；而猪肉的需求是富有弹性的。同时，猪肉供给对价格变动作出反应存在一定的时滞（通常是一个饲养周期），并且猪肉不能长期保存，因此，猪肉价格从长期来看容易形成非收敛型的"蛛网周期"波动，在外来冲击的作用下，极可能形成扩散型的周期性波动，如果不采取措施打破这种循环使之归于收敛，猪肉价格将失去市场的调节作用，生猪生产将变得更加无序，人们对猪肉的基本消费有可能得不到满足。

10.2.1.2 生产决策依据存在偏差

生猪生产者的生产决策行为完全取决于价格预期和成本的变化，其中价格的预期基本上是对当前价格呈现出正方向的反应，即生产量是当前价格的函数。由于从仔猪购进到肥猪出栏，需滞后4~6个月，所以仔猪价格不应该与肥猪盈利同步，仔猪价格升降应有4~6个月的提前期。假如生产者都扩大生产，势必造成生猪供大于求的局面，导致价格下降，加大市场"蛛网"式的波动。而正确的生产决策应依据消费量和存栏量，对市场需求作出正确的反应，即生产量应该是消费量和存栏量的函数。

10.2.1.3 生猪生产周期对价格的影响

生猪的生产必须经过繁育母猪、产仔、育肥3个阶段才能完成一次循环（图10-8），这个过程至少要用1年半的时间。生猪产品又是鲜活产品，用库存来调节的能力有限。因此，市场上供应短缺的信号不能马上在产量上得到反映。生猪生产的这种滞后性容易给生产者造成一种错觉，导致其在价格水平高（育肥猪不足）时扩大饲养规模，购进仔猪，造成仔猪涨价；仔猪价格的波动与肥猪盈利状况相吻合，说明我国种猪的繁殖往往受肥猪盈利影响，即此时会增加母猪饲养量，减少后备母猪出栏，从而进一步减少了生猪的供给；等到母猪产仔后，造成仔猪供大于求，出现仔猪跌价，易出现1999年和2006年第二季度大量宰杀母猪的局面。此时，要恢复正常的养猪生产，往往需要两三年乃至更长的时间。由一轮生产过剩而引发了下一轮生产的不足，从而使整个市场始终处于不停的波动之中。

10.2.1.4 饲料、仔猪、劳动力价格等成本对猪价的影响

活猪价格的高低与养猪利润并不完全一致，分析养猪业利润必须考虑到养猪成

本。在生猪生产过程中，饲料成本占养猪成本的60%以上，而猪的饲料中很大一部分来自粮食，需要消耗大量的玉米、大豆等粮食作物。因此，从产业链的角度看，发展养猪生产最重要的限制因素在于上游饲料原料的供应（图10-8）。生猪生产的实践表明，猪价与粮价之间存在一种必然的、相互适应的规律。即"猪粮比价规律"，一般均以5.5∶1为盈亏平衡点，超过5.5∶1为盈利，低于该值为亏损。

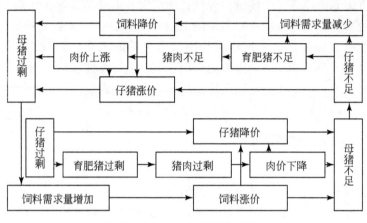

图 10-8　生猪生产周期示意简图

首先，自2005年下半年以来，由于以粮食为主的农副产品价格大幅上涨，饲料价格也随之不断攀升。加之近年来生物能源的发展，玉米等饲料被更多地用于加工乙醇燃料，供需形势发生变化，国内外市场玉米等饲料价格一路看涨，连续创下历史新高。同时豆粕等蛋白原料又出现供应紧张局面，豆粕价格持续走高，进一步推动饲料价格的上涨，增加了养猪成本。因此，饲料价格的上涨是影响生猪供给的一大负面因素，导致生猪饲养成本的增加，并最终导致肉价的上涨。养猪成本增加，使农民养猪收入远不及打工的收入，则会进一步减少生猪供给。

应该看到，全球许多产粮国出现干旱，粮食减产，而工业对粮食的需求不断扩大。从这个意义上来说，粮食减产、国际能源价格的上涨继而引发国际粮食价格的上涨是猪肉价格上涨的深层次原因之一。

其次，仔猪价格大幅上升。由于猪肉价格迅速回升，又重新激发了企业和农户养猪欲望。由于前几年猪肉价格低迷，农民养猪积极性不高，母猪存栏量减少，导致仔猪供应量远不能满足当年突然高涨的需求，致使市场仔猪的价格不断攀升。

最后，劳动力成本增加。虽然2007年各种规模生猪平均饲养天数比上年有不同程度的缩短，用工数量也随之减少，但由于整个国家的经济形势发展良好，农民外出打工的收入出现较大幅度的增长，饲养生猪的劳动力机会成本也迅速上涨。一方面是养猪收益的下降；另一方面是外出打工收益的增加，相比之下，农村剩余劳动力自然更多地向进城务工倾斜。

10.2.1.5　生产与加工、销售环节利益分配不合理

当前，在我国生猪生产的产业链中，养殖与加工、销售环节利益分配不均衡，加工企业和流通环节处于强势地位，他们往往在市场波动时联手压低生猪收购价格，将市场风险全部转嫁给了生产者。在养殖普遍亏损的情况下，屠宰销售1头猪仍能赢利100余元，生猪屠宰加工企业在生猪产业中分享了更多的利润，而生产者却承担了全部的价格风险，产业利润分配不合理。例如，2005年10月1日前后，国内生猪行情出现了节日期间活猪价不仅没有上涨反而暴跌的现象，多个省份活猪价格跌至成本线以下，亏损严重，但与此同时，猪肉价格并未出现与生猪价格同步波动的现象。

10.2.1.6　生猪生产者行为的影响

我国养猪业中，千家万户的小规模生产占总饲养量的65%以上，这种小规模生产者普遍存在养殖基础设施薄弱、良种化程度低、饲养技术落后、疫病防控体系不健全等问题。由于组织化程度低和养殖技术水平不高，养猪业承受和化解市场风险的能力很弱，极易在市场波动中蒙受损失。加之缺乏及时准确的市场信息和预测能力，又具有很强的从众心理，养猪挣钱时一哄而上，赔钱时又一哄而散，必然会使生猪价格频繁震荡。此外，一些从事房地产和酒店等其他行业的成功人士也纷纷投资于养猪业，他们对生猪生产及其市场规律了解甚少，往往存在着一定的投机心理，这无疑会加剧生猪价格的波动。

10.2.2　外部冲击机制下的波动成因分析

10.2.2.1　疫情等突发事件的影响

2004年生猪价格创历史最高峰的事实摆脱不了2003年"非典"疫情的影响。2003年突如其来的"非典"疫情，导致猪肉需求下降。饭店的肉类订单下降70%，人们外出就餐的次数也大大减少。为防止"非典"疫情的传播，当时一些地方关闭了生猪购销市场，相继采取了严格限制生猪流动等措施，造成市场分割，流通受阻。在"非典"过后，随着旅游业、餐饮业的复苏，对猪肉的需求量迅速回升，而生猪出栏量却步入了低谷。由于"非典"这一外界因素改变了生猪供应格局，并最终导致存栏远低于正常水平，供求矛盾异常突出。

2006年下半年发生的高致病性猪蓝耳病疫情，即民间所称"猪高热病"，是导致猪肉价格暴涨的一个不能回避的因素，生猪大量死亡推动猪肉涨价。2006

年 6 月，疫情先在两广、江浙出现，随后几乎蔓延整个南方地区。据农业部统计，仅 2007 年 1～5 月，发病猪总数为 4.5 万头，死亡总数为 1.8 万头。由于疫情导致生猪特别是种猪死亡，使散养农民对此"心有余悸"，不敢养猪；中小养猪场为规避风险也减少了存栏数量，因而造成了供给严重短缺，2006 年 10 月以后，猪肉随之大幅涨价。

疫情给生猪生产带来的风险成本急剧增加，2006 年的猪蓝耳病和无名高热等疫病对猪肉市场的打击是双方面的：一方面，消费者谈猪色变，改食其他肉类副食品，使需求减少；另一方面，农民因为疫病而损失惨重，短时间内对养猪信心尽失，没有及时补栏，造成供给剧减，以生猪饲养的平均出栏时间 6 个月计，正好形成此次疫病之后猪肉的短缺。当消费者摆脱了疫病造成的心理阴影重拾对猪肉的信心时，却发现市面上无肉可买，肉价自然而然地高涨起来。因而可以说，2008 年的价格异常波动是 2007 年的周期性波动和 2006 年的疫病影响共同叠加的结果。

同时，疫情的出现也导致了猪肉运输成本的增加。2006 年 6 月爆发的蓝耳病疫情一直延续到 2007 年初，导致广东、湖南、湖北等南方省份的生猪大量死亡。南方市场猪源严重不足，只能从北方市场紧急调配。"北猪南运"一方面增加了猪肉的运输成本，使得猪肉价格更加水涨船高；另一方面北方生猪外销量增大，生猪市场猪源紧张，进一步刺激了全国范围内猪肉价格的普遍上涨。

10.2.2.2 宏观调控体系不完善

国家对生猪市场的宏观调控能力还相当薄弱，无法适时引导农民养猪。生猪和猪肉市场的风险基金制度的建立和完善还将需要很长的时间。我国生猪和猪肉市场的储备能力也极为有限，还远不足以稳定市场。另外，畜牧业信息体系不健全，生猪生产和价格数据采集不完整、不及时，畜产品市场预警机制不完善，国家对生猪生产和价格波动的调节缺乏有效手段，故难以指导养殖户根据市场变化调节生产和规避风险。此外，部分地方行业主管部门服务意识不强，往往只考虑收费问题而很少考虑养殖户的利益，从而出现地方政府对当地的生猪屠宰、加工企业实行区域保护，导致生猪生产流通不畅和市场不公平竞争加剧，无形中加速了生猪市场的价格波动。

10.2.2.3 道德水准成为潜在影响因素

从消费特点和趋势看，健康、安全、卫生、质量以及环境保护等非经济因素对消费者选购猪肉的影响愈来愈大。畜产品市场竞争中占首位的是产品的安全、卫生和营养的竞争，其次才是产品价格和服务质量的竞争。当前，猪肉的安全问题难以得到保障。一是养殖户利益缺乏保护，作为养猪业主体的养殖户，养猪利润过低，病死猪舍不得毁掉；二是收购者在高利润的驱使下，背离道德标准而收购病死猪；三是屠宰行业缺乏行之有效的管理手段，私屠滥宰依然存在。当前我国各地病死猪肉、注水肉大量充斥市场，并通过各种渠道进入市场流通，不仅严重威胁人民的生命安全，而且还对猪肉消费市场产生了严重的不良影响。

10.2.2.4 饮食习惯的改变减少了猪肉消费量

首先，随着人民生活水平的提高，健康意识增强，接受多吃清淡、少吃荤腥建议的人群越来越多。其次，人畜共患病——猪链球菌病的发生，以及猪肉中的抗生素的残留和"瘦肉精"事件的不断出现，对人们的消费心理都产生了一定的影响。再次，因单纯追求猪的生长速度和饲料报酬，使猪肉的风味变差，也减弱了人们的消费欲望。最后，其他可替代肉类品种数量增多，使人们转移一部分猪肉的消费份额。这些都加大了猪肉内销的压力，对生猪价格低迷起到了推波助澜的作用。

综上所述，我国生猪市场价格的频繁波动给生猪饲养者、加工与流通企业以及消费者造成较大损失。所以，有必要积极利用金融工具，开展生猪期货交易，稳定我国生猪生产与消费，减缓生猪价格的不合理波动，使生猪饲养、加工、贸易企业能够有效规避生猪价格风险，促进生猪产业发展，提高我国农民收入。

10.3 基于岭回归的猪肉价格波动原因分析

影响猪肉价格的因素众多，它们对猪肉价格的影响程度存在差异，可以考虑建立猪肉价格与其各影响因素的多元回归模型，分析各因素对猪肉价格的影响程度。但由于各因素之间的相关性较大，所建立的多元回归模型一般存在多重共线性等问题，为了克服影响，本节运用岭回归模型建立猪肉价格及其影响因素的模型，这里我们选取其中比较重要的几个因素进行分析。

10.3.1 数据来源及分析方法

建立多元回归模型时有时可以通过变量筛选的一些方法，除了可以把对因变量 Y 影响不显著的自变量删除，还可以从有共线性关系的变量组中筛选出对因变量 Y 影响显著的少数几个变量，从而克服共线性问题。

但是，对于有些实际问题，即使自变量间有共线性问题，仍然希望建立因变量 Y 与给定的自变量的回归模型，如经济分析中的问题。下面我们用同一组数据（1991~2006 年猪肉价格及其影响因素），介绍岭回归模型的应用方法与效果。

我们以各数值的对数建立 $\ln Y$ 对 $\ln X_1$，$\ln X_2$，$\cdots$，$\ln X_6$ 一般线性回归模型

$$\ln Y = \ln A + \alpha \ln X_1 + \beta \ln X_2 + \gamma \ln X_3 + \theta \ln X_4 + \lambda \ln X_5 + \omega \ln X_6$$

接着我们就这一实例分析各变量之间存在的多重共线性问题，并用岭回归模

型来解决这一问题。

我们先对表 10-1 中的数据的对数值进行普通最小二乘回归分析，由 SAS 程序的 REG 过程得到 $\ln Y$ 对 $\ln X_1$，$\ln X_2$，$\cdots$，$\ln X_6$ 的普通最小二乘回归方程为

$\ln Y = 15.035 + 0.2658 \ln X_1 - 0.895 \ln X_2 + 0.0858 \ln X_3 + 0.4612 \ln X_4 + 0.4212 \ln X_5 - 2.4039 \ln X_6$

P 值较大，为 0.2817。出现这种情况的原因是自变量间存在多重共线性。为了消除变量之间的多重共线性，下面我们采用岭回归。

岭回归的 SAS 程序如下：

```
proc reg data = ex1 outest = out2 graphics outvif; model y = x1 -x6 /
ridge = 0.0 to 1.0 by 0.1 0.2 0.3 0.4 0.5; plot /ridgeplot; proc
print data = out2; run;
```

表 10-1   1991~2006 年猪肉价格及其影响因素

年　份	猪肉价格（Y）/(元/千克)	CPI（X_1）	人口增长率（X_2）/%	年末存栏量（X_3）/(元/亩)	城镇居民人均可支配收入（X_4）/元	玉米价格（X_5）/(元/吨)	猪肉生产量（X_6）/万吨
1990	9.84	103.1	14.39	36 241	1 510.2	686.7	2 281
1991	10.32	103.4	12.98	36 965	1 700.6	590.0	2 452
1992	10.65	106.4	11.60	38 421	2 026.6	625.0	2 635
1993	10.49	114.7	11.45	39 300	2 577.4	726.7	2 854
1994	9.16	124.1	11.21	41 462	3 496.2	1 004.2	3 205
1995	10.18	117.1	10.55	44 169	4 283.0	1 576.7	3 648
1996	14.96	107.9	10.42	36 284	4 838.9	1 481.7	3 158
1997	11.81	102.8	10.06	40 035	5 160.3	1 150.8	3 596
1998	10.77	99.2	9.14	42 256	5 425.1	1 269.2	3 884
1999	8.38	98.6	8.18	43 020	5 854.0	1 092.5	3 891
2000	8.74	100.4	7.58	44 682	6 280.0	887.5	4 031
2001	10.18	100.7	6.95	45 743	6 859.6	1 060.0	4 184
2002	9.85	99.2	6.45	46 292	7 702.8	1 033.3	4 327
2003	10.7	101.2	6.01	46 602	8 472.2	1 087.5	4 519
2004	13.97	103.9	5.87	48 189	9 421.6	1 288.3	4 702
2005	13.39	101.8	5.89	50 335	10 493.0	1 229.2	5 011
2006	14.03	101.5	5.28	49 441	13 172.0	1 280.0	5 197

资料来源：国家统计局，2007

10.3.2 岭回归结果及讨论

SAS 程序运行结果如下（表 10-2）：

表 10-2　岭回归结果

The SAS System　　　　12:33 Wednesday, May 7, 2008　2

Obs	MODEL_	_TYPE_	DEPVAR_	RIDGE	PCOMIT_	RMSE	Intercept	x1	x2	x3	x4	x5	x6	y
1	MODEL1	PARMS	y	.	.	0.15603	15.0350	0.26583	-0.8950	0.0858	0.461	0.42119	-2.404	-1
2	MODEL1	RIDGEVIF	y	0.0	.	.		2.92408	66.2651	73.4053	314.666	7.47088	385.438	-1
3	MODEL1	RIDGE	y	0.0	.	0.15603	15.0350	0.26583	-0.8950	0.0858	0.461	0.42119	-2.404	-1
4	MODEL1	RIDGEVIF	y	0.1	.	.		1.00384	1.1960	1.5490	0.816	1.18441	0.461	-1
5	MODEL1	RIDGE	y	0.1	.	0.17539	8.4906	0.16305	-0.2470	-0.6848	0.068	0.18756	-0.110	-1
6	MODEL1	RIDGEVIF	y	0.2	.	.		0.75547	0.4701	0.7408	0.321	0.79984	0.167	-1
7	MODEL1	RIDGE	y	0.2	.	0.18105	5.8145	0.08263	-0.1448	-0.4488	0.054	0.16602	-0.039	-1
8	MODEL1	RIDGEVIF	y	0.2	.	.		0.75547	0.4701	0.7408	0.321	0.79984	0.167	-1
9	MODEL1	RIDGE	y	0.2	.	0.18105	5.8145	0.08263	-0.1448	-0.4488	0.054	0.16602	-0.039	-1
10	MODEL1	RIDGEVIF	y	0.3	.	.		0.60849	0.2749	0.4651	0.186	0.60589	0.102	-1
11	MODEL1	RIDGE	y	0.3	.	0.18411	4.5509	0.05317	-0.1050	-0.3292	0.046	0.15092	-0.013	-1
12	MODEL1	RIDGEVIF	y	0.3	.	.		0.60849	0.2749	0.4651	0.186	0.60589	0.102	-1
13	MODEL1	RIDGE	y	0.3	.	0.18411	4.5509	0.05317	-0.1050	-0.3292	0.046	0.15092	-0.013	-1
14	MODEL1	RIDGEVIF	y	0.4	.	.		0.50632	0.1910	0.3310	0.129	0.48253	0.077	-1
15	MODEL1	RIDGE	y	0.4	.	0.18617	3.8084	0.03899	-0.0842	-0.2558	0.040	0.13874	0.000	-1
16	MODEL1	RIDGEVIF	y	0.4	.	.		0.50632	0.1910	0.3310	0.129	0.48253	0.077	-1
17	MODEL1	RIDGE	y	0.4	.	0.18617	3.8084	0.03899	-0.0842	-0.2558	0.040	0.13874	0.000	-1
18	MODEL1	RIDGEVIF	y	0.5	.	.		0.43028	0.1457	0.2531	0.100	0.39655	0.064	-1
19	MODEL1	RIDGE	y	0.5	.	0.18771	3.3216	0.03079	-0.0716	-0.2058	0.037	0.12860	0.008	-1
20	MODEL1	RIDGEVIF	y	0.5	.	.		0.43028	0.1457	0.2531	0.100	0.39655	0.064	-1
21	MODEL1	RIDGE	y	0.5	.	0.18771	3.3216	0.03079	-0.0716	-0.2058	0.037	0.12860	0.008	-1
22	MODEL1	RIDGEVIF	y	0.6	.	.		0.37139	0.1179	0.2027	0.082	0.33338	0.056	-1
23	MODEL1	RIDGE	y	0.6	.	0.18893	2.9807	0.02536	-0.0631	-0.1694	0.034	0.12002	0.013	-1
24	MODEL1	RIDGEVIF	y	0.7	.	.		0.32451	0.0991	0.1678	0.070	0.28519	0.050	-1
25	MODEL1	RIDGE	y	0.7	.	0.18984	2.7314	0.02139	-0.0571	-0.1417	0.032	0.11266	0.017	-1
26	MODEL1	RIDGEVIF	y	0.8	.	.		0.28641	0.0857	0.1424	0.061	0.24742	0.046	-1
27	MODEL1	RIDGE	y	0.8	.	0.19080	2.5432	0.01826	-0.0525	-0.1200	0.030	0.10627	0.019	-1
28	MODEL1	RIDGEVIF	y	0.9	.	.		0.25492	0.0756	0.1231	0.055	0.21718	0.043	-1
29	MODEL1	RIDGE	y	0.9	.	0.19155	2.3977	0.01568	-0.0490	-0.1025	0.029	0.10066	0.021	-1
30	MODEL1	RIDGEVIF	y	1.0	.	.		0.22855	0.0678	0.1081	0.050	0.19247	0.040	-1
31	MODEL1	RIDGE	y	1.0	.	0.19222	2.2832	0.01348	-0.0461	-0.0882	0.027	0.09569	0.023	-1

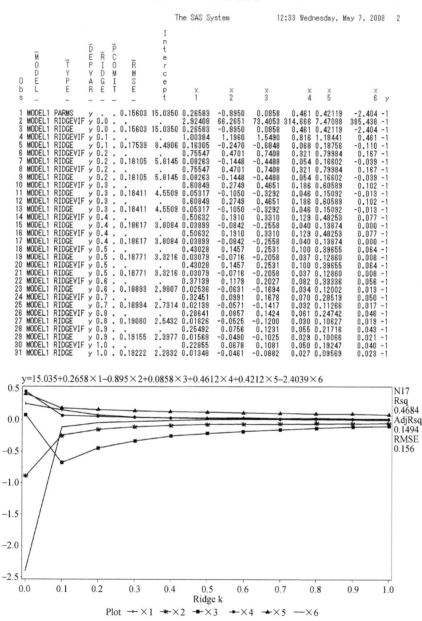

$y=15.035+0.2658 \times 1-0.895 \times 2+0.0858 \times 3+0.4612 \times 4+0.4212 \times 5-2.4039 \times 6$

N17
Rsq
0.4684
AdjRsq
0.1494
RMSE
0.156

Plot　—×1　—×2　—×3　—×4　—×5　—×6

图 10-9　岭迹图

由图 10-9 可以看出，当 $k \geqslant 0.6$ 后，岭迹曲线趋于稳定。取 $k = 0.6$ 岭回归估计来建立岭回归方程，具体岭回归方程为

$$\ln Y = 2.9807 + 0.0254 \ln X_1 - 0.0631 \ln X_2 - 0.1694 \ln X_3$$
$$+ 0.034 \ln X_4 + 0.12 \ln X_5 + 0.013 \ln X_6$$

这时，得到的岭回归方程中回归系数的符号都有意义；各个回归系数的方差膨胀因子均小于 0.4（见 OBS = 22 一行），岭回归方程的均方差根误差（RMSE = 0.1889）虽然比普通最小二乘回归方程的均方差根误差（RMSE = 0.156）有所增大，但增大不多，回归效果较好。

由回归方程可见，猪肉价格变动与 CPI、城镇居民人均可支配收入、玉米价格、猪肉生产量变动成正比，而与人口增长率以及生猪年末存栏量成反比，生猪年末存栏量以及玉米价格对猪肉价格的影响相对较大。这些都正好印证了我们在前面两节的分析。同时我们可以看到 CPI 的变动对猪肉价格的影响要小于人口增长率对猪肉价格的影响。

10.4　猪肉价格与通货膨胀关系的实证分析

对于 2007 年猪肉价格的持续高涨，国内学者普遍担心其会不会引起通货膨胀。对于农产品价格上涨和通货膨胀之间的关系，学术界还存在争论。Garner 认为，大宗商品的价格是通货膨胀的先行指标，因为期货市场的存在使得大宗商品交易效率很高，其价格的变动能够灵活地反映经济的变化。Pindyck 和 Rotemberg（1990）认为，宏观经济或货币因素的变动导致大宗商品价格的变动。卢锋和彭凯翔（2002）利用均衡修正模型对中国 1987～1999 年粮价变动与通货膨胀关系进行协整分析，发现通货膨胀影响粮价变动，而不是粮价上涨导致通货膨胀。那么，2007 年猪肉价格的大幅上涨会不会引起通货膨胀？下面我们结合这一问题展开分析。

10.4.1　农产品价格与通货膨胀的关系

我国政府提高农产品保护价之后，粮食和食品价格上涨，这是不争的事实。但是，农产品价格上涨与通货膨胀不具有直接相关性，即直接因果关系。农产品涨价诱发通货膨胀所需要具备的条件，在我国已经不复存在。

当前，在看待我国通货膨胀形势上，大致有两种观点：第一种观点认为已经发生通胀；第二种观点认为正在孕育通胀。在分析通胀原因时，一种观点把通胀与农产品价格上涨直接挂钩，认为我国当前出现的通胀是农产品价格上涨诱发的；另一种观点把通胀与农产品价格上涨脱钩，认为我国时下的通胀是较长时间

孕育、多种因素密集的结果，具有新特点。

在我国物价史上，的确发生过农产品价格诱发型通胀。它来势凶猛、波及面广、持续时间长，给社会经济和国民心理造成巨大的创伤。然而，任何事物的发展都有其阶段性和量的积累过程，且因时间、地点和条件的变化而呈现出多样性的特点和多样性的结果。农产品价格上涨，有可能诱发通胀，也可能不诱发通胀。关键在于，农产品价格上涨诱发通胀的条件是否具备。

我国不具备产生农产品价格诱发型通胀的条件。

第一，直观地看。农产品价格上涨与食品价格上涨有直接相关性。在适度通货膨胀中，有农产品价格上涨的"贡献"这是不争的事实。但是，生产资料，如钢、铜、水泥和能源等价格上涨却不是农产品价格上涨传导的结果。从时间序列上看，钢、铜、水泥和能源等生产资料价格上涨在时间上早于农产品价格上涨。从产品序列上看，钢、铜、水泥和能源既不是农产品的上游产品，也不是农产品的下游产品，在产品序列上不具有直接相关性。这种产品序列上的不直接相关性，阻止了农产品价格上涨向上述产品价格的传递。

第二，理性地看。农产品价格诱发型通胀不是无条件、随时随地就会发生的，它是三种条件集结在一起，交叉作用，推波助澜的共同结果。

10.4.1.1 体制性条件

计划经济体制是产生农产品价格诱发型通胀的体制性条件。计划经济体制要求政府是价格形成的主体（而不是市场），价格形成机制来自政府干预这只看得见的手（而不是看不见的手），价格工作的程序是先确定比价关系，再制订计划价格体系的"大盘子"，依此来保证计划价格工作的有序性、科学性和合理性。由于农产品的使用价值攸关国计民生之大局，在农产品短缺时选择农产品作为比价中心，具有客观必然性；由于农产品短缺，以劣等土地的农产品价格作为比价的价值基础，也是顺理成章的。应该说，若不发生特殊、紧急的情况，以粮棉比价和粮油比价为基础的计划价格体系这个"大盘子"，是一个利益平衡机制，是稳定物价的中流砥柱。然而一旦事关社会和政治稳定的农产品出了差错，必将动摇到比价这个计划价格体系的基石。政府出于大政方针的考虑，不得不调整计划价格的"大盘子"，并承认农产品价格双轨制存在的合理性。

于是，一种在市场经济体制下不可能发生的价格连锁反应发生了：农产品价格上涨的个别价格行为通过农产品价格双轨制桥梁，演化为两种价格（指比价）的双边价格行为，再演化为多种价格的多边价格行为，出人意料地演化出一个恶性通货膨胀来。表面上看，是农产品价格上涨诱发通货膨胀，实际上是计划经济体制功能异化的结果。计划经济体制使经济结成不可分割的整体，这既是稳定经济的力量，又暗含着传递危机（包括通货膨胀）的机制，使之通过体制把局部危机酿变成整体危机成为可能。农产品价格诱发型通货膨胀的发生就是历史的佐证。

10.4.1.2 资源性条件

农产品不安全和农产品替代品匮乏，是产生农产品价格诱发型通货膨胀的资源性条件。农产品因特殊情况而大幅度减产，势必使人均农产品占有量下降，当农产品供求缺口无法弥补时，农产品价格迅猛攀升是不可避免的；由于居民收入低微，无力购买计划外农产品，则农产品不安全由可能变成现实是不可避免的；农产品不安全不仅加剧了国民的恐惧心理，对农产品生产和供应的预期悲观，导致抢购进而加重农产品不安全的危机，而且使农产品替代品稀缺和食品价格上涨不可能避免。三个不可避免汇聚在一起，最终使农产品价格诱发型通货膨胀的产生，具有不可避免性。

这里值得着重分析的是农产品价格双轨制（后来几乎所有供不应求的产品都实行价格双轨制）。农产品价格双轨制是一柄双刃剑，它是一种抑制通货膨胀和激化通货膨胀的两种对立机制并存的价格机制。计划内农产品价格低廉，与居民低收入相适应，这是平抑农产品价格的力量；计划外农产品价格昂贵，与居民收入不相适应，这又是提升农产品价格的力量。当计划内农产品的数量少到难以维持生存而又没有副食品替代时，农产品价格双轨制中提升农产品价格的力量将大于平抑农产品价格的力量，从而使劳动价值论和政府干预失效，即农产品价格不再由农产品的价值所决定，政府愈是想扼杀农产品自由贸易，把农产品价格降下来，农产品地下交易的范围却愈大，价格亦愈高；农产品价格双轨制中两种农产品价格之间的价格制衡关系，被两种价格的巨大落差异化为价格攀升关系；一旦高于农产品计划价格若干倍的农产品自由市场价格，为居民所接受，为政府所默认（都是被迫的），必然产生农产品高价合理论，进而导致"合成推理的谬论"的合理性，即尽管大家都想从提高价格中得到好处，却谁也得不到好处（事实上，谁率先提高价格，谁会首先得到好处）。但是，大家都提高价格就给农产品价格诱发型通货膨胀贴上了不可避免和存在合理性的标签。

10.4.1.3 外部性条件

经济的隔离性（指封闭性）是产生农产品价格诱发型通货膨胀的外部条件。众所周知，资源稀缺（含农产品资源稀缺）不是决定一国经济发展和物价水平的唯一因素。随着国际贸易的开展，会产生出要素价格均等化趋势，即要素价格贵的会变便宜，便宜的会变贵。我国当时的农产品价格居高不下，显然与我国经济的隔离性密切相关。

试设想，三年自然灾害时，假如我国拥有现在这样的开放性的国际经贸环境和条件，有较丰裕的（得自于开展国际贸易和按照比较优势进行专业化生产的）外汇储备和居民存款的巨大余额；假如每年从国外进口一定数量的农产品；又假如国际农产品价格低于国内农产品价格。可以断言，农产品不安全是不会发生的。退一步说，即使发生农产品不安全，也可以通过国际贸易渠道迅速化解，即使农产品价格暴涨，也可以通过进口低价农产品来加以抑制。

令人遗憾的是，上述假设在当时都不存在。更遗憾的是，经济隔离派生出的外部环境和外部条件的不经济性，一方面，缩短了农产品价格上涨诱发通货膨胀的时间；另一方面，又延长了治愈通货膨胀的时间，加剧了农产品价格诱发型通货膨胀对我国国计民生的危害。经济隔离使我国没有转嫁通货膨胀的渠道，如同洪水到来没有泄洪口一样，通货膨胀的压力、风险和损失，只能由我国独自承担，为此付出了沉痛的代价。

下面我们结合误差修正模型定量分析猪肉价格与通货膨胀之间的关系。

10.4.2　误差修正模型原理

10.4.2.1　误差修正模型

如果一个时间序列的均值或自协方差函数随时间而改变，那么该序列就是非平稳的。对于非平稳的数据，采用传统的估计方法，可能会导致错误的推断，即伪回归。若非平稳序列经过一阶差分变为平稳序列，那么该序列就为一阶单整序列。对一组非平稳但具有同阶的序列而言，若它们的线性组合为平稳序列，则称该组合序列具有协整关系。对具有协整关系的序列，我们算出误差修正项，并将误差修正项的滞后一期看作一个解释变量，连同其他反映短期波动关系的变量一起，建立误差修正模型。

10.4.2.2　建立误差修正模型的步骤

先对单个序列进行单根检验，进行单根检验有两种方法：ADF（augument dickey-fuller）和 DF（dickey-fuller）检验法。若序列都是同阶单整，我们就可以对其进行协整分析。我们可以先求出误差项，再建立误差修正模型，也可以先求出向量误差修正模型，然后算出误差修正项。需要补充一点的是，误差修正模型反映的是变量短期的相互关系，而误差修正项反映出变量长期的关系。

10.4.2.3　模型的作用

误差修正模型的一大优势在于该模型所包含的全部变量和非均衡误差的平稳性，它可以有效地解决基于非平稳数据建模时会出现的伪回归问题。另外，模型可以反映出变量间的长期趋势和短期关系，也能反映出误差修正机制在其中起的作用，因而模型具有较强的经济意义和现实意义。

10.4.3 数据处理与分析

10.4.3.1 数据的选取和模型的建立

在此，我们分析了 1978~2006 年城镇居民的消费价格指数（CPI）与猪肉价格指数（PMPI）的关系，数据来自于《中国统计年鉴》，数据见表 10-3。

表 10-3 1978~2006 年居民价格消费指数和猪肉价格指数

年 份	居民价格消费指数	猪肉价格指数	年 份	居民价格消费指数	猪肉价格指数
1978	100.3	100	1993	355.5	267
1979	124.8	102	1994	549.7	331
1980	127.8	108	1995	637.6	388
1981	128.0	111	1996	651.6	420
1982	128.2	113	1997	717.5	432
1983	127.8	115	1998	594.8	428
1984	130.5	118	1999	506.8	422
1985	158.0	128	2000	507.8	424
1986	164.9	136	2001	522.5	427
1987	195.6	146	2002	512.0	423
1988	294.6	174	2003	526.9	429
1989	325.5	205	2004	594.3	445
1990	302.4	212	2005	528.7	453
1991	292.1	219	2006	737.6	460
1992	310.5	233			

资料来源：国家统计局，2007

在此先对 CPI 和 PMPI 取对数，同时建立如下的模型：

$$\ln\text{PMPI}_t = \partial_0 + \partial_1 \ln\text{PMPI}_{t-1} + \partial_2 \ln\text{CPI}_t \quad (t=1,2,\cdots,n) \quad (10\text{-}1)$$

如果当期的 PMPI 与当期的 CPI 及前期的 PMPI 均为一阶单整序列，而它们的线性组合为平稳序列，那么我们可以求出误差修正序列，并建立误差修正模型，如下：

$$\nabla\ln\text{PMPI}_t = \beta_0 + \beta_1\nabla\ln\text{CPI}_t + \beta_2\nabla\ln\text{PMPI}_{t-1} + \beta_3\text{ECM}_{t-1} + \beta_4 t \quad (t=1,2,\cdots,n)$$
$$(10\text{-}2)$$

$$\text{ECM}_t = \text{PMPi}_t - \partial_0 - \partial_1\ln\text{PMPI}_{t-1} - \partial_2\ln\text{CPI}_{t-1} \quad (t=1,2,\cdots,n) \quad (10\text{-}3)$$

从式（10-2）我们可以推出如下的方程：

$$\ln PMPI_t = (1 + \beta_1 + \beta_3)\ln PMPI_{t-1} - (\beta_1 - \beta_3\partial_1)\ln PMPI_{t-2} + \beta_2\ln CPI_t$$
$$- (\beta_2 - \beta_3\partial_2)\ln CPI_{t-1} + \beta_0 - \beta_3\partial_0 + \beta_4 t \quad (t = 1, 2, \cdots, n)$$

$$(10\text{-}4)$$

在式（10-2）中 $\nabla\ln PMPI$，$\nabla\ln CPI$ 分别为变量对数滞后一期的值，ECM（-1）为误差修正项，如式（10-3）所示。式（10-2）为含有常数项和趋势项的形式，我们省略了只含趋势项或常数项及二项均无的形式。

我们用 Eviews 软件对这些数据进行处理和分析。

单根检验。通过折线图观察，PMPI 和 CPI 的对数均存在截距，而且随着时间的推移，指数呈现增长的趋势（图10-10）。因此，本节选择式（10-1）进行单根检验。结果表明，各指数原时间序列均为非平稳序列，但经过一阶差分后均为平稳序列（表10-4）。

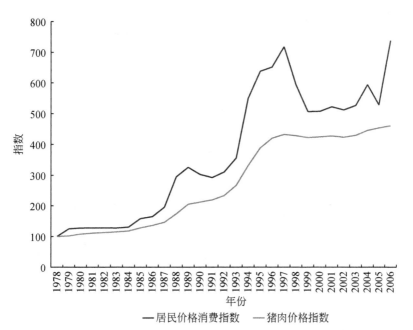

图 10-10　居民价格消费指数 CPI 和猪肉价格指数 PMPI

表 10-4　平稳性检验

指　标	检验形式（C，T，K）	ADF 统计量	5% 显著性水平	结　论
lnCPI	（C，0，0）	-1.1248	-2.9719	非平稳
D(lnCPI)	（0，0，0）	-3.3268	-1.9539	平稳
lnPMPI	（C，0，2）	-0.9932	-2.9810	非平稳
D(lnPMPI)	（0，0，1）	-2.0946	-1.9544	平稳

协整检验。协整检验的经济意义在于揭示时间序列变量的长期稳定关系，具有协整关系的变量虽然在短期具有各自的变动趋势，但在长期存在协调发展的趋势。虽然两指数原始序列都是 I（1），但两者的线性组合却可能是平稳关系。为检验两变量是否为协整关系，本节采用 Engle2Granger 检验，对协整回归方程的残差项进行单根检验。结果表明，CPI 与 PMPI 存在协整关系。

误差修正模型估计。对于两个具有一阶协整关系的变量，可以通过构建误差修正模型来分析两者之间的关系。通过对 CPI 与 PMPI 进行建模，使用 Hendry 的一般到个别的模型方法，逐步剔除回归系数不显著的滞后期，获得简洁的误差修正模型，结果见表 10-5。

表 10-5　误差修正模型

指　标	检验形式（C, T, K）	ADF 统计量	5% 显著性水平	结　论
ECM	（0, 0, 2）	− 4.3413	− 1.9550	平稳

10.4.3.2　数据分析结果

从表 10-6 的估计结果可以得出以下结论。

表 10-6　回归结果

变　量	lnCPI	P 值	变　量	lnPMPI	P 值
C	− 0.280999	0.1123	C	0.131686	0.0396
lnPMPI	2.565599	0.0000	lnCPI	0.278250	0.0000
lnCPI（− 1）	0.260884	0.1181	lnPMPI（− 1）	1.064194	0.0006
lnCPI（− 2）	0.198594	0.2560	lnPMPI（− 2）	− 0.247440	0.1830
lnPMPI（− 1）	− 1.958405	0.0000	lnCPI（− 1）	− 0.122593	0.1018
R^2	0.986643		R^2	0.997817	

1）猪肉价格上涨不会引起通货膨胀，而通货膨胀却会引起猪肉价格的上涨。从表 10-6 左边的方程来看，CPI 与猪肉价格滞后项的关系不显著，因此，猪肉价格上涨不是通货膨胀的原因；从表 10-6 右边的方程来看，猪肉价格与 CPI 的滞后项关系显著，因此，通货膨胀是猪肉价格上涨的原因。

2）猪肉价格的短期波动还受到自身和 CPI 短期波动的影响。猪肉价格的滞后一期价格波动 1%，当期猪肉价格波动 0.147 78%。这是由于前一期猪肉价格大幅上涨改变了肉贩等猪肉供应链中的主体对猪肉价格上涨的预期，从而产生"囤积"行为，这验证了第三部分关于流通主体行为对猪肉价格上涨的影响的分析。另外，从估计结果发现，猪肉价格对 CPI 的弹性系数呈正负交替变化，当期

CPI 和滞后 12 期 CPI 的波动均会对猪肉价格波动产生影响。当期 CPI 的波动对猪肉价格的影响为正且较大，CPI 波动 1% 会引起猪肉价格上涨 2.112%，这说明猪肉价格对 CPI 的波动较为敏感。滞后 12 期 CPI 对猪肉价格的影响为负，CPI 波动 1% 会引起猪肉价格下跌 1.1374%，这又说明了 CPI 对猪肉价格波动调整的滞后性。

3）误差修正项的系数为负数，表示长期均衡对猪肉价格的短期波动有向均衡状态拉动的调整作用，但作用不显著。

10.4.4　结论

从以上的分析可以看出猪肉价格的上涨主要是由供给减少引起的。供给主要是受到内、外因素的影响，内因是生产成本的推动和养殖户积极性下降；外因是疫病的扰动和流通的不畅。通过建立误差修正模型，发现猪肉价格的上涨不会引起通货膨胀，而通货膨胀引起了猪肉价格的上涨。这表明通货膨胀波动是影响猪肉价格波动的持久因素。

第 11 章
提升肉类产品国际竞争力
及稳定价格的对策

本书在产业国际竞争力基本理论指导下，在第 3 章对中国肉类出口格局进行了分析；第 4 章分析了中国肉类国际竞争力的动态变化；第 5 章对中国肉类国际竞争力与主要肉类出口国进行了横向比较；第 6 章则运用贸易表现指数法对中国肉类贸易表现进行了综合评价和国际排序；第 7 章分析了中国肉类出口品种结构及市场结构特征；第 8 章运用恒定市场份额模型测算了竞争力因素、出口结构因素及贸易规模因素对中国肉类出口增长的贡献率；第 9 章分析了有关农产品贸易的国际协定及主要进口国的贸易政策、国内因素对中国肉类国际竞争力的影响；第 10 章以猪肉为例分析了国内市场肉类价格周期波动及其成因。

本章在总结主要研究结论的基础上，提出提升我国肉类国际竞争力的若干对策。

11.1 主要研究结论与讨论

11.1.1 主要结论

11.1.1.1 中国肉类产品总体的比较优势及竞争力较弱

中国肉类总体在中国农产品总出口中不具有比较优势，也不具有竞争优势。各品种肉类中，1602（肉类制品及罐头）具有极强的比较优势；0208（其他肉类及可食用杂碎）具较强的比较优势；香肠类产品具有中度比较优势；其余各品种肉类比较优势均较弱。

中国肉类总体国际竞争力呈下降趋势，深加工肉类尤其是肉类制品及罐头的国际竞争力稳定上升，0207（家禽肉及可食用杂碎）、0208（其他肉类及可食用杂碎）、0202（冷、冻牛肉）的国际竞争力下降幅度较大，0203（鲜、冷、冻猪肉）具有一定国际竞争力但竞争力水平略有下降。

中国出口的 1602（肉类制品及罐头）占日本进口的 52%，在日本市场上具有绝对竞争优势。中国内地部分肉类品种 0208（其他肉类及可食用杂碎）、1602（肉类制品及罐头）、0203（鲜、冷、冻猪肉）、1601（香肠类产品）在中国香港市场的竞争力较强，但面临泰国、澳大利亚等国的激烈竞争。中国肉类总体及各品种在俄罗斯市场的竞争力均较弱，占有的份额较小。

11.1.1.2 中国肉类贸易的总体国际地位较低

我国肉类出口占世界肉类总出口的份额低，自 1998 年起各年份额均小于 3%。我国是肉类生产大国但却是出口小国。我国肉类出口价格低于国际平均水平，具有出口价格优势。对中国肉类贸易表现的国际比较排序测算得出结论：①中国肉类贸易的总体国际地位较低；②2005 年中国肉类贸易表现排世界第 20 位；③2001～2005 年，中国肉类贸易表现变化指数排世界第 17 位。

11.1.1.3 我国肉类出口增长的主要因素是世界肉类贸易规模的扩大

我国肉类出口品种结构基本符合世界市场需求结构变化，而出口市场结构欠佳；我国肉类出口竞争力不稳定，近年呈下滑趋势，竞争力因素已由促进出口增长的因素转变为抑制出口增长的因素。

11.1.1.4 中国肉类出口商品结构对世界市场需求的适应性较差

中国肉类出口的目标市场空间结构存在高度集中以及需求适应性差等问题，尤为突出的是，中国肉类产品出口过于依赖日本市场。进一步分析中国肉类出口到日本、俄罗斯、韩国 3 个目标市场的商品结构，得出结论：第一，日本市场对于中国肉类产品出口来说非常重要，中国肉类对日本出口的商品结构也从以初级加工品为主向以深度加工品为主转变；第二，中国肉类对俄罗斯的出口下降，占有的俄罗斯市场份额也在下降；第三，中国肉类产品对韩国的出口增长要快于中国肉类产品出口的增长，并且快于韩国肉类产品进口需求的增长，因而中国在韩国肉类产品进口市场上占有的份额在提高。中国出口到日本、俄罗斯和韩国三国市场上的肉类商品结构存在相同之处：出口商品集中于 1602（肉类制品及罐头）和 0207（家禽肉及可食用杂碎）等商品；对 3 个目标市场的需求适应性较差。

11.1.1.5 主要市场国家的技术性贸易壁垒等因素对我国肉类国际竞争力存在影响

我国内地肉类出口主要目标市场（日本、中国香港、韩国、俄罗斯、欧盟等）对食品及动物源产品进口管理的相关法规及较高的标准对我国肉类的出口形成了障碍；国内因素方面，肉类生产结构不符合世界肉类需求特点、肉类生产技术水平及流通方式落后、国内需求层次低、与肉类产业相关的饲料产业落后及肉类加工机械技术水平低、养殖及加工企业规模小难以形成规模经济等因素均影响到我国肉类产业的国际竞争力。

11.1.2 讨论

11.1.2.1 独创性地采用贸易表现综合指标较全面地反映了中国肉类贸易的国际地位

本研究运用单项指标（显示性指标）与贸易表现指数综合指标分别测算了中国肉类竞争力及贸易表现的综合国际排序，各单项指标之间的测算结果有差异，如运用显示性比较优势指数、显示性竞争优势指数以及净出口指数测算的中国肉类部分品种的竞争力及国际排序不尽相同，但对肉类总体的国际竞争力评价仍能得出较为一致的结论。而贸易表现指数综合指标的测算结果弥补了各单项指标所得出的测算结论不尽一致的缺陷，所得结果较全面地反映了中国肉类贸易表现的国际地位。

11.1.2.2 恒定市场份额模型结论较好地印证了显示性指标及 TPI 综合指标的结论

恒定市场份额模型的主要贡献在于将竞争力因素、出口结构因素对中国肉类出口增长的贡献份额分离出来，从而为定量分析竞争力对出口的影响提供了方法上的可行性，结构因素对出口增长的贡献率的测算为提出调整出口结构（主要是市场结构）的政策提供了科学的依据，以此为依据提出的提升中国肉类竞争力的建议更具可信性。

11.2 提升中国肉类产品国际竞争力的对策

11.2.1 调整优化肉类生产结构

应该调整以猪肉为主的养殖业结构，发展肉牛、肉羊养殖业和加工业，提高牛肉和羊肉在我国肉类产量中的比重。肉牛、肉羊养殖品种结构也应该调整优化，大力推广优质品种，压缩低产、低质品种。

对于加工肉类品种结构的调整，主要是调整加工方式，增加深加工肉类产品的生产，继续扩大肉类制品及罐头的出口。应开发具有中国独特风味的深加工肉类以供出口。深加工肉类产品不仅在质量安全方面比轻度加工的肉类更加稳定和易于控制，有利于突破目标市场国的技术性贸易壁垒，而且产品附加值更高，赚取利润能力强。因此，扩大深度加工的肉类香肠、肉类制品及罐头等肉类产品的出口应成为我国肉类产品结构调整的方向。

11.2.2 着力提高肉类产品质量

在肉类产品生产过程中进行质量控制，需要在畜禽养殖、屠宰加工、肉品销售等各个环节实行全程的质量控制。具体应采取以下措施。

1）制定肉类产品质量标准，应该参照国际上最严格的肉类（动物源食品）质量标准，把我国肉类产品质量提高到一个相当高的标准。同时，针对具体情况参照多元标准，根据我国肉类产品出口的国家和地区，参照相应国家的肉类产品质量标准，从饲料原料、饲料加工工艺、饲料添加剂、饲料产品检测、养殖工艺流程、技术规范、屠宰加工、流通等所有过程组织生产，对从饲料生产、养殖生产、肉品加工等环节进行危害因素分析，确定关键控制点，实行国际通行的HACCP质量控制。

2）政府部门要密切关注国外技术性贸易措施的修改及实施状况，及时发布信息，建立技术性壁垒数据库，要求企业采用国际标准。由于肉类产品出口应该符合出口目标市场需求，采用国际标准生产更对我国肉类产品出口突破贸易壁垒具有积极意义。企业也应该加大参与国际标准化活动的力度，及时了解国际标准变化状况，跟踪主要国家肉类产品的进口新法令、法规及标准，这有助于提高企业在国际市场的竞争力。

3）建立有效的疫病防治体系。疫病是影响畜禽肉类产品质量的主要因素，控制疫病的产生和传播，需要有现代化的防治体系作保证。每种畜禽都应有相应的科学防治"标准"和"办法"，这些方案的实施"标准"和"办法"要以一系列的制度、组织系统及工程技术措施作保证。由于传统养殖方式下，难以实施疫病控制措施，造成我国畜禽的死亡率偏高，其中猪、禽、羊的病死率分别为10%、20%和8%，导致了大量的饲料和人工浪费，甚至殃及整个企业或产业。应该加快无规定疫病区的建设，集中连片地建设无规定疫病区，应该积极参与世界动物组织（OIE）的有关国际及地区组织活动，争取能够参与有关国际协定、标准和规则的制定，从而在肉类质量安全控制方面处于主动地位。

4）推广使用现代化的饲养设施和设备。畜禽养殖现代化的外在标志是设施和设备的现代化，包括圈舍、饲养设备、饲料加工、饲喂、饲养室清洁、产品收集、产品运输、产品库存等的现代化。现代化的饲养场，应有封闭的厂房、检测设备，消毒设施齐全，为生产高品质的畜产品提供保障。

11.2.3 建立现代化的饲料产业体系

应该改革和完善饲料作物生产加工体系，要充分考虑我国的自然资源条件，发展饲料种植业和饲料加工业。我国是一个饲料资源短缺的国家，应适应这种资源状况调整畜禽结构和饲料结构。北方干旱地区，要大力提倡三元种植结构，发展草食动物。饲料是畜禽生长的基础，也是控制畜禽产品质量的关键。在提高饲料报酬的同时，保证畜禽产品质量，是现代化饲料体系的特征。

11.2.4 充分发挥行业协会和产业化组织的作用

应提高肉类产品生产经营的组织化程度，发展肉类产品流通中介，完善农户加公司的产业化经营模式。建立农（牧）民饲养协会、集团性加工合作组织，在组织内部实行不同程度的企业化管理与经营，专业化生产某一种类或品种的肉类产品，统一进行产品的加工，并使用同一品牌进行销售，这不仅有利于提高生产经营的组织化程度，也有利于创出叫得响的肉类产品品牌。

应该按照畜牧业产业化发展的要求组织畜禽养殖生产。农业产业化经营代表了我国农业发展的方向，它不仅有助于将分散的农民组织起来，更重要的是它能通过规模扩张带来规模收益、产业链延伸，分离工业剩余和商业利润，且能通过组织和制度创新节约交易费用，从而给农业生产经营企业带来丰厚的利润回报。因此，我们有必要通过肉类产业化经营加速我国肉类企业发展的步伐，提升我国肉类出口竞争力。

11.2.5 扩大养殖业和加工业规模

应进一步提升肉类加工能力，以促进我国肉类产品国际竞争能力的提升，可以通过肉类生产经营企业的资产重组和组织重构，借助于兼并、重组、联合等形式，进一步优化肉类加工企业，改变加工企业小、散、粗的状况，使现有加工能力得到最充分的利用；在充分进行可行性研究的基础上，增加设施投入，增设新的加工厂；要重点突破加工、保鲜、储运等薄弱环节，促进生产与加工、保鲜与储运的同步发展，组织生产、科研、管理部门联合攻关，尽快开发和推广肉类加工处理技术，改变我国畜禽屠宰后处理和加工技术相对薄弱的面貌，提高肉类产业的综合经济效益。

11.2.6 健全现代化的品种繁育及推广体系

优良畜禽品种是现代化畜禽养殖的关键，建立现代化的品种繁育推广体系是优良畜禽供应的保障。现代化的品种繁育推广体系要能够适应市场的需要，不断引进、繁育和推广生产率较高的优良品种。目前，我国的优良品种率占整个畜禽存栏的比率不断增加，但仍有待提高，有些品种还不适应市场变化的需要。据统计，我国有种畜禽场9000多个，但大部分种畜禽场功能不佳，种畜禽销售困难，生产难以为继，难以承担起现代化品种繁育推广的任务。有些企业已经改制，更难适应市场的要求进行生产。

11.2.7 积极开拓新的出口市场

应该改变过度依赖日本市场的状况，积极开拓新的具有潜力的市场。开拓新的市场，必须以市场为导向，投入较多的人力、物力和财力研究市场，对不同的市场行情及其发展前景，不同国别、地区及客户的不同需要、本国不同区域的自然条件和资源分布做到心中有数。在对市场准确把握的基础上，根据自然资源条件的特点，建设合适的肉类商品生产基地，实现资源与市场的有效对接。在国际市场开拓上，应注意几个问题。

1）稳定并适度扩大对约旦、马来西亚等亚洲国家的肉类出口。约旦、马来西亚两国的肉类进口增长率高于全球肉类进口平均增长率，从中国进口肉类的增长率也高于中国肉类出口平均增长率。因此这两国市场的需求潜力较大，同时中国肉类对这两国市场的出口较有优势，故而中国应当积极调整对该两国市场的肉类出口，至少应维持对该两国市场的肉类出口不致减少。

2）积极扩大对俄罗斯、新加坡的出口。俄罗斯、新加坡两国的肉类进口增长率高于全球肉类进口平均增长率，但是从中国进口肉类的增长率低于中国肉类出口平均增长率。表明两国市场的需求潜力较大，但是中国肉类对该类型市场的出口不具有优势，中国应当采取措施促进对两国肉类出口。

3）日本的肉类进口增长率低于全球肉类进口平均增长率，从中国进口肉类的增长率也低于中国肉类出口平均增长率。可以认为日本市场的需求潜力较小，同时中国对该类型市场的出口不具有优势，故而中国不应继续扩大对日本的肉类出口，应当逐步将出口转移到需求潜力较大的市场上。

4）中国香港市场的肉类进口增长率低于全球肉类进口平均增长率，但是从中国进口肉类的增长率高于中国内地肉类出口平均增长率。因此可以认为中国香港市场的需求潜力较小，尽管中国内地对中国香港地区的肉类出口较有优势，但是从长远来看，不应继续扩大对中国香港的肉类出口。

11.2.8 合理利用 WTO 规则，政府加强对畜禽养殖业的生产补贴

在现有的财政能力和 WTO 框架下，解决补贴总量不足的问题，应加大补贴额度。2006～2007年我国养殖业尤其是养猪业曾由于疫病流行及饲料价格上涨

而出现产量大幅下滑，养殖户（场）的养殖出栏量减少，中央和地方各级政府曾在 2007 年出台对养猪户（场）的补贴措施，但养猪业产量至今仍没能恢复到 2006 年以前的水平。将来养猪业生产恢复后，也不应取消对养猪业及其他畜禽养殖业的补贴，而是应该增加补贴额度，增强我国肉类产品的国际竞争力。补贴的项目上要在 WTO 框架下，积极拓宽"绿箱"的补贴内容，加大对"绿箱"的投入，在不违反 WTO《补贴反补贴措施协议》的情况下，用足"黄箱"补贴方式。补贴总额受到政府财力的限制，不能只依靠中央和地方政府的补贴，应该积极扩展多种融资渠道筹集资金，鼓励外资进入农业（畜牧业）及农产品加工业进行投资，以及积极争取和利用国际组织的优惠贷款，为肉类产业发展筹集资金。

11.3 稳定猪肉市场价格的对策及建议

在经济高速发展的新形势下，如果单纯依赖市场机制的自发调节，难以根本有效地解决生猪周期波动的有关负面影响问题。应对新一轮生猪周期性波动，建议加强政策扶持、强化防疫体系、完善市场流通基础设施和信息服务体系、推广政策性保险制度、鼓励规模化饲养方式等，形成发展现代养猪业的新机制。

11.3.1 深入把握生猪周期演变规律，指导生猪产业发展

在生猪周期的不同阶段要采取差异性的调节措施。在短期，通过影响和改变饲料价格和生猪储备等调节生产流通。在中期，通过改变饲料和种猪群（繁育猪群），调整、优化生猪和畜产品供给结构。在长期，重点要促进转变饲养方式。指导养殖户新上养猪项目应在生猪周期的低谷期进行，在高峰期要加强对育肥猪的饲养管理，加速淘汰生产能力差的公、母猪等。促进生猪生产良性循环，既要打破在亏损周期一窝蜂下、质量下降、加速淘汰育肥猪和母猪的现象，也要打破在盈利周期一窝蜂上、饲养密度大、出现疫情的现象。

11..3.2 建立现代养猪业发展新机制，增强养猪业应对市场风险的能力

1）保护和稳定母猪生产，进一步加大品种改良力度，同时要加强监管，确保生猪引种规范，防止引进"洋猪病"，建立行业准入制、饲料粮调控机制。

2）建立疫病疫情有效防控体系，提高政府部门防疫管理水平。加大对"高热病"等疫病的防控力度。搞好种畜禽生产经营、动物防疫、畜禽运输及检验检疫等方面的执法和监管，阻断疫病传播途径，减少疫病给养殖业带来的损失。

3）加快饲养方式的转变。要引导农村养殖能手上养猪项目，帮助农民解决

中国肉类产品国际竞争力研究

上规模和引种补栏方面的困难。推广生猪健康养殖模式，加快生猪养殖小区建设，促进规模养猪和标准化生产，提高养殖技术和经营水平，包括搞好成本控制、疾病防治和猪场的管理制度等，促进农民养殖的集约化和专业化发展。开展畜牧技术推广和服务，提高饲养管理水平。

4）鼓励和培育各种养猪专业经济合作组织和行业协会的发展，加大对养猪专业经济合作组织的财政补贴力度。引导和鼓励龙头企业与中小农户签订订单生产合同，减少养殖风险。

5）加强城乡市场管理，形成品牌化战略竞争优势。推进肉品安全市场准入体系建设。要加大对大型龙头企业和生猪养殖基地的扶持政策，支持引导产品质量好、品牌信誉度高的生猪生产及屠宰企业发展连锁专卖企业，推进品牌化经营。

11.3.3 引导和推进生猪保险工作，防范风险

我国的生猪价格波动经常超出正常的波动范围，在生猪业市场波动中，大多数情况是养殖环节严重亏损，而且承担了大部分的市场风险，养殖户成为市场大起大落首当其冲的受害者。为了促进生猪生产发展，比较有效的一种政策选择是政府在建立政策性农业保险制度时，设置生猪险种，鼓励商业保险公司对生猪生产和母猪进行保险，政府为参保农民提供一定的保费补贴。

保险费按照"政府补贴一点、养殖者缴纳一点、保险公司在费率上优惠一点"的办法筹集。生猪养殖具有区域产业特点，可考虑实行强制性区域化保险。由专业农业保险公司试点，在获得免征营业税、保险经营补贴等优惠政策的基础上，直接经营相关业务。强制性保险能够以较低的保费为农民提供更好的保障。

11.3.4 加强生猪产品市场信息服务体系建设

目前，生猪市场供需信息传导不畅，养殖者仅能根据局部地区生猪市场价格的变动安排生产，造成了市场整体供求的不均衡。种猪补栏到生猪出栏通常需经过6个月的养殖期，由于补栏的相对滞后性，进一步加大供需的不均衡。要加强生猪存栏、出栏等生产与市场流通统计工作，完善供需监测系统，及时向社会提供前瞻性信息服务。以信息引导为主，加强政府公共服务。健全市场信息进乡村、进农户的服务网络，及时为农民提供生猪产销、市场供求、价格盈亏等信息，指导生产有序进行。

11.3.5 适时推出生猪期货

生猪现货价格具有较强波动性，目前严重缺乏避险工具。期货市场的远期价格发现功能，有助于养殖者及时了解未来的生猪市场走势，合理调整养殖规模和饲养周期，有效规避市场风险。建议尽快选择生猪主产省开展生猪期货试点。

11.3.6 研发优质本土猪种，重塑公共防疫体系

大力增加研发投入，培养适应性强、免疫力高、生长旺盛的本土良种，或口感肉质好、生态自然化、特色品牌化的本土种猪；特别强调针对本土优良畜种的防疫疫苗、药物的研究开发；重塑公共防疫体系，研究合理养殖方法和正确防范措施，免费定期向养殖户介绍、培训、指导防疫知识方法。

政府在考虑"量"的供应时，应有眼光考虑产品"质"的提高。建立特别基金，全力支持本土化良种、特色化猪种养殖和差异化特色品牌经营，通过政府扶持、标准建立、品牌宣传，逐步扭转外种当家局面，以本土产业化策略根本遏制外来疫情，创造特色生猪产业新模式、差异化猪肉消费特色方式。

政府当有同样的战略眼光和经略智慧，刺激本土其他优良动植物种研究开发和其主导性、战略性、产业化经营，抵御反击生物安全危机和提防应对生化疫病攻击，创新产业主导局面。

11.3.7 培养大户规模经营，增加补贴激励散户

大力扶持畜牧公司和规模经营大户，给予政策、财税、信贷支持，力推标准化、规范化生产，保证供给相对稳定；依据一定地域，积极建立一定的养殖散户协会和合作组织，获得一定购销、管理、政策、信贷优势，同时以较高标准直补散户弥补经营弱势。对于农业产业化的公司、大户或合作组织，给予自主收购、运输、检疫、屠宰、存储、统一市场销售、公司化门市销售的一定特别权利。这利于打破流通垄断，促使产业化经营组织创立猪肉特色化、差异化、自然生态化品牌管理，获得产业链条延伸的流通价值增值利益和特殊利益。保证供给稳定、优质安全，兼顾特色差异化与大众普适化，整体化降低生猪生产成本、终端肉价。

11.3.8 平抑物价权宜之策，保障养殖利润空间

根据猪粮比实践规律，挤出流通环节不合理利润，适度平抑肉价，维持生产

者—中间商—消费者之间的利益平衡；不到非常状态，不得将大规模外部调入手段作为平抑肉价的举措；对实质垄断的强势流通环节，采取政策和经济导向，关注流通利润削减、取消不合理收费和减免费用税收；政府当追溯成本认识问题，针对性解决消费者困难，对不同民众群体采取收入调节、转移支付和补偿救济措施。

11.3.9 提高"三补一保"标准

提高"三补一保"标准，政府的补助、补偿、补贴和保险标准维持在较合理的水平；在非常状态下，政府应当把握风险利益平衡点和地域差别情况，拿出强刺激措施，适度提高"三补一保"标准，分化市场风险、社会风险，稳定社会心态和信心，保证猪源、补栏和存栏的数量和质量。

11.3.10 建立供求预警机制，克服"蛛网"市场局限

政府应当建立分口统计管理标准体系，建立产业动态信息和市场供求一体的预警系统，极力克服自由市场"蛛网"震荡。预警粮食供求，保障粮食生产根本，提高粮食产量和质量，增强粮食产业的竞争、自给和自主能力；定期发布贯穿整个产业链条、价值链条的综合信息，进行生产预警、供求预警、价格预警、盈利周期预警，引导、影响产业发展；建立市场渠道预警机制，通过国控商业集团，协助政府引导、影响商贸流通，通过渠道控制力和市场影响力，强力扭转不正常生产和销售状态；预警政策管理，对不同供求状态下的扶持力度进行动态调整，以转移支付标准的经济手段来调节、警示或鼓励；预警疫情，推荐免疫猪种，加强疫病研究、防治、控制的进展信息通报等。

参 考 文 献

白宏 . 2003. 中国主要农产品的国际竞争力研究 . 北京：中国农业大学 .

白雪梅，赵松山 . 1995. 对主成分分析综合评价方法若干问题的探讨 . 统计研究， （6）：47 – 50.

保罗·克鲁格曼，莫里斯·奥博斯特法尔德 . 1998. 国际经济学 . 北京：中国人民大学出版社 .

鲍一丹，吴艳萍，何勇 . 2004. BP 神经网络最优组合预测方法及其应用 . 农机化研究，（3）：162 – 164.

毕金峰，魏益民，潘家荣 . 2005. 欧盟食品安全法规体系及其借鉴 . 中国食物与营养，（5）：22 – 26.

边全乐，马光霞 . 2006. 中国畜产品进出口贸易评价分析 . 世界农业，（7）：29 – 31.

丙明杰，陶志刚 . 2004. 中国产业竞争力报告 . 上海：上海人民出版社 .

陈卫平 . 2003. 农业国际竞争力理论初探 . 财经问题研究，（1）：66 – 69.

陈卫平 . 2005. 中国农业国际竞争力——理论、方法与实证研究 . 北京：中国人民大学出版社 .

陈卫平，赵彦云 . 2005. 中国区域农业竞争力评价与分析——农业产业竞争力综合评价方法及其应用 . 管理世界，（3）：85 – 93.

陈武 . 1997. 比较优势与中国农业经济国际化 . 北京：中国人民大学出版社 .

陈小静，乔娟 . 2005. 中国鲜苹果在其主要出口市场的竞争状况分析 . 中国农业大学学报（社会科学版），（3）：70 – 74.

陈晓声 . 2001. 产业竞争力的测度与评估 . 上海经济，（6）：45 – 47.

陈晓艳，朱晶 . 2006. 中印农产品出口竞争关系研究 . 世界经济研究，（4）：52 – 58.

陈云，顾海英 . 2004. 我国蔬菜出口贸易的总量与结构分析 . 国际贸易问题，（3）：43 – 47.

程广娟 . 2006. 谈我国农产品贸易结构变化 . 商业时代，（26）：36 – 38.

程国强 . 1999. 中国农产品贸易格局与政策 . 管理世界，（3）：176 – 183.

程国强 . 2001. WTO 农业规则与中国农业发展 . 北京：中国经济出版社 .

程国强 . 2004. 中国农产品出口：增长、结构与贡献 . 管理世界，（11）：85 – 96.

程国强，彭廷军 . 1999. 中国非粮食农产品比较优势与进出口战略研究 . 北京：中国农业出版社 .

崔凯 . 2006. 2006 年中国肉类行业分析报告 . 中国禽业导刊，（14）：14 – 18.

崔卫东 . 2006. 中国农业国际竞争力研究 . 杨凌：西北农林科技大学 .

邓富江 . 2007. 2006 年中国肉类工业发展情况 . 食品工业科技，（8）：11 – 14.

邓富江 . 2007. 中国肉类工业发展面临的几大问题 . 肉类研究，（5）：50.

邓蓉 . 2003. 中国肉禽产业发展研究 . 北京：中国农业科学院 .

邓蓉，张存根 . 2004. 中国畜产品进出口贸易现状分析 . 商业研究，（23）：145 – 149.

董长虹 . 2005. Matlab 神经网络与应用 . 北京：国防工业出版社：64 – 104.

董银果.2006.卫生和植物检疫措施影响农产品贸易的理论模型——以猪肉为例.国际贸易问题,(2):102-108.

樊纲.1998.论竞争力.管理世界,(3):10-15.

范爱军,林琳.2006.中国工业品的国际竞争力.世界经济,(11):30-37.

冯平.2007.我国猪肉加工的热点及发展趋势.农产品加工,(2):8,9.

符正平.1999.比较优势与竞争优势的比较分析.国际贸易问题,(8):1-5.

耿红莉,王秀清.2003.北京市主要畜产品生产成本分析.农业技术经济,(5):32-36.

顾国达,张磊.2001.我国畜产品出口的比较优势分析.中国农村经济,(7):31-36.

国家经济体制改革委员会经济体制改革研究院,中国人民大学综合开发研究院.1997.中国国际竞争力发展报告1996.北京:中国人民大学出版社.

国家经济体制改革委员会经济体制改革研究院,中国人民大学综合开发研究院.2001.中国国际竞争力发展报告2001.北京:中国人民大学出版社.

国家统计局.2004.2004年中国统计年鉴.北京:中国统计出版社:323.

国家统计局.2006.国际统计年鉴2006.北京:中国统计出版社.

韩青荣.2005.肉类加工机械设备的发展与未来.中国牧业通讯,(16):30-32.

何炳生,唐仁健.1995.农产品价格上涨、通货膨胀与宏观调控.中国农村经济,(7):3-8.

何秀荣.2003.我国农产品国际贸易研究方面的问题及建议.农业经济问题,(2):23-25.

何秀荣.2006.畜禽经济与农民收入.中国禽业导刊,(21):17.

洪银兴.1997.从比较优势到竞争优势.经济研究,(6):20-26.

胡铁华,肖海峰.2006.中国与东盟农产品贸易格局分析.世界农业,(6):21-24.

黄德林,徐恩波,郑少峰.2001.瘦肉型商品猪发展的影响因素分析.农业技术经济,(6):36-42.

黄季琨,马恒运.2000.中国主要农产品生产成本与主要国际竞争者的比较.中国农村经济,(5):17-21.

黄书权,尹希果.2005.中国对东盟农产品出口贸易结构变动趋势研究.亚太经济,(6):21-24.

黄岳新.2007.当前肉类加工业发展中的问题探讨.肉类工业,(4):1-3.

黄祖辉,张昱,蒋文华.2003.竞争力理论与农业竞争.见:杨雍哲.论提高农产品国际竞争力.北京:中国农业出版社.

霍尚一,顾国达.2004.我国番茄酱在世界市场上的国际竞争力分析.国际贸易问题,(3):47-50.

姜法竹,徐恩波.2004.关于黑龙江省主要畜产品竞争力量化方法及排序的探讨.农业技术经济,(3):62-66.

姜法竹.2004.黑龙江省畜产品竞争力研究.杨凌:西北农林科技大学.

金碚.1997.中国工业国际竞争力——理论、方法与实证研究.北京:经济管理出版社.

金碚.2003.竞争力经济学.广州:广东经济出版社.

金碚.2006.加入WTO以来中国制造业国际竞争力的实证分析.中国工业经济,(10):5-14.

金鸿荣.2006.中泰农产品贸易结构分析.北京:对外经济贸易大学.

柯炳生,唐仁健.1995.农产品价格上涨、通货膨胀与宏观调控.中国农村经济,(7):3-8.

柯炳生.2000.国际农业环境与我国农业发展.农业经济问题,(2):5-10.

柯炳生.2003.提高农产品竞争力:理论、现状与对策建议.见:杨雍哲.论提高农产品国际竞争力.北京:中国农业出版社.

孔媛.2006.世界番茄的贸易格局分析.国际贸易问题,(10):34-38.

李艾宇,田志宏,任爱荣.2004.我国大陆农产品出口台湾地区的变动分析.中国农业大学学报,(5):88-92.

李常君.2006.中国蔬菜出口日本的增长效应分析.世界经济研究,(2):59-64.

李崇光.2000.论中国农产品比较优势与比较优势模式.华中农业大学学报(社会科学版),(1):1-4.

李崇光,于爱芝.2005.论农产品比较优势与对外贸易结构整合.理论月刊,(7):5-10.

李海鹏,张俊飚,朱信凯.2007.我国蔬菜出口的增长效应分析.国际贸易问题,(2):24-28.

李辉.2006.中国新疆棉花产业国际竞争力研究.武汉:华中农业大学.

李建平,罗其友.2002.我国畜产品比较优势和国际竞争力的实证分析.管理世界,(1):83-92.

李建平,张存根.2000.加入WTO对我国养猪业的影响及对策.农业经济问题,(4):13-16.

李敬辉,范志勇.2005.利率调整和通货膨胀预期对大宗商品价格波动的影响——基于中国市场粮价和通货膨胀关系的经验研究.经济研究,(6):61-68.

李森.2005.肉类产业未来发展四大趋势.肉类工业,(11):48.

李双元,王征兵.2005.我国农业国际竞争力研究观点综述.经济纵横,(12):76-78,50.

李先德.2006.中国农产品贸易的世界地位及其特点.农业展望,(6):3-6.

李秀梅.2005.中国——欧盟农产品贸易结构分析.国际贸易问题,(8):35-40.

李旭.2007.中国新疆羊肉产业竞争力的影响因素研究.石河子:石河子大学.

李选才,戴无效,黄小英.2005.农产品竞争力评价指标体系的构建与方法.江西农业大学学报(社会科学版),(3):72-75.

李源清.2004.技术性贸易壁垒对我国出口的影响与对策.山东财政学院学报,(4):84-87.

李岳云,吴滢滢.2007.入世5周年对我国农产品贸易的回顾及国际竞争力变化的研究.国际贸易问题,(8):67-72.

李悦.2004.产业经济学.北京:中国人民大学出版社.

李作稳,易法海.2004.中国主要畜产品的国际竞争力分析.农村经济,(5):6-8.

厉为民.1999.我国农业的国际竞争力.科学对社会的影响,(1):12-22.

厉无畏,王秀治.2001.产业竞争力论.上海经济,(6):27-31.

联合国粮农组织数据库.http://www.FAO.org.[2006-09-15].

廖国周,葛长荣.2003.我国畜产品贸易存在的问题及对策.中国牧业通讯,(12):17-19.

林珏.2006.中国产品国际竞争力之分析.财经研究,(11):27-36.

林祥金.2000.21世纪中国畜牧业经济发展战略探讨.中国农村经济,(2):7-12.

林毅夫.1999.比较优势与发展战略.中国社会科学,(5):4-19.

林毅夫,李永军.2003.比较优势、竞争优势与发展中国家的经济发展.管理世界,(7):21-28,66.

刘春香,宋玉华.2004.农产品比较优势与竞争力研究.中国农业大学学报,(4):8-12.

刘芳 . 2006. 中国肉羊产业国际竞争力研究 . 北京：中国农业科学院 .

刘峰 . 2007. 我国贸易分散的实证研究：1980 – 2005 年 . 国际贸易问题，（11）：3 – 8.

刘汉成，易法海，祁春节 . 2002. 我国苹果的比较优势与国际竞争力分析 . 国际贸易问题，
  （2）：45 – 47.

刘丽莉，杨协力 . 2007. 浅析我国肉类加工产业现代化 . 肉类工业，（6）：6 – 8.

刘少伯，石有龙，葛翔等 . 2004. 我国肉类行业的国际贸易与对策 . 中国畜牧杂志，（11）：
  3 – 6.

刘新民 . 2004. 技术壁垒对我国出口的影响及对策 . 宏观经济研究，（4）：13 – 16.

刘雪 . 2002. 中国蔬菜产业的国际竞争力研究 . 北京：中国农业大学 .

卢锋，彭凯翔 . 2002. 中国粮价与通货膨胀关系（1987 ~ 1999）. 经济学（季刊）(3)，821 – 836.

栾敬东，李靖 . 2004. 我国农产品出口结构变动趋势分析 . 农业经济，（3）：35 – 37.

罗·萨缪尔森 . 1979. 经济学（上册）. 北京：商务印书馆 .

马光霞 . 2006. 2005 年我国畜产品进出口贸易分析 . 农业展望，（6）：31 – 32.

马明超 . 2003-11-05. 农产品价格上涨对物价指数据推动作用有限 . 财经时报 .

迈克尔·波特 . 2002. 国家竞争优势 . 李明轩，邱如美译 . 北京：华夏出版社 .

毛凤霞，冯宗宪 . 2007. 新贸易格局下我国农产品竞争力研究 . 国际贸易问题，（6）：45 – 49.

牛若峰 . 2000. 农业与发展 . 杭州：浙江人民出版社 .

潘文卿 . 2000. 面对 WTO 中国农产品外贸优势及战略选择 . 农业经济问题，（10）：6 – 12.

潘耀国 . 2007. 我国畜产品进出口贸易分析 . 中国牧业通讯，（8）：38 – 40.

庞守林，田志宏 . 2004. 中国苹果国际贸易结构比较分析与优化 . 中国农村经济，（2）：
  38 – 43.

裴长洪，王镭 . 2002. 试论国际竞争力的理论概念与分析方法 . 中国工业经济，（4）：41 – 45.

裴光 . 2002. 中国保险业竞争力研究 . 北京：中国金融出版社 .

彭光凤 . 2005. 当前农产品价格上涨的原因及对策 . 渝西学院学报（社会科学版），（1）：
  41 – 44.

彭廷军，程国强 . 1999. 中国农产品国内资源成本的估计 . 中国农村观察，（1）：9 – 15.

祁春节 . 2000. 中美两国柑橘产业的比较研究 . 国际贸易问题，（7）：28 – 33.

乔娟 . 2001. 中国主要家畜肉类产品国际竞争力变动分析，中国农村经济，（7）：37 – 43.

乔娟，康敏 . 2002. 中国大豆国际竞争力及其影响因素分析 . 调研世界，（10）：18 – 21.

屈小博，胡求光 . 2006. 我国农产品出口贸易结构分析 . 宁波大学学报（人文科学版），（5）：
  108 – 113.

任若恩 . 1996. 关于中国制造业国际竞争力的初步研究 . 中国软科学，（9）：74 – 82.

任若恩 . 1998. 关于中国制造业国际竞争力的进一步研究 . 经济研究，（2）：3 – 13.

史智宇 . 2003. 出口相似度与贸易竞争：中国与东盟的比较研究 . 财贸经济，（4）：53 – 57.

帅传敏，程国强，张金隆 . 2003. 中国农产品国际竞争力的估计 . 管理世界，（1）：97 – 103.

素帕猜 . 2004. 让多哈回合重上轨道：重要性及前景展望 . 国际贸易问题，（1）：5 – 8.

孙东升 . 2001. 经济全球化与中国农产品贸易研究 . 北京：中国农业科学院 .

孙林 . 2005. 中国与东盟农产品贸易竞争关系——基于出口相似指数的实证分析 . 国际贸易问
  题，（11）：71 – 76.

孙林，赵慧娥. 2004. 中国和东盟农产品贸易波动的实证分析. 中国农村经济，（7）：46-52.

孙笑丹. 2003. 中国与东盟国家农产品出口结构比较. 中国农村经济，（7）：49-59.

孙笑丹. 2005. 国际农产品贸易的动态增长结构研究. 北京：经济科学出版社.

谭向勇，曹暕. 2003. 入世以来我国畜产品贸易形势分析. 动物科学与动物医学，（9）：24-26.

王百姓. 2005. 我国羊肉生产与加工利用综述. 肉类研究，（1）：39-44.

王春玲. 2005. 中国果林产品国际竞争力研究. 北京：北京林业大学.

王定祥，冉光和. 2003. 畜产品质量安全管理的国际比较研究. 农业经济问题，（11）：66-70.

王秀清. 1998. 生猪生产的国际环境与竞争力研究. 中国农村经济，（8）：48-55.

王秀清. 2001. 中国粮食国际竞争力研究. 农业技术经济，（9）：6-11.

王秀清，钱小平. 2004. 中国农产品价格上涨是否导致通货膨胀. 经济研究参考，（31）：28.

王永刚，张正河，卢向虎. 2006. 我国花生国际贸易结构比较分析与优化. 新疆农垦经济，（1）：38-40.

王仲礼，赵晓红. 2005. 我国肉制品的生产加工与发展趋势. 肉品卫生，（6）：36-39.

魏浩，马野青. 2006. 中国出口商品的地区结构分析. 世界经济，（5）：22-31.

翁鸣. 2006. 中国农产品国际竞争力分析. 农业展望，（5）：3-5.

吴宗源. 1996. 农产品价格上涨成因分析及对策. 湖南经济，（3）：28，29.

徐志刚. 2001. 比较优势与中国农业生产结构调整. 南京：南京农业大学.

徐志刚，钟甫宁，傅龙波. 2000. 中国农产品的国内资源成本及比较优势. 农业技术经济，（4）：17-22.

许经勇. 2000. 论我国农业国际竞争力. 求索，（5）：4-9.

许咏梅. 2005. 中国茶业发展回顾与展望. 世界农业，（10）：15-16.

闫国庆，陈丽静，刘春香. 2004. 我国农产品比较优势和竞争力的实证分析. 国际贸易问题，（4）：17-22.

严琳霞，韦明. 2005. 我国农产品竞争力的研究综述. 农村经济与科技，（5）：4，5.

杨波. 2004. 农产品价格上涨的结构因素. 发展研究，（10）：55，56.

杨春艳，綦建红. 2006. 关于中美农产品贸易结构的实证分析. 农业技术经济，（2）：26-32.

杨建刚. 2001. 人工神经网络实用教程. 杭州：浙江大学出版社.

杨小凯，张永生. 2001. 新贸易理论、比较优势理论及其经验研究的新成果：文献综述. 经济学（季刊），（1）：19-44.

杨雍哲. 2003. 论提高农产品国际竞争力. 北京：中国农业出版社.

姚蕾，田志宏. 2006. 我国农机产品出口市场份额研究. 国际贸易问题，（3）：46-50.

易法海. 2001. 国际贸易绿色壁垒与我国农产品贸易措施. 国际经贸探索，（4）：28-30.

易纲. 1995. 中国的货币供求与通货膨胀. 经济研究，（5）：51-58.

于爱芝. 2004. 中国农产品比较优势与对外贸易结构整合研究. 武汉：华中农业大学.

余鸣. 2002. WTO框架下我国畜牧业的比较优势与国际竞争力. 经济纵横，（3）：31，32.

余鸣. 2003. 中国畜牧业国际竞争力研究. 北京：中国农业科学院.

张存根. 2000. WTO与中国畜牧业（上，下）. 中国禽业导刊，（21/22）：2，3.

张恒喜. 2002. 小样本多元数据分析及应用. 西安：西安工业大学出版社.

张金昌 . 2001a. 国际竞争力评价的理论和方法 . 北京：中国社会科学院研究生院 .

张金昌 . 2001b. 用出口数据评价国际竞争力的方法研究 . 经济管理，(20)：17.

张丽娜，陈一资 . 2007. 我国肉类加工业的现状及发展趋势 . 肉类研究，(8)：5 – 7.

张玫，霍增辉，易法海 . 2006. 中国水产品出口贸易结构的现状及其优化对策 . 世界农业，
　　(11)：34 – 36.

张玫 . 2006. 中国水产品出口贸易结构现状及优化对策 . 世界农业，(11)：34 – 36.

张玫 . 2007. 中国水产品国际竞争力研究 . 武汉：华中农业大学 .

张曙霄 . 2002. 中国对外贸易结构问题研究 . 长春：东北师范大学 .

张文兵 . 2005. 中国奶业国际竞争力：基于 RCA 和"钻石"模型的分析 . 农业经济问题，
　　(11)：36 – 40.

赵昌文，严敏 . 1995. 农产品供给约束与通货膨胀 . 经济体制改革，(1)：96 – 98.

赵海燕 . 2003. 中国蔬菜产业国际竞争力研究 . 武汉：华中农业大学 .

赵洪斌 . 2004. 论产业竞争力——一个理论综述 . 当代财经，(12)：67 – 70.

赵美玲，王述英 . 2005. 农业国际竞争力评价指标体系与评价模型研究 . 南开经济研究，(6)：
　　39 – 44.

赵一夫，乔忠，田志宏 . 2005. 我国农产品出口规模影响因素的实证分析 . 中国农业大学学报，
　　(6)：100 – 104.

赵占峰，孙剑 . 2005. 我国猪肉产品国际竞争力影响因素分析及对策 . 农村经济，(10)：
　　43,44.

中国肉类协会 . 2006.2005 年肉类工业发展的报告 . 肉类工业，(7)：1, 2.

中国社会科学院农村发展研究所 . 2000. 中国农村发展研究报告 1. 北京：社会科学文献出版
　　社：229 – 240.

中国畜牧业年鉴编辑部 . 2003. 中国畜牧业年鉴 2004. 北京：中国农业出版社 .

中国畜牧业年鉴编辑部 . 2004. 中国畜牧业年鉴 2005. 北京：中国农业出版社 .

中国畜牧业年鉴编辑部 . 2005. 中国畜牧业年鉴 2006. 北京：中国农业出版社 .

钟甫宁，羊文辉 . 2000. 中国对欧盟主要农产品比较优势变动分析，中国农村经济，(2)：
　　68 – 73.

钟金传 . 2005. 中国大豆产业国际竞争力研究 . 北京：中国农业大学 .

周曙东，徐志刚，封进 . 2000. 加入世贸组织对我国农业的影响及对策 . 农业经济问题，(1)：
　　44 – 49.

周正祥 . 2005.TBT 对我国出口影响的实证研究 . 中国软科学，(4)：70 – 78.

朱晶 . 2004. 贸易保护、市场准入与农产品竞争力——论入世后我国劳动密集型农产品出口面
　　临的贸易国际环境 . 国际贸易问题，(2)：34 – 39.

朱晶 . 2004. 中国劳动力密集型农产品出口市场结构与定位分析 . 中国农村经济，(9)：
　　14 – 19.

朱允卫 . 2005. 中泰农产品产业内贸易的实证研究 . 农业经济问题，(7)：35 – 40.

朱再清 . 2006. 发达国家农业发展财税支持政策的措施及评价 . 理论月刊，(4)：164 – 166.

朱再清 . 2008. 发达国家贸易壁垒的发展动向及应对 . 商业时代，(5)：40 – 43.

朱再清，易法海 . 2007. 中国肉类竞争力：与主要出口国的差距及原因 . 生产力研究，(11)：

97 – 99, 110.

朱再清，王红斌. 2008. 中国肉类出口格局及在世界肉类贸易中的地位. 农业经济问题，（2）：54 – 60.

庄丽娟. 2004. 比较优势、竞争优势与农业国际竞争力分析框架. 农业经济问题，（3）：59 – 61.

邹薇. 1999. 关于中国国际竞争力的实证测度与理论研究. 经济评论，（2）：27 – 32.

邹薇. 2002. 再论国家竞争力的内涵及其测度体系. 经济评论，（3）：12 – 18.

Abd-EI-Rahman K. 1991. Competitive and national comparative advantages as joint determinants of trade composition. Weltwirstchaftliches Archiv, 127: 83 – 97.

Balassa B. 1972. Domestic Resource Costs and Effective Protection Once Again. Journal of Political Economy, (80): 63 – 69.

Cho D S. 1994. A Dynamic Approach to International Competitiveness: The case of Korea. Asia Pacific Business Review, 1 (1): 17 – 36.

Dunning J H. 1993. International porter's diamond. Management International, Review Special Issue, (2): 17 – 39.

Ethier W. Internationally decreasing costs and world trade. Journal of International Economise, (9): 1 – 24.

Grant R M. 1991. Porter's competitive advantage of nations: an assessment. Strategic Management Journal, 12 (7): 535 – 548.

Greenway D. 1993. The competitive advantage of nation. Kyklos, 46 (1): 145, 146.

Kilman S. 1996. High grain price lifts farmers, but will they overexpand asbefore. Wall Street Journal-Eastern Edition, 227 (57): 1.

Kilpatrick L D, Ruby B K. 2004. Poverty, income distribution, and well-being in asia during the transition. Contemporary Sociology, 33 (2): 267.

Krugman P R, Paul R, Obstfeld M. 2003. International Economics: Theory and Policy. New York: Addison Wesley.

Krugman P. 1987. The narrow moving band, the dutc disease, and the competitive consequences of Mr Thatcher: noteson trade in the presence of dynamic scale economies. Journal of Development Economics, 27 (1): 41 – 55.

Llop M, Manresa A. 2004. Income distribution in a regional economy: a SAM model. Journal of Policy Modeling, 26 (6): 689.

Markusen J. 1992. Productivity, Competitiveness, Trade Performance and Real Income: The Nexus Among Four Concepts. New York: Oxford.

Nishimizu M, Page J. 1986. Productivity Change and Dynamic Comparative Advantage. Rew. Econ. and slat., (68): 241 – 244.

Ojima K. 1970. Structure of comparative advantage in industrial countries: a verification of the factor-proportions theorem. Hitotsubasi Journal of Economics, 11 (1): 1 – 29.

Pearson S R. 1976. Comparative Advantage in Rice Production: A Methodological Introduction. Food Reasearch Institute. San Francisco: Stanford Univ.

Pearson S R. 1973. Net Profitablity, Domestic Resource Costs, and Effective Rate of Protection. Meographed. Food Reasearch Institute. San Francisco: Stanford Univ.

Pindyck R S, Rotemberg J J. 1990. The excess co-movement of commodity prices. Economic Journal, (100): 1173 – 1189.

Rugman A M, Cruz J R. 1993. The double diamond model of international competitiveness: canada's experience. Management International Review, 33 (2): 17 – 39.

Ricardo D. 1963. The Principle of Political Economy and Taxation. Homewood: Irwin.

Samuelson P. 1948. International trade and the equalization of factor prices. Economic Journal, 58 (230): 58.

Simonis D. 2000. Belgium's Export Performance: A Constant Market Shares Analysis. Brussels: Federal Planning Bureau.

Sandra Polaski 2006. Winners Losers: Impact of the doha round on developing countries. http://www. Carnegie endowment. org/files Winners. finalz. pdf.

WEF. 1995. The Global Competitiveness Report. Switzerland: WEF.

William A Masters, Alex Winter-Nelson. 1995. Measuring the comparative advantage of agricultural activities: domestic resource costs and the social cost-benefit ratio. Amer J Agr Econ, 77 (2): 243 – 250.

参
考
文
献

附　录

附表　肉类产品的范围（HS1996 分类）

产品代码	英文名称	中文名称
02	Meat and edible meat offal	肉及可食用杂碎
0201	Meat of bovine animals, fresh or chilled	鲜、冷牛肉
0202	Meat of bovine animals, frozen	冷、冻牛肉
0203	Meat of swine, fresh, chilled or frozen	鲜、冷、冻猪肉
0204	Meat of sheep or goats, fresh, chilled or frozen	鲜、冷、冻绵羊肉或山羊肉
0205	Horse, ass, mule, hinny meat, fresh, chilled or frozen	鲜、冷、冻马肉、驴肉、骡肉
0206	Edible offal of domestic animals	家畜的可食用杂碎
0207	Meat, edible offal of domestic poultry	家禽肉及可食用杂碎
0208	Meat, edible meat offal nes, fresh, chilled or frozen	未另注明的肉及可食用杂碎（其他肉类及可食用杂碎）
0209	Pig and poultry fat, unrendered	未炼制的猪脂肪及家禽脂肪
0210	Salted, dried or smoked meat or offal, flour and meal	腌、干、熏肉及可食用杂碎、肉粉
1601	Sausages, similar products of meat, meat offal & blood	肉、肉杂碎及血的香肠及类似产品（香肠类产品）
1602	Prepared or preserved meat, meat offal and blood, nes	肉、肉杂碎及血的制品及罐头（肉类制品及罐头）

湖北省城镇居民肉食品消费的调查问卷

调查时间：2007年8月　回收有效问卷382份

1. 近5年您家肉食品购买变化是：
   A. 增加　　　　　　B. 减少　　　　　　C. 不变
   226人选A；89人选B；66人选C

2. 您家肉食品购买有变化，原因是：
   A. 收入增加（降低）　　　B. 市场上品种增加（太少）
   C. 质量可靠（没有保证）　　D. 其他
   185人选A；68人选B；47人选C；82人选D

3. 您最常购买的肉类品种是：
   A. 猪肉　　　　　　B. 牛肉　　　　　　C. 羊肉
   D. 鸡、鸭、鹅肉　　E. 其他
   296人选A；54人选B；15人选C；82人选D；16人选E

4. 您经常购买的肉类有哪几种：
   A. 热鲜肉　　　　　　B. 冷鲜肉　　　　　　C. 冷冻肉
   D. 腌制、熏制或干制肉　　　　　　E. 熟肉制品
   271人选A；103人选B；45人选C；33人选D；38人选E

5. 在日常购买肉食品时，最注重的是：
   A. 品质与安全　　B. 新鲜度　　　　C. 价格
   D. 风味　　　　　E. 营养　　　　　F. 其他
   171人选A；134人选B；141人选C；11人选D；56人选E；6人选F

6. 您购买肉食品时会担心肉食品质量安全吗？（如药物残留或疫病）
   A. 很担心　　　　　　B. 有点担心　　　　　　C. 不担心
   134人选A；200人选B；37人选C

7. 假如现在市场上有质量安全的肉食品，但价格会比普通产品贵一些，您愿意买吗？
   A. 非常愿意　　　　B. 比较愿意　　　　C. 无所谓　　D. 不会买
   45人选A；208人选B；86人选C；41人选D

8. 假设市场上普通肉类价格为10元/斤，现有同一品种质量有保证的肉类产品，您能接受的最高价格是：
   A. 11~12元　　　　B. 13~14元　　　　C. 15~16元　　D. 18~20元
   214人选A；125人选B；29人选C；1人选D

9. 下列品牌的产品中，您曾购买过的有：

    A. 双汇   B. 金锣   C. 雨润   D. 喜旺

    E. 科尔沁   F. 华都 HD   G. 草原兴发   H. 得利斯

    I. 新昌   J. 汇通

318 人选 A；141 人选 B；50 人选 C；10 人选 D；选 E～F 各项的均在 10 人以下

10. 您消费较贵的肉食品是在：

    A. 家中   B. 餐馆   C. 在亲友家中

144 人选 A；173 人选 B；60 人选 C

调查结果统计，在近 5 年来肉食品购买变化选项中，选择增加的 59.2%，选择减少的占 23.3%，选择不变的 17.3%。

在家庭肉食品购买变化原因选项上，48.4% 的家庭是因为收入增加（或减少），17.8% 的家庭是因为市场上品种增加（或减少）。

在您常买的肉类品种选项上，77.5% 的受访者选择猪肉，14.15% 的受访者选择牛肉，另有 21.5% 的受访者选择鸡、鸭、鹅肉。

您经常买的肉食品种类选项上，70.9% 的受访者选择热鲜肉，27.0% 的受访者选择冷鲜肉，8.6% 的受访者选择腌制、熏制或干制肉类，10% 的受访者选择熟肉制品。

在日常购买肉食品时，44.85% 的受访者最注重的是品质与安全，35.1% 的受访者最注重的是新鲜度，50% 的受访者最注重的是价格，14.7% 的受访者选择最注重的是营养。

对于购买肉食品时是否担心肉食品质量安全的回答，134 人回答"很担心"，占被调查人数的 35.15%，200 人回答"有点担心"，占被调查人数的 52.4%，只有 37 人回答"不担心"，占被调查人数的 9.7%。

致　谢

选择肉类产品国际竞争力这个研究选题，首先是源于对中国肉类产品提升国际市场竞争力的紧迫性认识。肉类是畜产品中占比重最大的一类产品，肉类生产与贸易对于促进农民增收和农业发展的意义重大。自 1990 年以来，中国肉类产量稳居世界首位，是世界第一大肉类生产国。但是，中国肉类出口额却排在世界第 10 位之后（2005 年为第 13 位）。中国作为肉类生产方面的"巨人"却是肉类出口的"矮子"这一事实使我们确信，中国已成为 WTO 成员之后，在国内市场与国际市场已全面对接的情况下，中国肉类产业在国际市场上的竞争力既有提升的空间，同时也面临着更为激烈的国外竞争。对中国肉类产业国际竞争力进行全面评估，并测算竞争力以及出口结构等因素对中国肉类出口增长的贡献率，进而找出调整出口结构的方法，分析国际、国内因素对中国肉类出口竞争力的影响，主要目标市场国家的技术性贸易壁垒对中国肉类出口的影响，进而探讨提升中国肉类产业国际竞争力的途径与措施，本人认为是十分有意义的选题。

本书在我的博士论文基础上，结合近年的科研成果，对中国肉类出口结构的研究进一步加深，对主要目标市场国家的技术性贸易壁垒对中国肉类出口的影响进行实证性的分析，以及指导研究生对于国内市场猪肉价格波动及形成机理进行研究。研究工作的辛苦自不待言，庞大的贸易数据的处理、浩繁的资料阅读，要理清思路都实属不易。但终于克服各种困难初步完成了研究，期间发表相关论文10 多篇，这些研究成果形成此专著的基本架构。

感谢华中农业大学博士生导师张献龙教授、华中农业大学副校长李崇光教授对我研究工作的支持和帮助；感谢华中农业大学经济管理学院关桓达书记、王雅鹏院长等领导的关心和支持。

感谢我的导师、华中农业大学经济管理学院博士生导师易法海教授，本研究从选题论证、构思写作到修改成书一直得到导师的悉心指导，导师一遍又一遍地为书稿提修改意见，使书稿质量得以提升。华中农业大学经济管理学院博士生导师王雅鹏、祁春节、陶建平教授以他们渊博的学识、独到的见解和严谨的态度给予我很多指导和帮助。本人指导的硕士研究生王红斌协助我完成了部分数据的收集和整理工作，王红斌做事认真、细致，令我感念！硕士生马雄威对文献资料的收集整理亦有贡献，本书也参考和吸收了王红斌关于中国肉类出口结构、马雄威关于猪肉价格波动研究的部分成果。

我的家人对我的支持和鼓励是我能完成此书写作的重要精神力量。我的先生总是尽可能地帮我收集相关的资料，助我克服研究中的困难、困惑和迷茫，家人的爱和支持始终是我前进的动力。

本专著受到华中农业大学经济管理学院出版基金的资助，在此表示感谢。

在此，谨对华中农业大学经济管理学院、各位领导以及师长、朋友、学生、家人一并致以衷心的感谢！

谨以此书献给所有关心和帮助过我的人！

朱再清

2009 年 12 月

于武昌狮子山